中学教育师范技能提升系列教材

中学地理
教师职业技能训练

ZHONGXUE DILI JIAOSHI
ZHIYE JINENG XUNLIAN

主　编　许玉凤　杨　芳
副主编　韩国栋　袁子勇　邢　颖
参　编　陈如霞　马瑞元　黄　娟　蒋声东
　　　　黄开成　高长春　凌光久

西南大学出版社

图书在版编目(CIP)数据

中学地理教师职业技能训练/许玉凤,杨芳主编.--重庆:西南大学出版社,2022.6(2025.8重印)
ISBN 978-7-5697-1372-5

Ⅰ.①中… Ⅱ.①许…②杨… Ⅲ.①中学地理课—师资培训—师范大学—教材 Ⅳ.①G633.552

中国版本图书馆CIP数据核字(2022)第099535号

中学地理教师职业技能训练
ZHONGXUE DILI JIAOSHI ZHIYE JINENG XUNLIAN

许玉凤 杨 芳 主 编

责任编辑:	杜珍辉　朱春玲
责任校对:	刘欣鑫
书籍设计:	☯起源
排　　版:	王 兴
出版发行:	西南大学出版社(原西南师范大学出版社)
	地址:重庆市北碚区天生路2号
	邮编:400715
	市场营销部电话:023-68868624
印　　刷:	重庆长虹印务有限公司
幅面尺寸:	185 mm × 260 mm
印　　张:	15.75
字　　数:	293千字
版　　次:	2022年6月 第1版
印　　次:	2025年8月 第2次印刷
书　　号:	ISBN 978-7-5697-1372-5
定　　价:	49.00元

中学教育师范技能提升系列教材编委会

主　任： 石云辉

副主任： 李泽平　翁庆北

委　员： （按姓氏笔画为序排列）

　　　　王　锋　毛海立　文　静　文　毅　孔令林

　　　　许玉凤　李玉红　杨　荣　杨　娟　肖洪云

　　　　吴进友　吴现荣　张小伟　张学义　陈　钧

　　　　陈世军　陈佳湘　林小平　罗元辉　周旭东

　　　　屈　维　胡向红　钟雪莲　姚志辉　袁吉萍

　　　　唐世农　黄　玲　崔宝禄　彭　凯　谢治州

总 序
ZONG XU

新中国教育历经了由教育弱国到教育大国的发展之路,而今正处在迈进教育强国的伟大征程中。随着中国特色社会主义进入新时代,我国教育发展的基本矛盾已发生重要转变,即从"人人能上学"转向"人人上好学"的需求,反映出人民群众对发展高质量教育的强烈呼唤。可以说,加快发展中国特色世界先进水平的优质教育,已是迫在眉睫的时代重任。

要建设高质量教育体系,关键在教师。习近平总书记指出,教师是人类灵魂的工程师,是人类文明的传承者,承载着传播知识、传播思想、传播真理,塑造灵魂、塑造生命、塑造新人的时代重任。教师是教育发展的第一资源,是国家富强、民族振兴、人民幸福的重要基石。中共中央、国务院印发的《关于全面深化新时代教师队伍建设改革的意见》提出,到2035年,教师综合素质、专业化水平和创新能力大幅提升,培养造就数以百万计的骨干教师、数以十万计的卓越教师、数以万计的教育家型教师。教育部等八部门联合印发的《新时代基础教育强师计划》也提出,到2035年,适应教育现代化和建成教育强国要求,构建开放、协同、联动的高水平教师教育体系,建立完善的教师专业发展机制,教师数量和质量基本满足基础教育发展需求,教师队伍整体素质和教育教学水平明显提升。

众所周知,高质量教育的核心是人才培养,人才培养的核心是课程,课程体系建设深刻影响着教育质量的发展与走向。因此,教师教育课程关系到未来教师的培养质量,是教师教育改革和发展的关键所在。当前,我国教师教育课程改革的目标和方向,就是要贯彻落实教育部颁布的《教师教育课程标准(试行)》和《师范生教师职业能力标准(试行)》,围绕有理想信念、有道德情操、有扎实学识、有仁爱之心的好老师培养,突出师德师风第一标准,着力培养师范生的师德践行能力、教学实践能力、综合育人能力和自主发展能力,引导广大教师以德立身、以德立学、以德施教、以德育德,坚持教书和育人相统一、言传和身教相统一、潜心问道和关注社会相统一、学术自由和学术规范相统一,全心全意做学生锤炼品格、学习知识、创新思维、奉献祖国的引路人,加快推进教育现代化相匹配的教书育人能力素质提升。

黔南民族师范学院紧扣教师教育发展的趋势和教师教育课程改革的时代要求,坚持"学生中心、产出导向、持续改进"的师范专业认证理念,突出师范性、民族性、地方性和应用型的办学定位,组织编写了中学教育师范技能提升系列教材,供高等院校中学教育师范生以及中学教师使用。这套教材有不少探索和创新之处,突出了以下几个特点:

第一，坚持育人导向。在教材编写过程中，基于专业课教学逻辑，通过名人名言、案例等充分挖掘课程思想政治教育资源或有机融入社会主义核心价值观，如中国传统文化、爱国精神、爱岗敬业精神等，培养德智体美劳全面发展的新时代卓越教师，切实贯彻落实立德树人根本任务。

第二，紧扣标准要求。根据教育部颁布的《教师教育课程标准(试行)》和《中学教师专业标准(试行)》，结合新修订的《义务教育课程方案和课程标准(2022年版)》等文件，对教材内容进行整体规划和设计，压实学科基础，体现科学性与先进性，力求符合新时代教师教育的实际需要。

第三，强化实践导向。根据西部地区基础教育的实际情况，对接中学教师职业岗位实际需要，从培养全面发展的学生角度出发，将教材编写的立足点放在中学教育的全过程、职前职后一体化培养，打通理论学习与岗位实践之间的壁垒，着力培养师范生的实践智慧。

第四，突出能力培养。针对传统师范教育普遍存在的重理论、轻实践问题，教材围绕师范生的师德践行能力、教学实践能力、综合育人能力和自主发展能力培养，突出对学生综合实践能力和创新能力的培养，特别是教师口语表达能力、组织管理能力、书写能力以及情绪调节能力等教师岗位必备的基本能力。因此，在编写过程中，特别注意采用最新实践案例，强化技能训练。

第五，注重融合拓展。在教材编写的过程中，编者特别关注不同教材内容之间的连续性、系统性，既有区分，又有融合。与此同时，注意统筹考虑配套数字化课程资源，将教材分析、教案编写、课件制作、示范课录制等数字化资源建设同步推进，丰富教材内容，强化拓展性。

总之，这套系列教材涵盖了语文、数学、政治、英语、历史、地理、物理、化学、生物、美术、音乐等十一个学科，包括教育与活动指导和职业技能训练两大类别，具有一定的开拓性，是教师教育课程改革领域里的可贵探索。

2022年6月12日

靳玉乐，二级教授、博士生导师，西南大学原党委常委、副校长，现任深圳大学教育学部主任，中国教育学会教育学分会副理事长，中国高等教育学会常务理事。

前 言
QIAN YAN

在知识经济时代和教师专业化要求的背景下,对教师职业技能的要求日益提高,教师技能水平训练应该贯穿在师范院校的整个教育阶段。学生专业知识水平的差异直接影响其专业技能的发挥和提高。针对我们学校地理科学专业本科生文理兼收,招收的本科学生基础水平差异较大的现状,急需对这些学生进行学科素养、专业知识和专业技能等方面的指导和训练。通过学习、交流、实践再加上自身的体验和感悟,促使学生在目前教师专业化形势下顺利获得毕业资格,成为一名称职的地理教师,推动地理教育事业整体水平的提升。

地理学科教师职业技能是从事地理教育教学工作必须具备的专业基本技能和技巧。地理学科教师职业技能训练是融理论知识与实践训练为一体的教育专业课程,是培养师范生实践能力和创新能力的重要基础环节。加强地理学科教师职业技能训练是为中学地理教学培养合格教育者的主要目的和任务之一,是当前教师专业化的必然要求。

本书根据当前的学生实际和社会需求,从《中学教育专业认证标准(第二级)》出发,并参考《中学教育专业认证标准(第三级)》的基本要求,以现代教育观、质量观、人才观为指导,以社会需求为导向,以学生为主体,以教师为主导,从地理学科教师专业核心素养技能训练、学科知识和教学基本技能训练、育人能力训练和发展能力训练等方面进行了论述,旨在突出对学生综合实践能力、创新意识和创新能力的培养,提高地理师范专业学生的基本业务能力和专业化水平,实现教师专业化发展。

本书共有五章,在培养地理学科素养的前提下,通过详细的案例分析了提高地理学科专业知识水平和教学技能的办法。

第一章 地理学科核心素养训练,讲述了地理学科核心素养的含义,核心素养的基本内容,并结合相关案例进行技能训练。

第二章 地理学科知识整合技能训练，讲述了地理学科知识整合的基本内容，包括学科内知识整合和不同学科间的知识整合，并结合相关案例进行技能训练。

第三章 地理教学技能训练，讲述了地理教学基本技能，包括怎样进行教学设计、说课技巧和课堂教学等基本内容，并结合案例进行技能训练。

第四章 地理教学技术融合，讲述了CAI教学、课件制作、微课制作、慕课制作、移动教学及线上线下的结合等地理教学技能，并结合案例进行技能训练。

第五章 综合育人能力与教学研究技能训练，讲述了综合育人和教学研究技能的基本内容，包括课外活动指导，教学研究的内涵、基础、条件、方法和过程等，结合案例进行技能训练，并结合中学地理教学热点进行分析。

本书由许玉凤、杨芳主编，韩国栋、袁子勇、邢颖副主编，校韩立、潘网生、陈如霞、高礼安、黄娟、俞筱押、胡向红、凌光久、谢火艳、高长春、张永雷、姚兴、傅良同、蒋声东、徐培源、赵恬茵、黄开成、吴沂晓、邓燔等提供相关资料。具体承担的执笔任务：许玉凤执笔第一、二、三章，杨芳执笔第四章，许玉凤、韩国栋执笔第五章。

本书的编写借鉴了众多学者的研究成果、中学地理教师的成功教学经验和分享的案例，参阅了网络媒体的相关内容，如王民教授的《地理学科核心素养解读》、丁尧清博士的《人地协调观讨论——从思想到实践》等，在此一并表示衷心的感谢！由于本书编写者水平有限，可能存在不当之处，恳请批评指正！

目录

第一章　地理学科核心素养训练　001
第一节　地理学科核心素养　001
第二节　人地协调观及其技能训练　021
第三节　综合思维及其技能训练　048
第四节　区域认知及其技能训练　063
第五节　地理实践力及其技能训练　075
第六节　综合提高地理学科核心素养　086

第二章　地理学科知识整合技能训练　093
第一节　知识整合　093
第二节　地理学科知识整合　094
第三节　地理知识整合案例分析　100
第四节　地理知识整合技能训练　108

第三章　地理教学技能训练　113
第一节　地理教学技能分析　113
第二节　地理教学设计技能训练　117
第三节　说课技能训练　134
第四节　课堂教学技能训练　146

第四章　地理教学技术融合　　177

第一节　CAI地理教学　　177

第二节　地理课件制作　　180

第三节　地理微课制作　　192

第四节　地理慕课制作　　197

第五节　地理移动教学　　203

第六节　地理线上线下结合教学　　206

第五章　综合育人能力与教学研究技能训练　　213

第一节　综合育人内涵及培养方式　　213

第二节　综合育人技能训练　　216

第三节　地理教学研究的概念、类型和作用　　222

第四节　开展地理教学研究的基础和条件　　226

第五节　地理教学研究方法、过程、热点分析　　228

第六节　教学研究文献管理常用软件　　236

主要参考文献　　238

第一章 地理学科核心素养训练

第一节 地理学科核心素养

一、学科核心素养的形成背景

学科核心素养是学科育人价值的集中体现,是学生通过某学科学习而逐步形成的关键能力、必备品格与价值观。党的十八大和十八届三中全会提出了"立德树人"的根本任务。2014年3月教育部发布了《教育部关于全面深化课程改革落实立德树人根本任务的意见》(以下简称《意见》),其中关于"着力推进关键领域和主要环节改革"的十项任务中第一项就是"研究制定学生发展核心素养和学业质量标准"。2014年12月,教育部启动了高中课程标准的修订工作,明确要求将学科核心素养和学业质量标准写进课标。学科核心素养的提出是基于党和国家提出"立德树人"教育的根本任务和国际教育改革走向"以学生发展核心素养为本"的基本理念,是教育发展的必然趋势。

《意见》指出,核心素养要"突出强调个人修养、社会关爱、家国情怀,更加注重自主发展、合作参与、创新实践"。教育部课题组于2016年9月发布了《中国学生发展核心素养》——以"全面发展的人"为核心,确定了六大素养,分别是人文底蕴、科学精神、学会学习、健康生活、责任担当、实践创新。

《普通高中地理课程标准(2017年版)》(以下简称《新课标》)提出要"培养学生必备的地理学科核心素养""通过高中地理学习,使学生强化人类与环境协调发展的观念,提升地理学科方面的品格和关键能力,具备家国情怀和世界眼光,形成关注地方、国家和全球地理问题及可持续发展问题的意识""构建以地理学科核心素养为主导的地理课程""围绕地理学科核心素养培养的要求,构建科学合理、功能互补的课程体系,坚持基础性、多样性、选择性并重,满足不同学生自身发展的需要;精选利于地理学科核心素养形成的课程内容,力求科学性、实践性、时代性的统一,满足学生现在和未来学习、工作、生活的需求""创新培育地理学科核心素养的学习方式""根据学生地理学科核心素养形成过程的特点,科学设计地理教学过程,引导学生通过自主、合作、探究等学习方式,在自然、社会等真实情境中开展丰富多样的地理实践活动;充分利用地理信息技术,营造直观、实时、生动的地理教学环境""建立基于地理学科核心素养发展的学习评价体系""准确把握地理学科核心素养发展的水平划分,以学业质量标准为依据,形成过程性评价与终结性评价相结合的学习评价体系,科学测评学生的认知水平,以及价值判断能力、思维能力、实践能力等的水平,全面反映学生地理学科核心素养的发展状况"。

《中学教育专业认证标准(第三级)》中指出:学科素养是从事中学教学工作的基础素养,是师范生形成教学能力的前提条件。该指标对应培养目标中学科知识定位,就掌握学科知识内涵和内外部联系提出具体培养规格要求。专业要以系统扎实掌握学科知识为目标,系统创新学科课程教学,突出学生中心,改变单一讲授教学陈规,引导师范生开展自主、合作和探究性学习,创设深度学习情境,积极推进问题解决学习、项目学习和研究性学习;帮助师范生形成科学的学科观,能够立足学科思想和方法,深入把握学科知识体系的发展历史和前沿,系统扎实掌握学科基本知识、基本原理、基本技能,注重拓宽专业视野,了解学科与其他学科的逻辑关联,理解学科在社会生活中的实践价值;能够在教育教学实践中,综合运用学科知识和学习科学知识分析和解决学科教学内容问题,提高学科教学的科学性和实效性。掌握所教学科的基本知识、基本原理和基本技能,理解学科知识体系基本思想和方法。了解所教学科与其他学科的联系,了解所教学科与社会实践的联系,对学习科学相关知识有一定的了解。

教育专家认为核心素养是知识、能力和态度等的综合表现,是所有学生应具备的最关键、最必要的基础素养,是学生借助学校教育所形成的解决问题的素养与能力,也就是学生在学校教育的学习场所所习得的、以人类文化遗产与现代文化为基础而编制的教育内容,与生存于生活世界的学习者在学习过程中所形成的作为关键能力的内核[钟启泉《现代教学论(新版)》,上海教育出版社,2015]。学科核心素养是学生应具备的适应终身发展和社会发展需要的必备品格和关键能力。

教育目标是教育教学活动所期望达到的状态或结果,以学生的学习结果来表达教育活动所期望达到的目标,学科核心素养是对教育目标的具体化,是学科育人价值的集中体现。核心素养作为一种学习结果,是跨学科的知识和技能、过程与方法、情感、态度和价值观的整合,是个体在面对复杂的、不确定的现实生活情境时,能够综合运用特定学习方式下所孕育出来的跨学科观念、思维模式和探究技能,以及结构化的跨学科知识和技能,分析情景、提出问题、解决问题、交流结果过程中表现出来的综合性品质。

二、地理核心素养的形成过程及其内涵

地理核心素养必须体现地理学的特质,指向学生地理方面的品格和能力;能够整合地理知识和技能、过程与方法、情感、态度与价值观,帮助学生从地理的角度认识自然和社会,适应现在和未来的生活;是学生应该具备的地理方面的最关键、最必要的素养,并且可以在学习和生活中不断培养。地理学通过综合的、区域的、动态的眼光看世界,用多种多样的方法去了解世界,尤其是野外综合考察方法使地理学科独具一格。

地理核心素养是当前地理教育研究的热点,也是深化地理课程改革的主要内容[①]。地理课程虽历经百年,但其基本价值观一直体现人地关系的和谐相处。1949年以来,我国的地理核心素养呈现的变化:地理知识、爱国主义、国际主义→地理基础知识、地理基本技能、爱国主义、国际主义→地理基础知识、地理基本技能、地理智力、爱国主义→地理知识、地理技能、过程与方法、情感态度价值观。表现为地理核心素养的培养内容随着时代的发展不断调整和完善。

世界不同组织、国家基于不同的价值理念,也在尝试构建不同的"核心素养体系"。虽然随着科技进步,地理教育教学方式发生了很大变化,但是地理教育教学内容仍然主要是地球表层的自然环境和人类社会环境,从综合理念、多维视角、人地关系等角度学习和研究地理事物和现象。在美国、英国、德国、澳大利亚、芬兰、新加坡、南非、爱尔兰、威尔士等国家的地理教科书、国际地球科学纲要等重要文件中,出现较多的地理词汇为地理探究、空间、人地关系/可持续发展、时空变化/多元文化/地图技能/地方、新技术能力/相互依存。我国地理学家、北京大学蔡运龙教授认为地理核心概念包括环境变化、人地关系、空间、时间、区域和地方、尺度、系统、景观、全球化、发展、风险,其中地理学的研究对象是人类—环境(人地关系、环境变化、景观、发展、风险),地理学的研究途径是空间—分布(空间、时间、尺度、系统、区域和地方、全球化),地理学的研究核心是人地关系地域系统。王向东和袁孝亭认为地理素养是指学习者经过地理学习后所养成的比较稳定的心理品格,包括地理知识、地理观点、地理方法、地理能力、地理态度、地理情感等构成要素,

---

[①] 万婉霞,李晴.地理核心素养研究的主要内容与存在问题[J].中学地理教学参考.2018(4):4-5.

可以分为地理科学素养、地理人文素养和地理技术素养三个部分。地理素养具备综合性、空间性、动态性、终身性、现实性和实践性等基本特点[①]。李家清认为地理核心素养应是在"地理素养"的基础上,更加关注个体适应未来社会生活和个人终身发展所必须具备的关键素养,其在本质上应是一般地理素养的精髓和灵魂,在数量上是少而精,在功能上是最重要和最必要的地理素养[②]。众多学者均强调地理核心素养是学习者通过地理学习形成的知识、情感、能力、价值观等的集成与综合,是适应个人终身发展与社会发展的必备品格与关键能力[③]。

《普通高中地理课程标准(2017年版)》[④]指出"学科核心素养是学科育人价值的集中体现,是学生通过学科学习而逐步形成的正确价值观念、必备品格和关键能力",提出了地理学科核心素养主要包括"人地协调观、综合思维、区域认知和地理实践力",为我国地理教育的发展指明了方向[⑤]。地理核心素养是地理学科赋予人最关键、最必要、居于核心地位的素养,核心素养的四个方面是相互联系的有机整体。

人地协调观是"指人们对人类与地理环境之间关系秉持的正确价值观。人地关系是地理学研究的核心主题"。面对不断出现的人口、资源、环境和发展问题,人们深刻认识到,人类社会要更好地发展,必须尊重自然规律,协调好人类活动与地理环境的关系,树立正确的自然观、人口观、资源观、环境观和发展观等。"人地协调观素养有助于人们更好地分析、认识和解决人地关系问题,成为和谐世界的建设者。"人地关系是地理科学的研究主线,正确理解和运用人地协调观解决人地矛盾是促进自然界和人类社会可持续发展的关键环节,其宗旨在于探索世界的可持续发展。具体表现为"能够理解自然环境是人类生存、发展的基础,并能够辩证看待自然环境对人类活动的各种影响;能够理解人类活动影响地理环境有不同的方式、强度和后果,懂得尊重自然规律的重要性和必要性;能够分析现实人地关系问题,理解协调人地关系的措施和政策"。

综合思维是"指人们全面、系统、动态地认识地理事物和现象的思维品质与能力"。人类生存的地理环境是一个综合体,在不同时空组合条件下,地理要素相互作用,综合决定着地理环境的形成和发展。"综合思维素养有助于人们从整体的角度,全面、系统、动态地分析和认识地理环境,以及它与人类活动的关系。"具体表现为"能够从地理要素综合

---

① 王向东,袁孝亭.地理素养的核心构成和主要特点[J].课程·教材·教法.2004,24(12):66-67.
② 李家清,常珊珊.核心素养:深化地理课程改革的新指向[J].地理教育.2015,(4):4.
③ 常珊珊,李家清.课程改革深化背景下的核心素养体系构建[J].课程·教材·教法.2015,35(9):29-35.
④ 参考教育部《普通高中地理课程标准(2017年版)》.
⑤ 雷鸣.地理核心素养如何"落地"[J].中学地理教学参考,2019,(4):1.

的角度认识地理事物的整体性,地理要素相互作用、相互影响的关系;能够从空间和时间综合的角度分析地理事象的发生、发展和演化;能够从地方或区域综合的角度分析地方或区域自然和人文要素对区域特征形成的影响,以及区域人地关系问题"。

区域认知是"指人们运用空间—区域的观点认识地理环境的思维方式和能力。人类生存的地理环境多种多样,将其划分成不同尺度,不同类型的区域加以认识,是人们认识地理环境复杂性的基本方法。'区域认知'素养有助于人们从区域的角度,分析和认识地理环境,以及它与人类活动的关系"。具体表现为"具有从区域的视角认识地理事物的意识与习惯;能够采用正确的方法与工具认识区域;能够正确解释、评价区域开发利用决策的得失"。

综合思维和区域认知是基于地理学的综合性和区域性两大突出特点形成的,是学生分析和理解地理过程、地理规律、人地关系系统的重要思维品质和能力。综合思维是跨尺度、穿时空、多要素分析地理事物和现象,区域认知是从时空视角进行认知,是地理科学的基本思想和认知方法。地理学是一门综合性很强的学科,对地理事象、地理问题、区域地理环境特点等各要素间相互作用、相互影响、相互制约的特点进行分析及对其发生、发展和演化规律的探讨均需要充分运用综合思维。国内很多学者将综合思维划分为要素综合、时间综合、空间综合、地方综合[1]。区域认知是人们对于区域特征、区域问题进行分析、解释、预测的意识与能力[2]。人们生活在特定的区域综合体中,不同区域的区域特征差异显著,区域认知有助于帮助人们认识区域地理环境的差异,对于制定重要的决策有重要作用。区域认知主要是指对区域特征的认识、区域定位、区域分析等。国内很多专家认为,区域认知是从空间视角认识地理事物,也就是关注地理事物的空间分布、空间结构、空间差异、空间联系、空间运动等[3]。

地理实践力是指"人们在考察、实验和调查等地理实践活动中所具备的意志品质与行动能力。考察、实验、调查等是地理学重要的研究方法,也是地理课程重要的学习方式。'地理实践力'素养有助于提升人们的行动意识和行动能力,更好地在真实情境中观察和感悟地理环境及其与人类活动的关系,增强社会责任感"。地理实践力是在各类地理实践活动中形成并具有地理学科特色的内隐意志品质和外显行动能力。相关专家认为地理实践力包括地理观察与观测能力、地理调查与考查能力、地理制作与绘制能力、地

---

[1] 万婉霞,李晴.地理核心素养研究的主要内容与存在问题[J].中学地理教学参考.2018(4):4-5.
[2] 中华人民共和国教育部. 普通高中地理课程标准(2017年版)[M].北京:人民教育出版社,2018.
[3] 汤国荣.论地理核心素养的内涵与构成[J].课程·教材·教法.2015,35(11):121.

理实验能力、地理问题分析与决策能力、地理信息运用能力等[1]。地理课程具有很强的实践性,地理实践力是地理学的主要学习方式,是地理科学的基本活动体验。在实践活动中运用综合思维和区域认知,是学生感悟、体验现实世界中人地关系的重要途径。具体表现为"能够用观察、调查等方法收集和处理地理信息,有发现问题、探索问题的兴趣;能够与他人合作设计地理实践活动的方案,独立思考并选择适当的地理工具;能够实施活动教案,主动从体验和反思中学习,实事求是,有克服困难的勇气和方法"。

研究学生发展核心素养是落实立德树人的根本任务的一项重要举措。中国学生发展核心素养主要指学生应该具备的、能够适应终身发展和社会发展的必备品格和关键能力。中国学生发展核心素养以"全面发展的人"为核心,是一个系统、总体的框架,包括文化基础、自主发展、社会参与3个方面,具体又细分为6大素养、18个基本要点。地理学科核心素养是学生发展核心素养这个总目标下的具体学科目标,两者之间存在衔接和对应关系。如表1-1所示。

表1-1 地理核心素养和学生发展核心素养的主要关联点

地理核心素养	对应的学生发展核心素养基本要点
地理实践力	劳动意识、勇于探究、技术运用
区域认知	国家认同、国际理解、问题解决
综合思维	理性思维、勤于反思、批判质疑
人地协调观	人文情怀、社会责任、审美情趣、珍爱生命

注:本表参考邵俊峰的研究成果。

研究发现,地理核心素养与中国学生发展核心素养中基本素养具有直接关联[2]。地理核心素养是学生发展核心素养的具体表现,具有鲜明的学科特色,丰富了学生发展核心素养的内涵。比较两者之间的关系可以有效指导地理核心素养培育在中学地理课堂中的落实。

---

[1] 汪建国.基于核心素养视角下高中生地理实践力的培养[J].读与写(教育教学刊).2017,14(1):133.
[2] 邵俊峰.例谈基于系统思维的高中地理教学策略——以人教版必修三"流域的综合开发"为例[J].地理教学.2013,(9):26-28.

三、地理核心素养的培养方法和目标

培养学生地理核心素养已成为当今地理教育改革与发展的趋势,"培养学生的地理核心素养"已成为地理教育界最为关注的热点问题[1][2]。课堂教学是培养学生核心素养的重要途径。教师要根据学生的实际状况,结合教学内容使核心素养在学科课堂教学中落地并生根开花,需要学科教师不断研究学科核心素养与学生发展核心素养的关联,创造性地开发和使用教材,在教学目标制定、教学目标达成、教学情境创设等方面做出改变,精心设计教学过程,有针对性地开展培养活动,以真正实现由知识本位的教学向素养本位的教学的改变,使地理学科独特的教育价值在学生身上得到体现和落实[3]。地理核心素养是中学生素质教育的重要组成部分,是提升学生综合素质、促进学生全面发展的重要内容。地理学科专业师范生只有充分了解地理核心素养知识的基础,才能在从事地理教师职业时有意识地培养学生树立正确的人口观、资源观,更好地服务于可持续发展的建设。

社会的快速发展对人才的需要有了更高的要求,全面发展的人才更适应社会发展的需要。在全球环境问题日益严峻的今天,亟需加强区域认知能力的提升,运用人地协调观念,全面、整体地对待自然界和人类社会,合理开发利用自然资源,合理保护资源环境。因此,掌握地理核心素养具有重要意义。

高中地理课程的总目标是通过地理学科核心素养的培养,从地理教育的角度落实立德树人的根本任务。在地理核心素养的构成中,人地协调是立场,综合思维是工具,区域认知是载体,地理实践是理论联系实际的纽带[4]。采取正确的地理核心素养培养方式和培养策略是促进学生形成核心素养、提高综合能力的重要环节,也是决定核心素养能力落实的关键。核心素养的多维性要求培养方式和培养决策的多元化。核心素养的培养需要在教学过程中实现,因此探讨培养不同维度地理核心素养的课堂教学策略,可以促进核心素养的提升。

(一)创设具有"开放、实践、体验"特点的地理教学情境,培养人地协调观

素养是通过训练和实践而获得的一种修养,具有养成性、稳定性、综合性、开放性等

---

[1] 万婉霞,李晴.地理核心素养研究的主要内容与存在问题[J].中学地理教学参考.2018(4):4-5.
[2] 邵志豪.地理核心素养培养的有效方法例举——以"荒漠化的防治"为例[J].地理教学.2018,(4):57.
[3] 邵俊峰.高中地理课堂落实核心素养培养的思考与实践[J].中学地理教学参考.2018,(5):31-33.
[4] 李宗录,孟方芳,楼武林.地理野外考察与课堂教学整合研究——以"常见地貌"为例[J].中学地理教学参考.2018,(9):69-71.

特征。创设适合核心素养的情境是地理核心素养培养在课堂落地的重要保障。在地理教学情境中，学生能够正确看待地理环境与人类活动的相互影响，深入认识两者相互影响的不同方式、强度和后果，理解人们对人地关系认识的阶段性表现及其原因，认同人地协调对可持续发展具有重要意义，形成尊重自然、和谐发展的态度。

特定的情境可以激活学生的问题意识，形成基于问题的学习任务，从而开展提出问题、分析问题、解决问题的学习活动。特定的情境设置可以与学生原有的认知结构经验发生联系。地理核心素养是学生通过地理学习而形成的、具有地理学科特性的必备品格和关键能力。基于核心素养培养的地理教学必须实现由"知识怎么教"向"素养如何培养"的转变。如何让地理核心素养的培养落实到具体的课堂，是当前中学地理教师需要思考的重要问题，也是地理科学专业师范生培养阶段的重要任务之一。构建开放、实践、体验课程是提高地理教学能力的重要方式，而创设的地理教学情境是激发学生兴趣的重要方法。地理核心素养反映了学科的品格，在教学中如何有效实现，新课标提出了运用问题式教学、实践教学、信息技术教学等多种方式。深度教学、情景教学与新课标的理念高度契合[1]。运用正确的教学方法，改变传统的教学模式，有助于培养学生的学习兴趣。开放式教学环境的教学活动有利于开发学生潜能，提高学生的发展水平。

可结合地理环境特征和社会发展，设计有特色的教学形式，提高教学效率，获得优质教学效果。如以新西兰鸟类种类和特征为例，讲授闭塞地理环境下物种的奇异演化；借助漂流瓶的故事讲述"海洋对地理环境的影响"；以我国传统中药材发展为例，讲授滥挖乱采对生态脆弱区环境的破坏；以世界美食与气候特征的关系为例，分析气候对植被的影响；以各国传统建筑与自然地理环境的关系为例，分析人类活动对自然环境的适应；等等。通过创设情境课堂，引导学生积极参与课堂互动，达到深度教学的目的，对学生提高专业素养有很大帮助。

地理知识来源于生活，又服务于生活。比如基于媒体素材的地理情境教学——从《舌尖上的中国》中了解高原农业资源，感受中国南北地域差异，学习气候与地域风味形成的关系、农业可持续发展思想、生态农业资源等，还有从明清设计的宅院风格中感受区域地理环境对人类活动的影响，让学生在日常生活的氛围中理解专业知识。比如利用具体事例说明生物入侵对区域生态环境的影响时，可以提前让学生收集关于澳大利亚引入野兔、新西兰引入猫、美国引入亚洲鲤鱼等相关信息，让学生真切地感受课堂知识来源于生活。

---

[1] 雷鸣.地理核心素养如何"落地"[J].中学地理教学参考,2019,(4):1.

(二)提升专业知识水平,培养区域认知能力

区域性是地理教学的重要特点。地球表面的复杂多样,决定了地球表面按照不同尺度、不同类型、不同功能可以划分成许多的区域空间,每一个区域空间内部具有共同的地理特征。通过区域实现对地球表面复杂多样性的认识是地理认识世界的基本方式之一。因此可以将区域认知视为人们分析、理解地理过程、地理规律、人地关系系统的重要思想和方法[1]。通过区域专业知识的学习,"学生能够形成从空间—区域视角认识地理事物和现象的意识,对地理事物和现象的空间格局有较强的观察力,并运用区域综合分析、区域比较、区域关联等方法认识区域,简要评价区域现状和发展"[2]。

学生培养地理核心素养区域认知能力,需要加强自身学习,提升学习兴趣,寻求适合自己学习的方法,制定地理学习目标并逐步完成。互联网的广泛应用给学生搜集学习资料提供了极大便利,学生可以在学好课堂知识的同时充分利用互联网来解决一些疑难困惑,从而开阔视野、丰富学科知识。大学图书馆也是学生提高专业水平的重要场所。师范专业学生可以根据自己的专业基础,有意识、有目的地阅读相关专业文献,有助于了解地理的历史进程、学科发展现状和前沿发展趋势。

区域认知是地理思维的基础性要素。在区域认知的基础上才可以了解地理事物的空间分布和空间结构,认识地理事物的空间差异和空间联系,进而阐述地理事物的空间运动、空间演变的规律,逐渐形成空间概念和空间分析的思维基础,有助于学生从区域的角度分析和认识地理环境,以及它与人类活动的关系。因此,新课标将区域认知界定为"人们运用空间—区域的观点认识地理环境的思维方式和能力"[3]。提高专业知识水平是培养学生区域认知素养的重要基础。地理学研究对象为地球表面,地球表面的复杂多样性,决定区域存在差异性。在课堂教学中要从复杂多样的地球表面中,选取典型区域,结合文献资料,将学生带入特定的地理教学情境中开展自主探究学习,从特殊到一般,分析、理解地理过程、地理规律,从中归纳揭示地理事物的空间运动、空间演变的普遍性规律,达成认识地球表面复杂多样性的目的。如我国西北干旱半干旱气候区,生态环境非常脆弱,荒漠面积广布,荒漠化现象严重。由于西北荒漠区是干旱和半干旱脆弱生态环境的产物,人类活动的干扰会加剧荒漠化面积的扩大,而正是在恶劣的环境条件下创造了荒漠化防治的成功案例。

---

[1] 邵志豪.地理核心素养培养的有效方法例举——以"荒漠化的防治"为例[J].地理教学.2018,(4):57-60.
[2] 参考教育部《普通高中地理课程标准(2017年版)》.
[3] 同上。

(三)运用探究式教学方式,设计有效的课堂问题培养学生综合思维

地理学以研究地理环境与人类活动相互关系为核心,教师应该结合学科特点创设问题情境,活跃学生思维状态,并促使学生从问题中产生好奇心,增强分析问题和解决问题的能力。科学合理的课堂问题可以调动学生参与学习的积极性,拓展思维,帮助学生更好地理解所学知识,促使学生在思考中获得启迪,教师在循序渐进和由浅入深的提问中渗透教学重点和难点,提高课堂教学效率和教学质量,实现预期教学目标。

探究式教学方式是促进学生综合素质全面提高的重要方式,从地理学出发的探究式教学方式要求充分利用地图载体,培育学生从空间视角思考问题的习惯。通过探究式教学方式的运用,"学生能够形成从综合的角度认识地理事物和现象的意识,对地理各要素之间的相互作用关系有较强的分析能力,并在一定程度上解释地理事物发生、发展的过程,从而较全面地观察、分析和认识不同地方的地理环境特点,辩证地看待地理问题。"通过锻炼其空间思维和搜集信息的能力,认识地理事物间的联系,构建科学的知识结构框架,促进地理学科能力的提升。

采用问题式教学、研究性教学等多种教学方式结合,引导学生互动交流、探究合作,有利于地理核心素养的形成。问题式教学是以"问题"为主线,引导学生整合相关学科知识和技能,以"解决问题"为目的,掌握综合分析问题和解决问题的能力;研究性教学以研究内容为主线,在教师指导下,学生完成信息搜集、方案设计、具体实施、测评达标状况等内容,最终达到促进能力发展、提升地理核心素养的目标。

有效的问题设计在教学中起到事半功倍的作用。如在讲述"农业的区位选择"时,可以让学生分析新疆和田大枣和长绒棉的区位因素,设计问题如下:新疆和田地区为什么能种植大枣?该地区的大枣种植出现了产业化趋势,为什么?如果种植规模不断扩大,会产生什么问题吗?对以上问题的解答需要学生首先进行区域认知,分析新疆的区域特征,然后进行综合要素分析,达到提升综合素养的目的。

再以学习"自然灾害"为例,地理教师可以先讲述我国部分地区频发自然灾害,其和被破坏的环境之间有着直接联系,随后借助四川汶川地震和特大泥石流灾害等事件引出问题:"为什么这些地区会发生地震""引发地震和泥石流灾害有哪些原因",让学生展开讨论,增强知识应用能力。

(四)结合现代信息技术,培养学生地理实践力

地理信息技术是现代地理学的核心技术,主要包括地理信息系统(GIS)、遥感(RS)和

全球定位系统(GPS),也就是"3S"技术。目前3S技术是解决人口、资源、环境及经济发展等重大地理问题的重要手段和关键技术[①]。通过有效运用地理信息技术,"学生能够运用所学知识和地理工具,在室内、野外和社会的真实环境下,通过考察、实验、调查等方式获取地理信息,探索和尝试解决实际问题,具备活动策划、实施等行动能力"。

现代信息技术在地理教学中有得天独厚的优势,是地理课程独特的辅助教学技术,充分运用多媒体技术、三维数字地球、虚拟软件等进行教学具有直观形象的效果。提升地理实践力是地理学科独有的教育理念,地理实践是学生认识世界,将理论与实践结合的重要方式。GIS技术可以实现对地理事物的空间分布特征和分布规律进行定量描述,展示地理事物之间空间相对位置和空间关系,提高学生分析地理问题及解决问题的能力。利用GIS技术分析地理事物环境条件及分析其变化趋势,是当前地理信息技术运用的主要领域之一。

RS技术的运用对地理教学有很好的辅助作用。利用遥感影像可以帮助讲解全球气候变化、全球植被覆盖变化等生态事件,以及大气监测、环境污染监测等技术内容。同时可借助土地利用及其分布、农作物分布、人类活动等的遥感影像分析生态现象产生的原因。遥感技术在讲授灾害过程、灾害分布及其评估中具有重要的作用。遥感技术在草地和森林火灾监测、沙尘暴灾害监测、海洋污染监测、火山喷发和地震监测等方面的应用,可辅助讲授自然灾害的发生、发展过程,进行影响分析。

GPS技术在辅助讲授精准农业发展、工程变形监测、海洋救援、卫星定轨等方面具有举足轻重的作用。

可将GIS技术和RS技术、GPS技术进行综合运用,如利用GPS技术进行地理调查和信息采集,通过遥感数据获取大范围地理信息,然后通过地理信息技术平台进行空间展示,是促使核心素养中地理实践力"落地"的重要途径。

四、地理学科核心素养的落实

学科核心素养是学科育人价值的集中体现,是学生通过学科学习而逐步形成的正确价值观念、必备品格和关键能力。学科核心素养指导制定的学业质量标准,更加关注教学的育人目的,更有助于落实"立德树人"的根本教学任务。

《普通高中地理课程标准(2017年版)》中制定了学科学业质量标准,将学习内容和质

---

① 段玉山.地理信息技术辅助教学功能初探[J].中小学教材教学.2005,(3):53.

量要求结合在一起,对学生学什么、学多少及其学到什么程度都有了明确的量化和分级,有助于地理学科的教学定位和有效教学评价。

(一)学业质量的内涵

《普通高中地理课程标准(2017年版)》指出学业质量是学生完成本学科课程学习之后的学业成就表现,学业质量标准是以本学科核心素养及其表现水平为主要维度(包括问题情境、知识和技能、思维方式、实践活动和价值观念等),结合课程内容,对学生学业成就表现的总体刻画。依据不同水平学业成就表现的关键特征,学业质量标准明确将学业质量划分为不同水平的等级,并描述了不同水平学习结果的具体表现。其意义在于引导教学更加关注育人目的,更加注重培养学生核心素养,更加强调提高学生综合运用知识解决实际问题的能力,帮助教师和学生把握教与学的深度和广度,为阶段性评价、学业水平考试和升学考试命题提供重要依据,促进教、学、考有机衔接,形成育人合力。[1][2]

《普通高中地理课程标准(2017年版)》指出"地理学业质量水平分为四级。每一级水平主要表现为学生整合不同的地理学科核心素养,在不同复杂程度的情境中运用各种重要概念、思维、方法和观念解决问题的关键特征。水平1至水平4具有由低到高逐渐递进的关系"。[3]如表1-2。

表1-2 不同学业质量水平关键维度对比

维度	问题情境	知识技能	认知要求	实践活动	价值观念
水平1	简单、熟悉的	地球科学基础,自然地理实践,自然环境与人类活动的关系	辨识、简单辨析、简单分析(少数几个要素)	初步观察;设计简单的实验;收集信息;开展社会调查;借助他人的帮助	合作的意识、求真的态度
水平2	给定的简单地理事象	人口分布,城镇和乡村,产业区位选择,环境与发展	自主辨识、简单分析(多个要素)、说明、解释、归纳	深入观察;设计实验;设计实施社会调查;与他人合作	独立思考的意识、求真求实的科学态度;人地协调发展和走可持续发展之路

---

[1] 参考教育部《普通高中地理课程标准(2017年版)》.
[2] 杨惠茹.准确把握学业质量标准 落实地理学科核心素养[J].中学地理教学参考.2019,(1):25.
[3] 同[1].

续表

维度	问题情境	知识技能	认知要求	实践活动	价值观念
水平3	给定的复杂地理事象	地球运动,自然环境中的物质运动与能量交换过程,自然环境的整体性和差异性 区域的概念和类型,区域发展,区域协调	分析、说明、解释、筛选资料、论证	设计和实施较复杂的地理模拟实验和考察方案;提出构想;与他人合作	主动发现问题、探索问题,保持求真、求实的科学态度;个人、社会和国家在保护自然资源和环境中应担当的责任
水平4	现实中的自然环境问题	自然资源开发利用,环境保护,资源、环境对国家安全的重要意义	分析、归纳、说明、解释、综合分析、评价、理解、评估、提出建议	设计科学的地理模拟实验、考察方案;独立完成	人地协调发展观,国际合作意识,和谐发展的观念

注:引自杨惠茹研究成果。

学业质量标准具备"可测量、可参照、可比较、可操作"的特点,使教师能够更加清晰地知道哪些内容要教到什么程度,要培养学生哪些学科能力和素养,有助于指导和评价教学;使学生能力素养的考查得到更好的体现,有助于指导和评价考试。学业质量标准建立了课程学习、核心素养和考试评价之间的有机联系[1][2]。

(二)核心素养、学业质量、学业要求与教学内容的对应

学业质量的不同水平是课程标准中"学业要求"的具体体现。"学业要求"解决的是"学到什么程度"的问题,是学科核心素养的具体体现。学业质量标准是教学模块学业要求的总体呈现。"学业质量""学业要求"与教学内容和学习内容相一致,与核心素养水平要求相呼应,分别进行不同层级水平的对应。如表1-3、表1-4、表1-5和表1-6。

---

[1] 杨惠茹.准确把握学业质量标准 落实地理学科核心素养[J].中学地理教学参考.2019,(1):26.
[2] 辛涛.学业质量标准:连接核心素养与课程标准、考试、评价的桥梁[J].人民教育.2016,(19):17-18.

表1-3　基于人地协调观的核心素养水平、学业质量水平、学业要求和教学内容要求的关系

教学内容	学业要求	学业质量水平	核心素养水平
必修1 1.4—1.11	能够在一定程度上合理描述和解释特定区域的自然现象,并说明其对人类的影响	水平1:在简单、熟悉的情境中,能够辨识地貌、大气、水、土壤、植被等自然地理要素,简单分析其中少数几个要素的相互作用,及其与人类活动的相互影响;能够辨识人口、城乡、产业、文化等人文地理现象的地理特点,简单分析其中两者之间的相互作用,及其与自然环境的相互影响 水平2:对于给定的简单地理事象,能够简单分析地貌、大气、水、土壤、植被等自然要素中多个要素之间的关系,解释地球演化、热力环流、水循环等的时空变化过程,辨识某些自然地理要素与人类活动相互作用的主要方式和结果;能够简单分析人口、城乡、产业、文化等人文地理事象之间,以及它们与自然要素之间的关系,解释人口分布、城乡内部空间结构、城镇化、产业区位等的时空变化过程,结合国家某发展战略,简单分析其地理背景,辨识人类活动影响地理环境的主要方式,以及出现的人地关系问题,说明人地协调发展和走可持续发展之路的重要性	水平1:能够结合简单、熟悉的地理事象,认识人类活动要在一定的地理环境中开展;能够简单辨识人们生产活动和生活习惯与地理环境之间的联系,说明人类对环境施加影响的方式及其带来的影响 水平2:能够结合给定的简单地理事象,理解人类影响地理环境的主要方式,阐述人类活动对地理环境的积极与消极影响;认识人类活动要遵循自然规律,与自然和谐相处的道理,理解人地协调发展的重要性
必修2 2.1—2.10	能够形成判断人类活动与资源环境问题关系的初步意识		

续表

教学内容	学业要求	学业质量水平	核心素养水平
选择性必修1 1.3 1.7—1.9	能够运用地球运动、自然环境的整体性等知识，说明自然环境与人类互动之间的关系，以及尊重自然规律的重要性	水平3：对于给定的复杂地理事象，能够说明自然环境对人类活动的影响，分析人类活动对自然环境影响的强度和方式，具备尊重自然规律、科学适应和利用自然的意识；对于给定的区域发展案例，能够说明自然资源、环境满足人们需要的潜力及有限性，分析区域环境治理和保护措施；能够说明资源和环境是影响国家安全的重要因素，理解个人、社会和国家在保护自然资源和环境中担当的责任 水平4：结合现实中的自然环境问题，能够从人地关系系统的角度，分析自然环境对人类活动的影响和作用，归纳人类活动遵循自然规律、与自然和谐相处的必要性和路径；结合现实中的区域发展情境，能够说明区域在开放的条件下，该地自然资源、环境满足人们需要的潜力变化，归纳该类区域不同发展阶段可能遇到的人地关系问题，分析区域特有的环境治理和保护措施；结合区域自然资源开发和环境保护实例，能够从国家安全的高度，理解资源和环境安全对于人地协调发展的重要性，增强国际合作意识，建立和谐发展的观念	水平3：能够结合给定的复杂地理事象，认识地理环境对人类活动的影响以及人类活动影响环境的方式和强度；理解自然资源和地理环境满足人类需要的潜力及有限性 水平4：能够通过对现实中人地关系地域系统的简单分析，理解区域中人口、资源、环境、发展之间的相互关系，理解人地关系是对立统一的；评价分析人地关系中存在的问题
选择性必修2 2.2 2.5—2.7	能够从人地协调的角度，对不同类型区域的发展路径作出简要解释		
选择性必修3 3.1—3.8	能够树立和谐的人地关系是国家安全的重要保障的意识		

注：参考杨惠茹研究成果整理。

表1-4　基于综合思维的核心素养水平、学业质量水平、学业要求和教学内容要求的关系

教学内容	学业要求	学业质量水平	核心素养水平
必修1 1.1—1.3 1.5—1.9	能够运用地球科学的基础知识，说明一些自然现象之间的关系和变化过程	水平1：在简单、熟悉的情境中，能够辨识地貌、大气、水、土壤、植被等自然地理要素，简单分析其中少数几个要素的相互作用，及其与人类活动的相互影响；能够辨识人口、城乡、产业、文化等人文地理现象的地理特点，简单分析其中两者之间的相互作用，及其与自然环境的相互影响 水平2：对于给定的简单地理事象，能够简单分析地貌、大气、水、土壤、植被等自然要素中多个要素之间的关系，解释地球演化、热力环流、水循环等的时空变化过程，辨识某些自然地理要素与人类活动相互作用的主要方式和结果；能够简单分析人口、城乡、产业、文化等人文地理事象之间，以及它们与自然要素之间的关系，解释人口分布、城乡内部空间结构、城镇化、产业区位等的时空变化过程，结合国家某发展战略，简单分析其地理背景，辨识人类活动影响地理环境的主要方式，以及出现的人地关系问题，说明人地协调发展和走可持续发展之路的重要性	水平1：能够说出简单、熟悉的地理事象所包含的相关要素，并能从两个地理要素相互作用的角度进行分析 水平2：能够对给定的简单地理事象，从多个地理要素相互影响、相互制约的角度进行分析；能够结合时空变化，对其发生、发展进行分析，给出简要的地域性解释
必修2 2.1—2.11	能够描述人文地理事物的空间现象及其变化，解释不同地方的人们对产业活动进行区位选择的依据		

续表

教学内容	学业要求	学业质量水平	核心素养水平
选择性必修1 1.1—1.8	能够运用地理信息技术或其他地理工具,结合地球运动、自然环境要素的物质运动和能量交换,以及自然地理基本过程,分析现实世界的一些自然现象、过程及其对人类活动的影响	水平3:能够说明地球运动与昼夜更替、四季变化等自然现象的关系,说明岩石、地貌、大气、水的运动与变化规律;能够分析不同区域发展中出现问题的原因,并对解决问题的对策做出解释;能够分析战略性破坏、环境污染等问题产生的原因,并构想解决这些问题的主要途径 水平4:能够运用地球运动规律,解释昼夜更替、四季变化等自然现象产生的原因,从自然环境各要素的物质运动和能量交换的角度,分析岩石、地貌、大气、水的运动与变化规律;能够在认识某类区域特征的基础上,从促进区域科学发展的角度,对其发展的条件、过程、问题及决策等进行系统的综合分析、评价;能够从全球化的视角,综合分析人类开发利用矿产资源、耕地资源、海洋空间资源等的条件、方式及潜力,以及产生的资源、环境问题对国家安全的影响,并从国际合作的视角理解解决全球性环境问题的重要性	水平3:能够结合给定的复杂地理事象,综合各要素,系统分析其相互影响、相互制约的关系,从时空综合维度对其发生、发展和演化进行分析,给出合理的地域性解释 水平4:能够对现实中地理事象,如自然环境的变化、区域发展、资源环境与国家安全问题等,运用要素综合、时空综合、地方综合的分析思路,对其进行系统性、地域性的解释
选择性必修2 2.3—2.8	能够根据不同类型区域的发展条件和现状,分类思考和分析区域发展问题及原因		
选择性必修3 3.4—3.4	能够综合分析各种区域性或安全性资源和环境问题对国家安全的影响,了解国家资源利用现状及政策和法规对维护国家安全的意义		

注:参考杨惠茹研究成果整理。

表1-5 基于区域认知的核心素养水平、学业质量水平、学业要求和教学内容要求的关系

教学内容	学业要求	学业质量水平	核心素养水平
必修1 1.1—1.11	能够在一定程度上合理描述和解释特定区域的自然现象,并说明其对人类的影响	水平1:根据提示,能够辨识日常生活区域的某些自然地理要素特征;能够简单辨析日常生活区域内某产业的部分区位因素和特点	水平1:能够根据提示,将简单、熟悉的地理现象置于特定区域中加以认识;能够认识和归纳区域特征
必修2 2.1—2.11	能够描述人文地理事物的空间现象及其变化,解释不同地方的人们对产业活动进行区位选择的依据	水平2:能够归纳某些自然地理要素的空间分布特征,自主辨析给定区域的某些自然要素特征;能够自主辨析给定区域内某产业的区位因素	水平2:能够从区域的视角认识给定的简单地理现象,收集整理区域重要信息;能够简单解释区域开发利用方面决策的得失
选择性必修1 1.9	能够运用自然环境的整体性和地域分异规律,认识区域的自然环境,掌握因地制宜等基本地理思想方法	水平3:能够从空间格局的角度,解释自然环境的整体性与差异性;能够根据不同类型区域的发展条件和现状,分类思考和分析发展问题及原因;能够筛选恰当资料,对某区域资源开发和环境保护决策是否合理进行论证	水平3:能够结合给定的复杂地理现象,从空间—区域尺度、区域特征、区域联系等角度认识区域;能够为赞同或质疑某一区域决策提出相关论据
选择性必修2 2.1—2.9	能够根据不同类型区域的发展条件和现状,分类思考和分析区域发展问题及原因	水平4:能够运用空间分析方法,解释自然环境的整体性与差异性,并能够分析特定区域的自然地理特征与环境演变过程,评估其发展问题,提出科学决策依据;能够比较全面地评价区域决策的得与失,并提出较为可行的改进建议;能够收集区域、全国或世界的资源、环境信息,并利用信息解释资源、环境问题及其成因,从维护国家安全的高度尝试提出解决问题的建议	水平4:能够对现实中的区域地理问题,运用认识区域的方法和工具进行分析;能够较全面地评析某一区域决策的得失,提出较为可行的改进建议
选择性必修3 3.1—3.8	能够综合分析各种区域性或安全性资源和环境问题对国家安全的影响,了解国家资源利用现状及政策和法规对维护国家安全的意义		

注:参考杨惠茹研究成果整理。

表1-6 基于地理实践力的核心素养水平、学业质量水平、学业要求和教学内容要求的关系

教学内容	学业要求	学业质量水平	核心素养水平
必修1 1.4 1.9—1.10 1.12	能够运用地理信息或其他地理工具,观察、识别、描述与地貌、大气、水、土壤、植被等有关的自然现象;具备一定的运用考察、实验、调查等方式进行科学探究的意识和能力	水平1:借助他人的帮助,能够使用遥感影像等地理信息技术手段和其他地理工具,对地貌、土壤、植被等自然要素和相关自然现象进行初步观察,并设计简单的实验;能够收集人口、城乡、产业、文化等方面的人文地理信息,开展社会调查;能够在地理实践中理解和接受不同的想法,表现出合作的意识、求真的态度与应用知识的能力	水平1:能够进行初步的观察和调查,获取和处理简单信息,有探索问题的兴趣;能够借助他人的帮助使用地理工具,设计和实施地理实践活动,从体验和反思中学习;能够理解和接受不同的想法,有克服困难的勇气并寻找方法
必修2 2.1—2.6	能够运用地理信息技术或其他地理工具,收集和呈现人口、城镇、产业活动等人文地理数据、图表	水平2:与他人合作,能够使用遥感图像等地理信息技术手段和其他地理工具,对地貌、土壤、植被等自然要素和相关自然现象进行深入观察,并设计实验,作出简要解释;能够对人口、城乡、产业、文化等方面的人文地理事象,设计和实施社会调查,作出简单的解释;能够在地理实践中表现出独立思考的意识、求真求实的科学态度,以及灵活运用知识的能力	水平2:能够进行细微观察和调查,获取和处理信息,有探索问题的兴趣;能够与他人合作使用地理工具,设计和实施较复杂的地理实践活动,主动从体验和反思中学习;能够有自己的想法,有克服困难的勇气和方法

续表

教学内容	学业要求	学业质量水平	核心素养水平
选择性必修1 1.1—1.9	能够运用地理信息技术或其他地理工具，结合地球运动、自然环境要素的物质运动和能量交换，以及自然地理基本过程，分析现实世界的一些自然现象、过程及其对人类活动的影响	水平3：能够与他人合作，设计和实施较复杂的地理模拟实验和考察方案，并独立、熟练地运用地理信息技术分析相关自然地理现象；能够搜寻不同类型区域的统计信息，收集相关区域发展规划，参与区域发展问题的调查；能够查阅相关政策法规文献，尝试运用所学知识，对某区域的资源合理化利用和生态环境保护提出构想；能够在地理实践中主动发现问题、探索问题，保持求真、求实的科学态度 水平4：能够独立设计科学的地理模拟实验和考察方案，利用地理信息技术及相关工具、材料，分析与处理相关数据与信息，对地理事象进行科学解释与评价；能够搜寻不同类型区域的统计信息，收集相关区域发展规划，设计区域发展问题的调查方案；能够有针对性地开展野外资源、环境调查，描述某区域存在的资源和环境问题，并结合已有资料，对解决区域资源和环境问题提出建议；能够在地理实践中表现出较强的行动能力	水平3：能够进行分类观察和调查，获取和处理较复杂的信息，主动发现和探索问题；能够与他人合作设计和实施较复杂的地理实践活动，主动从体验和法式中学习；能够有自己的想法，有克服困难的勇气和方法 水平4：能够进行较系统的观察和调查，获取和处理复杂的信息，主动发现和探索问题；能够独立设计和实施地理实践活动，主动从体验和反思中学些；能够提出有创造性的想法，有克服困难的勇气和方法
选择性必修2 2.1—2.2	能够运用地理信息技术或其他地理工具，通过案例分析、数据采集、实地调查等方式，比较、归纳不同区域发展的异同		
选择性必修3 3.4—3.8	能够运用地理信息技术或其他地理工具，或实地调查身边的资源、环境状况，分析问题及成因，有理有据提出可行性对策		

注：参考杨惠茹研究成果整理。

第二节　人地协调观及其技能训练

人地关系是地理学的重要研究领域。20世纪80年代,"人地关系"首次在我国中学地理课程中被明确提出,之后修订颁布的多个版本的地理课程标准越来越关注人地关系。"人地协调观"既是现行高中地理课程的基本理念,也是重要的课程目标和教学内容[1]。随着地理学科核心素养的确立,人地协调观也被列为高中地理学科的核心素养之一。

一、人地协调观的内涵

人地协调观的内涵是人们对人类与地理环境之间关系秉持的正确的价值观[2],人地协调观的发展是从思想到实践的过程。

人地关系是指有关人类及其各种社会活动与地理环境的关系,人地观念是指对人地关系的认识、理解和判断,是地理学和地理教育的核心观点,是地理学研究的核心主题。利用人地观念可以理解自然环境是人类生存、发展的基础,并能够辩证看待自然环境对人类活动的各种影响。"人地协调观"素养有助于人们更好地分析、认识和解决人地关系问题,成为和谐世界的建设者。

首先,人地协调观是一种重要的自然观和发展观,表现在能够理解自然环境是人类生存、发展的基础,并能够辩证看待自然环境对人类活动的各种影响。目前,人地协调发展的思想已经深入人心。我国提出了"创新、协调、绿色、开放、共享"五大发展理念,其中在"绿色"发展中明确提出形成人与自然和谐发展现代化建设新格局,推进美丽中国建设,为全球生态安全做出新贡献。促进人与自然和谐共生,构建科学合理的城市化格局、农业发展格局、生态安全格局、自然岸线格局,推动建立绿色低碳循环发展产业体系。加快建设主题功能区,发挥主体功能区作为国土空间开发保护基础制度的作用等,将人地协调发展摆在了非常重要的位置上。能够理解人类活动是如何影响自然环境的,懂得人类在利用自然、改造自然中必须尊重自然规律。

其次,学习人地协调观能够理解人类活动影响地理环境有不同方式、强度和后果,懂得尊重自然规律的重要性和必要性,其可以概括为:地理环境对人类的影响、人类对地理环境的作用、协调人类与地理环境的关系。地球上的自然条件和自然资源是人类赖以生

---

[1] 陈亚玲,张琦.基于人地协调观培养的教学设计[J].地理教学.2017,(24):53.
[2] 参考教育部《普通高中地理课程标准(2017年版)》.

存的基本条件,自然环境是人类生存发展的基础。因此,地理环境对人类的影响是巨大的,随着社会发展,其形式和程度会发生变化。随着科学技术的发展,自然环境对人类活动的直接影响会有所减弱,间接影响会不断增强。在人地关系中,人类依赖自然环境生存与发展,这种"依赖"不会从根本上改变。人类活动改变了地球的原始面貌。其影响方式是多样的,如开垦农田、筑坝引水、修建聚落、铺设道路等;影响强度是超级的,人类活动已经达到地球的地质作用力水平;影响的结果是巨大的。人类在利用自然时,必须遵守自然规律。如果人类活动违背自然规律,将会受到自然的惩罚。随着人口增长、社会发展与科技水平的提高,人类对地理环境的影响越来越大,对资源的索取变得更加贪婪,环境问题也变得越发严重。从价值观的层面看,协调人类与环境关系,实现人与自然的"双赢",是协调人地关系最重要的目标。"人地协调观"能够理解人类对人地关系认识逐渐深化的过程;能够辩证看待科学技术的作用;懂得人地协调发展的重要性,具有一定的可持续发展的观念。

最后,通过人地协调观分析评价现实人地关系问题,理解协调人地关系的措施与政策,从而实现其育人价值。人地协调观是地理学和地理教育最为核心的观点,包含了"自然地理环境对人类活动的影响""人类活动对自然地理环境的影响""自然地理环境与人类活动的相互作用"等正确的人口观、资源观、环境观和发展观等[1]。人地协调观的内涵包含了"地对人、人对地、人与地协调"三方面内容,从"地对人的影响""人对地的影响""人与地如何协调"等多个角度理解所包含的见解和观点,在分析解决各种地理问题时,认识到人地协调观是必须遵照的基本观点,为分析和解决地理问题提供了有效的途径。

二、人地协调观素养的表现与水平划分

(一)人地协调观的表现

《普通高中地理课程标准(2017年版)》指出人地协调观的表现为:

(1)能够理解自然环境是人类生存、发展的基础,并能够辩证看待自然环境对人类活动的各种影响。

(2)能够理解人类活动影响地理环境有不同的方式、强度和后果,懂得尊重自然规律的重要性和必要性。

(3)能够分析评价现实人地关系问题,理解协调人地关系的措施与政策。

---

[1] 王民.人地协调观及其培养重点解析[J].地理教育.2017,(6):5-6.

（二）人地协调观的水平划分

《普通高中地理课程标准(2017年版)》将人地协调观划分为4级水平：

水平1：能够结合简单、熟悉的地理事象，认识人类活动要在一定的地理环境中开展；能够简单辨识人们生产活动和生活习惯与地理环境之间的联系，说明人类对环境施加影响的方式及其带来的影响。

水平2：能够结合给定的简单地理事象，理解人类影响地理环境的主要方式，阐述人类活动对地理环境的积极与消极影响；认识人类活动要遵循自然规律，与自然和谐相处，理解人地协调发展的重要性。

水平3：能够结合给定的复杂地理事象，认识地理环境对人类活动的影响以及人类活动影响环境的方式和强度；理解自然资源和地理环境满足人类需要的潜力及有限性。

水平4：能够通过对现实中人地关系地域系统的简要分析，理解区域中人口、资源、环境、发展之间的相互关系，理解人地关系是对立统一的；评价分析人地关系中存在的问题。

王民等[1]人认为新课标提出的4级水平标准主要依据不同水平的情境进行划分，依次是日常生产和生活情境、给定的地理事物和现象、给定的复杂地理事物和现象、现实中的各种地理问题，不同的情境水平决定了不同的教学阶段和教学质量要求。根据不同水平的教学内容设置不同水平的教学情境，培养相应水平的核心素养，成为新课标对地理教师的新要求。并从多个角度给出具体的水平划分标准及相关案例，如表1-7、表1-8和表1-9所示。

表1-7 依据角度一"影响的方向和强度"进行的划分

水平	划分标准	举例说明
1	说明人类对自然环境施加影响的方式或自然环境对人类施加影响的方式，简单说明其影响，可以是片面的	庞大的人口基数对于生态环境的压力大
2	具体说明人类活动对自然环境或者自然环境对人类活动的积极与消极影响，要比较全面	人口众多对于生态环境的压力大；符合环境合理容量的人口能够提高人类的生活质量，且有利于生态持续发展

---

[1] 王民,韩琦,蔚东英等.高中地理核心素养水平划分标准研究(连载一)"人地协调观"水平划分标准及案例研究[J].中学地理教学参考,2017(11):22-25.

续表

水平	划分标准	举例说明
3	认识地理环境对人类活动的影响及人类活动对自然环境的积极与消极影响,要全面	人口众多对于生态环境的压力大;符合环境合理容量的人口能够提高人类的生活质量,且有利于生态持续发展;适宜的自然条件,如气候温和、土地平坦等,能养活更多的人
4	能够综合人对地及地对人的影响并说明人地关系的对立统一	适宜的自然条件为供养一定的人打下了基础,但人类须合理利用自然资源,若向环境过度索取资源,排放过多的废弃物,则出现生态破坏和环境污染,导致环境人口容量的下降,使得人地矛盾激化

注:来源于王民等学者的研究成果。

案例分析:马拉喀什气候大会重申全面落实《巴黎协定》

2016年11月17日,《联合国气候变化框架公约》第22次缔约方大会(马拉喀什气候大会)通过《马拉喀什行动宣言》,强调全球合作应对气候变化的趋势不可逆转,重申将全面落实《巴黎协定》。在两周的会期内,中国积极发声,履行承诺,促进与会各方达成共识。在应对全球气候变化上,中国不仅用语言,更用行动赢得世界的认可与尊重。

宣言提出,《巴黎协定》雄心勃勃的目标具有包容性,反映了公平、"共同但有区别的责任"和各自的能力原则,大会欢迎《巴黎协定》快速生效,并强调进一步落实协定的承诺。

宣言强调,当前的任务是进一步积极推动减少温室气体排放,支持2030年可持续发展议程及可持续发展目标。宣言呼吁各方做出最大政治承诺,帮助最易受气候变化影响的国家提高应对能力,同时支持消除贫困,保障粮食安全并重申发达国家在气候治理问题上应兑现向发展中国家提供资金、技术和能力建设的承诺。

《巴黎协定》是将近200个国家达成的共识,已经批准生效,它代表了全球的发展趋势和各国的共同愿景,即绿色、低碳转型。目前国际上应对气候变化所拟定的目标,跟中国国内的发展战略相一致。应对气候变化要走一条公平、合理、合作、共赢的道路。

2015年6月,中国向联合国气候变化框架公约秘书处提交了应对气候变化国家自主贡献文件,承诺到2030年左右二氧化碳排放达到峰值并争取尽早达峰,到2030年,单位国内生产总值二氧化碳排放比2005年下降60%—65%。

中国提出"十百千"项目,即在发展中国家开展10个低碳示范区、实施100个减缓和适应气候变化的项目,以及1000个应对气候变化培训名额的合作项目。为发展中国家走低碳发展道路做出示范,并根据发展中国家的需要在绿色融资、技术转让等方面积极加强合作。中国凭借积极的努力与开放的姿态赢得了世界的认可,世界听到了中国的声音,见证了中国的行动。

思考:

(1)温室效应会造成怎样的不良影响?(水平1)

(2)中国在应对全球气候变化中做出了哪些贡献?(水平2)

(3)全面落实《巴黎协定》有何重要意义?(水平3)

(4)根据《巴黎协定》所达成的共识,推测全球变暖的现状是如何造成的?人类应该如何应对?(水平4)

表1-8 依据角度二"人地相互作用的因果关系"进行的划分

水平	划分标准	举例说明
1	直接因果关系,A→B	植被退化→土质疏松
2	间接因果关系,A→B→C	植被退化→土质疏松→水土流失
3	多个因果关系,A→B、C→D、A→C	植被退化→土质疏松;降雨集中→地表冲刷强烈;植被退化、降雨集中→水土流失
4	复杂因果关系,可能有多余的因或果,需自行判断	植被退化→土质疏松;降雨集中→地表冲刷强烈;植被退化、降雨集中→水土流失

注:来源于王民等学者的研究成果。

表1-9 依据角度三"人地协调发展观点的深化"进行的划分

水平	划分标准	举例说明
1	简单认识人类活动或自然环境,简单辨识人们生产活动和生活习惯与地理环境之间的联系,知道人类活动需在自然地理环境中展开	人类开展农业活动需利用土地等自然资源
2	认识到人类活动要遵循自然规律,理解人地协调发展的重要性	开展农业活动需配合气候、地形等自然条件,适宜的气候和地形有利于农业活动的开展。由于气候差异,我国北方一年一熟,南方一年两熟或两年三熟;北方以旱地为主,南方以水田为主

续表

水平	划分标准	举例说明
3	认识自然地理环境满足人类需要的潜力及有限性,人类活动对此的积极和消极影响	我国幅员辽阔,但是稠密的人口和复杂的地形条件使得耕地资源异常宝贵。根据调查,我国的耕地面积正在逐年减少。土地弃耕、水土流失、沙漠化和耕地重金属污染等造成了耕地的隐性流失
4	对现实人地关系地域系统进行简要分析,评价分析人地关系中存在的问题,理解协调人地关系的措施与政策	我国耕地资源的紧缺使得后备资源的开发尤其重要。但耕地后备资源存在以下五方面问题:一是区域分布不均衡,主要集中在中西部经济欠发达地区,反映出经过多年持续开发利用,经济发展快的地区后备资源稀缺甚至枯竭,在省域内实现占补平衡越来越难;二是集中连片的耕地后备资源减少明显,反映出随着多年土地的开发,大部分成规模的连片耕地后备资源已经被开发为耕地、园地、林地等,当前已不再具备继续全面推行大规模土地开发利用的工作基础;三是耕地后备资源大多数零散破碎,耕地后备资源开发利用方式也需要由成规模集中开发转向以综合整治为主;四是耕地后备资源利用受生态环境制约大,稍有不当极易导致水土流失、土地沙化等严重后果;五是近期可供开发利用的耕地后备资源数量有限。针对这些问题,一是要坚持保护优先,继续坚持最严格的耕地保护制度;二是因地制宜,合理确定耕地后备资源开发利用时序;三是分类施策,切实提高耕地后备资源开发利用效率;四是创新手段,落实耕地数量、质量、生态"三位一体"的保护

注:来源于王民等学者的研究成果。

案例分析一:热带雨林的自然资源。

在赤道热带地区附近,分布着地球上最强大的生态系统,也是生产力最高的生物群落——热带雨林。东南亚地区、非洲刚果河流域和南美洲亚马孙河流域是热带雨林的三大集中分布区。从世界地图上看,它们就像是一条绿色的腰带围绕着地球。

热带雨林无疑是地球赐予人类最为宝贵的资源之一。目前,超过1/4的现代药物是由热带雨林植物所提炼的,所以热带雨林被称为"世界上最大的药房"。同时,众多雨林植被的光合作用净化地球空气的能力尤为强大,其中仅亚马孙热带雨林产生的氧气就占全球氧气总量的1/3,故有"地球之肺"的美誉。热带雨林能够调节气候,防止水土流失,净化空气,保证地球生物圈的物质循环有序进行,是全人类共同的财富。

如今,热带雨林正在遭受破坏,以亚马孙雨林为例,平均每年约有15500平方千米因选择性采伐被砍倒而减少。除此之外,每年还有同等面积的森林因放牧或耕作被破坏。

思考:

(1)热带雨林对全球气候有何重要意义?(水平1)

(2)热带雨林地区有哪些丰富的自然资源?给人类带来了哪些好处?(水平2)

(3)人类对热带雨林进行了哪些开发活动?热带雨林能这样一直被开发吗?会造成怎样的后果?(水平3)

(4)针对热带雨林开发的现有问题,你认为该如何保护热带雨林?(水平4)

因为形成人地协调观念是一个长期的过程,伴随着各个教学阶段,因此利用人地协调观念进行教学设计的时候,需要根据不同的年级设计不同的层次要求,采取具体的教学策略。

案例分析二:借鉴苏格兰课程中经验与结果的描述方法,对地球科学-空间的相关问题进行层次分级。

比如对于4年级学生,关于人地关系的认知达到基本层次:知道并了解人类如何依赖环境、人类如何改变环境、人类活动可以适应或危害自然环境。能够叙述人类依赖自然环境的方式、说出人类改变自然环境的方式、评估人类活动对自然环境的冲击。

对于5—8年级学生,具体要求有所提高:知道并了解人类改变自然环境的后果、人类改变一地的自然环境常常造成另一地区的改变、技术在人类改变自然环境上所扮演的角色。能够利用已有知识分析人类改变了自然环境后所带来的环境后果,并进行推测、评估可能出现的结果;从普遍联系的角度出发,指出和解释一地出现的人为环境改变在别处造成影响;评估技术如何影响自然环境的人为改造。

对于9—12年级学生,要做到知道并了解科技在人类改造自然环境承载能力方面所扮演的角色、人类改造自然环境所造成的全球冲击及其意义、如何将适切的模式及信息应用于环境问题。能够分析科技如何扩展人类改变自然环境的能力、解释人类改变自然环境所造成的全球冲击、设想各种因人类改造而引起的环境变迁情景,并提出可能的解决方案。

不同层次对应的具体内容:

一级:当遥望辽阔的星空时会感到好奇,能认出太阳、月亮和星星,并将它们与生活相联系。

二级：经过不同时间段观测太阳月亮并记录数据，能描述出它们的运行规律和变化。能将这些结果联系到一天、一个月和一年的时长。

三级：通过观测和研究太阳系的特征，能运用简单的模型来交流和展示对太阳系的大小、范围和运动的理解。

四级：通过运用太阳系的知识和生物的基本知识，能提供理由充分的论据，证明生命在宇宙各处存在的可能性。

五级：通过不断的研究来观测和探索天空，能阐述有关宇宙知识的发展历程。

三、人地协调观素养的培养

最新修订的高中地理课程标准将人地协调观解释为"人们对人类与地理环境之间关系秉持的正确的价值观"。要求学生能够理解自然环境是人类生存、发展的基础，并能够辩证看待自然环境对人类活动的各种影响；能够理解人类活动影响地理环境有不同的方式、强度和后果，懂得尊重自然规律的重要性和必要性；能够对现实中的人地关系问题分析评价，理解协调人地关系的措施与政策[1]。

课堂教学是促进学生树立人地协调价值观的重要场所，人地协调观素养的培养最终需要在课堂教学中完成[2]。教师应该明确人地协调观的内涵，并将其渗透到教学实践各环节中，才能在教学过程中逐步培养学生的人地协调观，使学生形成从"地对人""人对地""人地协调"的人地关系视角思考科学问题的思维方式。同时教师要认真研究课标，设计更加符合实际、更具科学性的教学目标，并对培养质量进行水平划分[3-4]。深入挖掘教学内容，将学生人地协调观的培养贯穿始终[5]。基于对人地关系内涵的认识，对课标人地协调观的解读和具体要求，在教学过程中逐步丰富教学素材、完善教学方法，促进学科素养目标的实现。利用不同教学方法如情境教学、案例教学、探究式教学、体验式教学、问题导向教学等的交叉、灵活使用，通过开展实践活动、实地考察、研学旅行等方式，培养学生的人地协调观[6-7]。探究式教学是一种基于问题的教学方法，以学生获得直接的学习

---

[1] 陈亚玲,张琦.基于人地协调观培养的教学设计[J].地理教学.2017,(24):53-56.
[2] 郭勇.地理学科核心素养"人地协调观"研究的文献综述[J].中学地理教学参考.2018,(23):13-15.
[3] 王雪纯.高中生地理人地协调观培养中存在的问题及建议浅谈[J].地理教学.2018,(7):13-16.
[4] 梁秀华.地理实践活动中"人地协调观"的培养质量与评价探析：以工业地域主题为例[J].地理教学.2018,(3):8-11.
[5] 耿瑞丹.利用活动板块培养学生人地协调观：以人教版初中地理教材为例[J].中学地理教学参考.2017,(24):47.
[6] 彭成发.基于旅行视角的人地协调观培养[J].地理教育.2017,(10):52-53.
[7] 朱宗伟.浅谈人地协调观在高中地理教学中的渗透[J].课程教育研究.2018,(1):155-156.

经验、发展创新思维和提升解决问题的能力为目的(朱志贤《心理学辞典》,北京师范大学出版社,1989),引导学生思考问题,在人地协调理念教学中具有较好的效果。教师在教学中通过情景设计,创造一种引导性的教学氛围,激发学生的好奇心,让学生通过查阅相关资料、观察社会现象、开展社会调查、分组讨论等方式,自主发现问题、分析问题,最终解决问题。

地理学在贯彻落实党的十九大提出的人与自然和谐共生、构建人类命运共同体、实施区域可持续发展战略等方面具有不可替代的学科优势。其中,人地协调观是地理课程蕴含的最为核心的价值观。

借鉴杨剑武的课堂案例[①],分析人地协调观在课堂案例中的运用,培养师范生的人地协调观素养。通过真实案例分析,引导学生发现生活中的地理,唤醒可持续发展的意识,及关心家园、关注民族命运的责任感,使其感悟到地理学能为区域可持续发展提供决策支撑,能让人们生活得更有质量。

(一)引入问题播视频:看看规划师的思维路径

"生活化"是高中地理课程改革的一个重要理念。如在讲"城市化"这部分内容时,可从2010年上海世博会主题词"城市,让生活更美好"切入,引导学生分析"城市到底如何让生活更美好"。同时引入反面案例"为什么北京回龙观社区却因《感觉身体被掏空》这首歌,成为全球著名城市病典型?"随后组织学生观看视频《数据与城市正义》,看看城市规划师如何帮助他们缓解这种局面。视频内容节选如下:

规划师选择同在北京的望京社区来对比回龙观社区,望京曾是一个"睡城",但近年来其空间品质得到了极大改善。对比回龙观和望京的地铁刷卡记录发现,回龙观的上班族每天平均通勤距离是11千米,而望京的通勤距离只有8.6千米。形成这种差异的主要原因在于回龙观居民"职住分离"。那么,如何解决这个问题呢?通过研究发现,回龙观居民中从事娱乐、商业、文化等服务行业的居多,并且以女性为主。统计回龙观和望京周末的人流去向发现,居住在回龙观的人比较喜欢去五彩城,因为这里有很多餐饮、娱乐等服务业。对比五彩城可以发现,回龙观当地完全能够提供相应的就业岗位。因此,如果居住在回龙观的女性选择在本地就业,那么上下班路上所用时间就会缩短,相应的生活时间就会延长,从而会进一步促进消费,整个社区就盘活了。回龙观紧挨中关村软件园,其男性居民中有非常多的软件开发员,他们每天平均通勤距离不远,但上班途中地铁拥

---

① 杨剑武.基于人地协调观培养的课堂案例分析[J].中学地理教学参考.2018,(8):37-38.

挤、道路拥堵。为此,规划师设计了一条高架自行车路。这样,从回龙观骑行5千米就能到达上班的地方,对于爱"宅"在家的软件开发员而言,骑车既健身又环保,一举多得。

在这段视频中,规划师用幽默、睿智的语言和大数据分析的方法,为学生展示了研究区域可持续发展的路径:前期分析—问题剖析—解决方案。这样的方式,对于培养学生解决当前和未来空间组织问题的地理技能有较大帮助。

(二)优选素材讲故事:悟悟公众参与重要性

我国是个农业大国,"三农"问题不可忽视。在讲授相关内容时,教师可组织学生观看视频《修一条让乡长"亮瞎眼"的路》,要求学生(自愿)将视频的主要内容与思想做成Microsft Office PowerPoint(PPT)文档,并设计相关问题,以演讲的形式与其他学生交流。其中一位学生的PPT内容概况如下:

于晓刚曾在社科院工作,后自创"绿色流域"民间组织。他在经济极度落后、自然灾害多发的云南省彝族村寨波多罗进行小流域治理时,拿了张白纸让村民把村子里的景观图画出来,并问大家:"哪些地方需要保护?还有哪些不足?"村民说:"森林、牧场、河流都需要保护,但是没有路、没有电,而且泥石流和滑坡多,40多年前还有过大旱灾……"于是该组织筹集资金,帮助村民修建了水窖,引进高产土豆种植并获得大丰收。为了将粮食运出去,村民开始修路。当时没有任何大型机械,修路过程异常艰难,每户承包100米,奋战一年,终于修成一条"亮瞎"乡长眼的山路。2009年,云南发生百年不遇的特大旱灾,但该村顺利度过了,还被封为"全国减灾示范村"。

位于该村下游的拉市海,很多田地经常被淹,渔业资源面临枯竭,民怨四起。起初,人们把原因归咎于上游彝族采伐天然林,但进一步调查发现,当地政府为建"东方威尼斯水城",在拉市海修建了大坝,造成大面积的农田被淹,农民因此没有了收入,只好加强渔业方面的投入和捕捞。在捕鱼期,渔民竞争异常激烈。为此,2000年,该地成立了流域管理委员会,把湿地管理局、渔民代表都召集在一起……(让学生进行角色扮演,从角色的角度出发阐述如何解决上述问题)

活动最后,让学生谈谈有哪些思考和收获,从可持续发展的角度,还有哪些好的建议?这样有利于唤醒学生的自主意识,使其领悟在解决区域问题时公众参与的重要性。

(三)回顾剧情思体会:试试规划设计新方案

案例分析结束后,要留给学生内化的时间。上述两个案例都是以人文关怀为基础,引导学生关注区域的可持续发展。第二个案例中,拉市海流域管理委员会在成立之初,工作进展得并不顺利,但流域小组各成员经过及时反思并修正自己的行为,现在已经能够独立管理项目,并有一定的决策能力。从这个过程中学生对区域转型发展和创新发展有了新的认识。这种向生活寻觅教育智慧的案例分析,能够激发学生的学习兴趣,引导学生从研究者的视角探究问题,构建深入人心的人地协调观。

教师可引导学生借鉴上述案例探究的方法,通过自主讨论,设计优化学校发展的方案。例如,有的学生设计了问卷调查,主要内容有:哪些因素让你选择来到无锡市辅仁高级中学?学校有哪些方面要发扬光大?还有哪些方面需要改善?怎样让学校的明天更美好?此外,有的学生通过用数据分析学校学生的家庭住址来优化校车行驶路线;有的研究如何合理处理校园食堂的剩饭剩菜;有的讨论学校周边商业及二手车市场布局的合理性;有的讨论学校地理园的设计情况……

这种以学生为中心的开放式讨论,能够充分调动并满足学生思考、表达的欲望。学生在讨论的过程中能够修正、完善对问题的认知,在相互激励、相互启迪中产生灵感,积淀智慧,激发创造力和想象力,形成"学""教""评"的良好互动。

教学内容应该真实、有趣、有用。分析真实的案例,能够使学生的区域认知、综合思维和地理实践力都得到不同程度的锻炼,对落实地理学科核心素养培养,构建深入人心的、有生命质感的人地协调观起到重要的支撑作用。

四、人地协调观的技能训练

(一)案例一:以"城市化"教学为例

设计具体的教学方案,提高地理师范生在教学中融入人地关系的设计能力。

1.教学目标(贯穿三维目标)

知识与技能:
1)解释城市化对自然地理环境的改变,不合理的城市化带来的环境问题;
2)针对存在问题,提出如何降低城市化对地理环境影响的措施。

过程与方法：

1)通过实地访问、资料查阅和问卷调查等方式，说出一般的城市化过程对地理环境产生的影响，并探究解决问题的途径；

2)以所生活区域为例，分析城市化对当地地理环境产生的影响，探寻解决城市化问题的有效途径。

情感、态度与价值观：

1)认识人类与环境协调发展的辩证关系，树立正确的人地观；

2)激发探究地理问题的兴趣和动机，关注所生活区域城市化的发展，培养热爱乡土的情怀。

2.教学重点、难点（根据课程标准要求制定）

1)教学重点：城市化对地理环境的影响、城市环境问题；

2)教学难点：运用资料分析城市化过程对地理环境的影响。

3.教学设计

教师根据本节课的教学目标、教学任务，设计探究问题，指导学生以小组为单位设计调查方案，完成相关资料的搜集，并以研究报告的形式提交（调查主题如表1-10）。

表1-10　实地调查主题

调查主题	调查指南
主题一：城市面积的变化	1.查阅文献资料，分析城市面积随时间的变化 2.查阅遥感影像资料，感受城市面积的空间变化
主题二：城市人口变化	1.查阅文献资料，绘制人口统计图，分析当地人口增长特点 2.探究人口变化原因，预测可能带来的社会问题
主题三：城市交通状况	1.查阅资料、实地考察，统计主要交通方式 2.通过问卷调查，了解交通方面存在的问题
主题四：城市垃圾处理方式	1.调查城市居民数量、生活垃圾收集方式 2.了解垃圾处理方式，评估可能存在的问题

本节课的设计目的在于培养学生通过查阅资料、实地调查等方式发现问题，在思考中分析问题，进而解决问题的能力。引导学生对城市化过程的多维思考，有助于学生关注自然、社会等可持续发展的状况，树立人地协调的价值观。

(二)案例二:基于地理情境教学课堂实践的人地协调教学设计

课堂教学是培养学科核心素养的根本途径,教学情境是载体,问题的解决是教学目标。课堂教学实践应该在核心素养理念指导下,将核心素养分解成每堂课所需达到的关键能力,对应课程标准的相关内容,并结合教学内容,创设问题情境,进行教学设计[①]。如何通过创设问题情境,引导学生在课堂氛围中提升核心素养,是教师教学中的一个重要课题。

借鉴王恩才的"自然资源与人类活动"的教学设计,围绕"人地协调观"这一核心素养,以时间为线索,以真实案例作为问题情境,引导学生通过分析现实生活中的人地关系地域系统,理解不同历史阶段人口、资源、环境、发展之间的相互关系,最终达成人地协调观要求的能力水平。

1. 课标解读

《高中地理课程标准(实验)》中对"自然资源与人类活动"提出了具体的教学标准:"以某种自然资源为例,说明在不同生产力条件下,自然资源的数量、质量对人类生存与发展的意义"。

自然资源是人类从地理环境中获取的、赖以生存和发展的物质基础。随着生产力发展水平的提高,人类对自然资源的数量、质量、开发利用程度的认识也会发生变化。本节课的设计紧紧围绕课程标准,明确在不同历史发展阶段,人类对资源开发利用以及资源利用对社会发展的不同影响。

2. 学情分析

本节课的教学对象是高一第二学期的学生。这一阶段的学生已基本掌握了地理学习的一般方法,初步具备了区域认知能力和综合思维能力。教学设计的目的是提高学生在特定情境中提取有效信息分析问题的能力,这就需要在教学中调动学生的积极性,发挥学生潜能,使学生超越最近发展区而达到下一发展阶段的水平,然后在此基础上进行下一个发展区的发展。

3. 教学目标设计

通过学习人类对煤炭、石油等资源的开发利用过程,学生能够说出资源对人类社会的影响;通过对案例的分析,能够理解在不同社会发展阶段,后天性资源对人类活动的重要影响。

---

① 王恩才.地理情境教学课堂实践——以"自然资源与人类活动"教学设计为例[J].地理教学.2018,(22):20-22.

4.教学重点难点

教学重点:通过学习人类对煤炭、石油等资源的开发利用过程,能分析自然资源对人类社会的影响。

教学难点:通过对自然资源利用与社会经济发展的关系分析,能理解促使资源间替代转换的主要因素。

5.教学方法

教法:案例教学法、比较学习法。

学法:自主-合作探究式学习。

6.教学过程

以"自然资源与人类活动"教学设计为例,课堂教学过程可参考表1-11。

表1-11 "自然资源与人类活动"教学设计

教学环节	教师行为	学生行为	设计意图
视频导入	根据BBC报道,2017年4月21日,英国国家电力供应公司宣布停止燃煤24小时。这应该是135年来第一次一天都没有使用煤发电,这也意味着英国朝着退出煤炭使用的目标又近了一步。英国作为世界上第一个开创煤电使用国家,或将成为第一个告别煤炭使用的国家	思考:为什么英国停止燃煤成了轰动世界的新闻事件?	引入视频,激发学生的学习兴趣,引发思维碰撞
一、前石油时代煤炭资源对人类活动的积极影响	材料一:得益于蒸汽机的发明使用,1766—1789年英国的棉纺织品产量在20多年内增长了5倍;1807年美国建造了世界第一艘蒸汽动力的轮船;1825年,英国造出第一辆蒸汽机车,修建了第一条铁路。到了18世纪末,蒸汽机普遍代替其他动力,成为英国许多工业部门的主要动力来源。与此同时,近代的能源工业——煤炭工业开始在世界范围内广泛建立起来。煤炭被人们称为"黑色的金子""工业的食粮" 请同学们根据材料分组讨论,煤炭对人类社会有哪些方面的影响? 【过渡承转】既然煤炭对我们人类社会的进步做出了如此巨大的贡献。那么,为什么英国要停止使用煤炭呢?	【小组合作学习】得出讨论结果:煤炭对人类社会有巨大的推动作用。具体表现在:交通运输的进步,工业的快速发展,推动电气时代的发展	学生从情境中感受煤炭资源对人类社会的积极影响

续表

教学环节	教师行为	学生行为	设计意图
一、前石油时代煤炭资源对人类活动的积极影响	材料二:1952年,伦敦烟雾事件让英国政府意识到燃煤所带来的沉重的环境危害,英国政府在1956年出台了《清洁空气法案》,法案制定了禁止黑烟排放,升高烟囱高度,建立无烟区,并在无烟区对家庭壁炉进行了改造,更换煤炭燃料等措施。20世纪70年代,北海油田的发现促使英国政府转变能源结构。80年代,由于英国国产煤炭竞争力越来越差,政府关闭了36个高成本煤矿井。随着经济的发展,英国工业在GDP(国内生产总值)所占份额持续下降。随着第三产业的快速发展,社会发展对环境质量提出了更高要求。科技投入不断加大,使得英国节能降耗技术不断升级。2016年5月,英国首次实现太阳能发电超越燃煤发电 根据材料独立思考:英国的煤炭为什么会走向终结? 【追问】除此之外,煤炭开发利用过程中还会产生哪些问题?	【自主学习】得出结果:煤炭在开发使用过程中也存在着缺陷:容易产生环境问题;新技术的开发利用提高煤炭利用效率;北海油田的竞争;新能源的投入使用	产生思维冲突,煤炭在促进人类发展的同时也存在着隐患,为煤炭走向终结埋下伏笔
新课推进展示图片	PPT展示煤炭开采利用过程中的图片	环境污染问题(如大气污染)和生态破坏问题(如水土流失、地层下陷等)	图片直观展示煤炭开发利用过程中产生的环境问题,引起学生对环境问题的关注
	【过渡承转】煤炭产生的一系列的问题,最终使得人类不得不寻求其他能源来代替它,人们开始把目光转向了石油		
煤炭资源与石油资源对比	材料三:1950—1973年间,原油价格平均每桶约1.8美元,仅为煤炭价格的一半左右。1959年日本造出了第一艘超过十万吨重的油轮,让石油成为世界各国工业和运输业的重要燃料,致使石油消费量显著增加。伴随着内燃机的问世,石油作为基础能源被广泛应用于各个领域 请同学们根据材料独立思考:为什么石油能取代了煤炭的地位呢?	石油与煤炭相比具有的优势比较明显:价格便宜,交通运输方便;内燃机的效率更高;应用范围更广	对比分析煤炭和石油的优缺点,为石油取代煤炭资源埋下伏笔
	【过渡承转】随着煤炭使用越来越多,凸显出的问题越来越多,20世纪60年代石油逐渐开始取代煤炭,世界开始进入"石油时代"		

续表

教学环节	教师行为	学生行为	设计意图
二、石油时代石油资源对人类活动的积极影响	材料四：石油是世界上最重要的动力燃料与化工原料。石油及其产品广泛应用于生产和生活的各个方面，如各种机械的运转，生产化学药品、化纤纺织布料，生产化肥以及各种燃料等。石油与我们的生活息息相关。石油既是现代工业的"血液"和经济命脉，也是一种战略资源，具有政治特性，影响国家的稳定与安全。据经济合作与发展组织的统计，"油价每提高10美元，持续1年，发达国家的GDP下降0.25%，通胀率上升0.5%。"	【小组合作】得出讨论结果：石油为人类社会提供动力和工业原料；带动工业快速发展和经济的增长，当然，石油作为经济命脉也会影响国家安全	学生从真实情境中，感受石油资源对人类社会的积极推动作用
	【追问】假如，今天没有了石油我们的生活将会变得怎样？	衣、食、住、行等都会受到影响	从侧面理解石油资源对人类社会的巨大影响
	【过渡承转】石油在大规模开发使用的过程中，是否也会存在一些问题呢？		
	材料五：随着世界经济特别是广大发展中国家的经济发展，世界对能源的需求量日益增长，目前已形成北美、西欧、东亚三大消费区。同时，由于在当今能源中占据特殊地位的石油、天然气、煤炭等能源的可耗竭性，其储量最终将无法满足不断增长的需求，供需矛盾将更为激烈。按照国际能源机构的预测，在未来25年内，世界能源需求还要增加近一倍，其中以亚太地区为主的发展中国家能源消费仍处于高速增长状态	【自主学习】得出讨论结果：石油作为非再生资源出现供需矛盾激烈的问题以及环境问题	产生思维冲突，石油在促进人类发展的同时也存在着隐患，让学生直观感受自然资源的有限性特点
	【过渡承转】进入21世纪中后期，世界将进入"后石油时代"——多能源互补的时代。就像煤炭取代薪柴，薪柴资源没有枯竭一样，不到"石油枯竭"那一天，石油就会在越来越多的领域里，被其他能源取代。那么，进入后石油时代，人类的未来在何方呢？		

续表

教学环节	教师行为	学生行为	设计意图
三、后石油时代（后天性资源地位迅速上升）	材料六：中科院大连化学物理研究所孙剑、葛庆杰研究员团队发现了二氧化碳高效能转化新过程的技术，并设计了一种新型 Na-Fe$_3$O$_4$/hzsm-5多功能复合催化剂，首次实现了二氧化碳直接加氢制取高辛烷值汽油，相关过程和催化材料已申报多项发明专利。该技术不仅为二氧化碳加氢制液体燃料的研究拓展了新思路，还为间歇性可再生能源(风能、太阳能、水能等)的利用提供了新途径 材料七：美国加州大学伯克利分校的科学家利用基因工程技术培育出一批细菌，其中的一种细菌可以高效利用光能，将空气中的二氧化碳和水转化为乙酸。另一种，即其互补细菌，会将乙酸转化为多种燃料、药物等有用的混合物。他们培育的细菌，可以自己建造"太阳能收集器"，该收集器可以将捕获光能中的大约80%能量用来制造乙酸。这种"太阳能收集器"的能量转化效率，比植物叶绿素的天然光合作用的效率要高4倍。这项技术将生物学和可广泛应用到各种二氧化碳减排产品的能力结合起来，使得其未来能够成为石油化工等行业中的重要代替品	【合作探究】通过合作探究以及根据材料提供的信息，学生推测：未来进入多能源互补的时代，很难有哪一种能源会占据绝对统治地位，但后天性资源(人工合成原料、智力资源等)地位会占据越来越重要的地位	根据自然资源在不同历史发展阶段对人类活动影响的学习，可以得出这样的结论：人类对自然资源的认识和利用的变化本质上是人类科技发展和社会的进步。因此，在本节课最后设置开放性问题，激发学生思考人类社会面临的问题
小结	本节课我们主要学习了自然资源与人类活动，重点了解了石油资源对人类活动的影响。在石油大规模使用以前，世界处在煤炭时期。煤炭资源在当时对人类社会起到了巨大的推动作用，为人类社会的发展做出了不可磨灭的贡献，但随着煤炭的大规模使用暴露出了越来越严重的问题。石油逐渐走到了世界能源舞台的中央，为人类提供了更加高效的动力和更加多样化的工业原料，深刻地影响着我们的生活。但石油作为非可再生能源终有耗竭的一天，我们未来将如何去面对这一问题，值得同学们去探讨		

续表

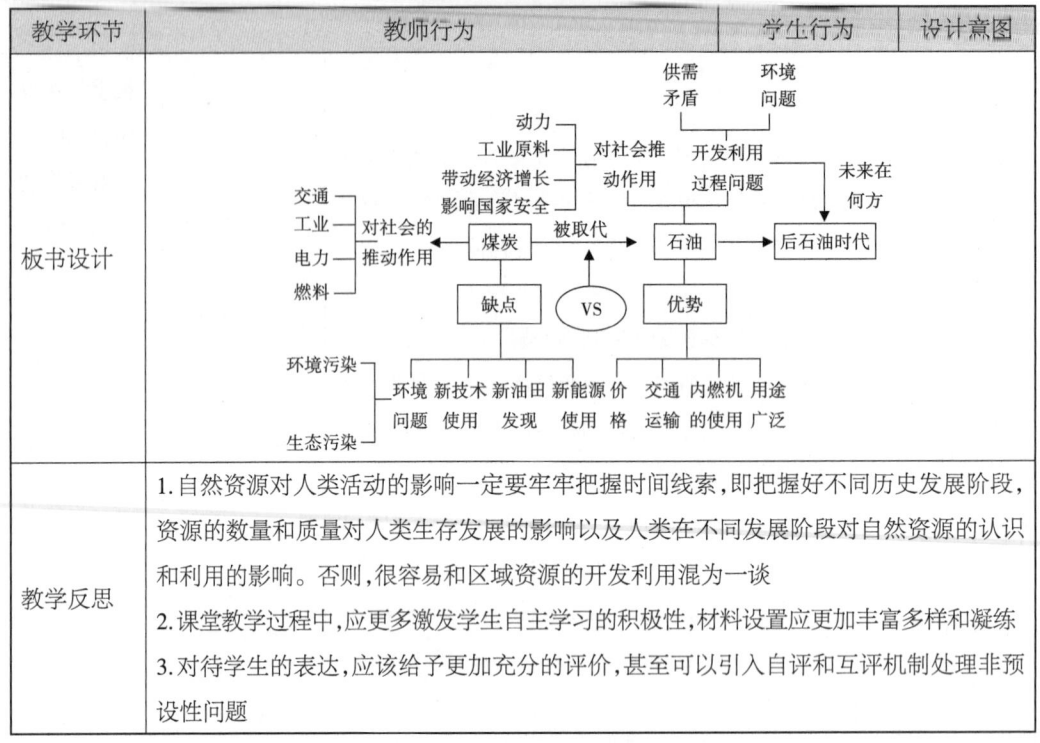

教学环节	教师行为	学生行为	设计意图
板书设计	（板书结构图：煤炭 VS 石油——煤炭对社会的推动作用：交通、工业、电力、燃料；动力、工业原料、带动经济增长、影响国家安全——对社会推动作用；供需矛盾、环境问题——开发利用过程问题——未来在何方——后石油时代；缺点：环境污染、生态污染、环境问题、新技术使用、新油田发现；优势：新能源价格、交通运输、内燃机的使用、用途广泛；煤炭被取代）		
教学反思	1.自然资源对人类活动的影响一定要牢牢把握时间线索，即把握好不同历史发展阶段，资源的数量和质量对人类生存发展的影响以及人类在不同发展阶段对自然资源的认识和利用的影响。否则，很容易和区域资源的开发利用混为一谈 2.课堂教学过程中，应更多激发学生自主学习的积极性，材料设置应更加丰富多样和凝练 3.对待学生的表达，应该给予更加充分的评价，甚至可以引入自评和互评机制处理非预设性问题		

注：本表借鉴王恩才发表在2018年第22期《地理教学》的文章内容。

通过本节课的学习，学生能够理解自然环境是人类生存、发展的基础，并能辩证看待自然环境对人类活动的各种影响；能够理解人类活动影响地理环境有不同的方式、强度和后果，懂得尊重自然规律的重要性和必要性；能够分析评价现实人地关系问题，理解人地关系的措施和对策。结合课标要求，选取了生活中比较常见的石油产品为例，以真实的案例作为问题情境引导学生通过现实生活中的人地关系地域系统简要分析，理解不同历史阶段人口、资源、环境、发展之间的相互关系，最终达到人地协调观要求的最高水平（水平4）。

（三）案例三：基于人地协调观的环境教育在高中地理教学中的教学设计

借鉴王赛琳的"森林的开发和保护"教学案例[①]，分析基于人地协调观的教学设计。

本节课选自人教版高中地理必修3第三章"区域自然资源综合开发利用"第二学时

---

① 王赛琳.基于人地协调观的环境教育在高中地理教学中的实践——"森林的开发和保护"教学案例[J].黑龙江教育（中学）.2019,（6）:22-24.

"森林的开发与保护",基于教学目标要求,展示基于人地协调观的环境教育在高中地理教学应用的基本思路。

1.教学目标

环境保护教育融入高中地理教学,有助于学生的个人成长和社会发展,具有重要的现实意义。新课标指出人地协调观素养有助于人们更好地分析、认识和解决人地关系问题,成为和谐世界的建设者。因此,人地协调观是环境保护的核心理念。

2.教学重点和难点

教学重点:培养学生"人地协调观"素养,为解决家乡存在的环境问题出谋划策。

教学难点:生态脆弱区(带)开发与保护的知识要点及学习方法。

3.教学过程

1)导入新课

师:播放全景视频《树冠之下》,引导学生积极思考,为什么说亚马孙雨林是讲述者卡曼亚的家?卡曼亚的"家"正在经历什么变化?我们要如何保留住这个"家"?

生:带着问题观看影片;在教师引导下,有序操控全景视频。

设计意图:《树冠之下》是由保护国际基金会发布的VR(Virtual Reality,缩写为VR,指虚拟现实)系列影片。学生跟着原居民的脚步全方位体验亚马孙雨林的神奇,也了解到亚马孙雨林的现状和保护亚马孙雨林的重要性,有利于调动学生的学习兴趣,增强他们对区域的认知。在承接上节课的同时,对本节课的学习有一个基本的认识。

2)探究新知

活动一:回顾旧识为学习新知做好铺垫

师:重播第一部分视频,引导学生总结归纳。回答问题一:为什么说亚马孙雨林是讲述者卡曼亚的"家"?对上一节的森林的生态效益、雨林的全球效应等内容进行简要复习,梳理地理概念和过程。

生:回顾视频,回答问题一;在教师的引导下,回忆并总结上节课的内容。

设计意图:使学生从卡曼亚的讲述出发,强化对地理概念和过程的理解,为学习"亚马孙开发计划及影响、雨林的前途——开发还是保护"做好铺垫。

活动二:亚马孙开发计划及其影响

师:重播第二部分视频。引导学生回答问题二:卡曼亚的"家"正在经历什么变化?并展示一组亚马孙雨林遭受破坏的图片,如:亚马孙森林变麦田、藏身亚马孙雨林的非法锯木场、巴西非法金矿、特利斯皮里斯河流域的一座水电坝等,并加以语言描述。引导学生阅读教材,思考雨林被毁的原因除了雨林自身的脆弱性外,还有哪些人为原因?其根本原因、直接原因又是什么呢?可以尝试用思维导图的方式进行总结。

生:回顾视频,回答问题二;结合图片和教材,在教师的引导下,绘制思维导图(图1)。

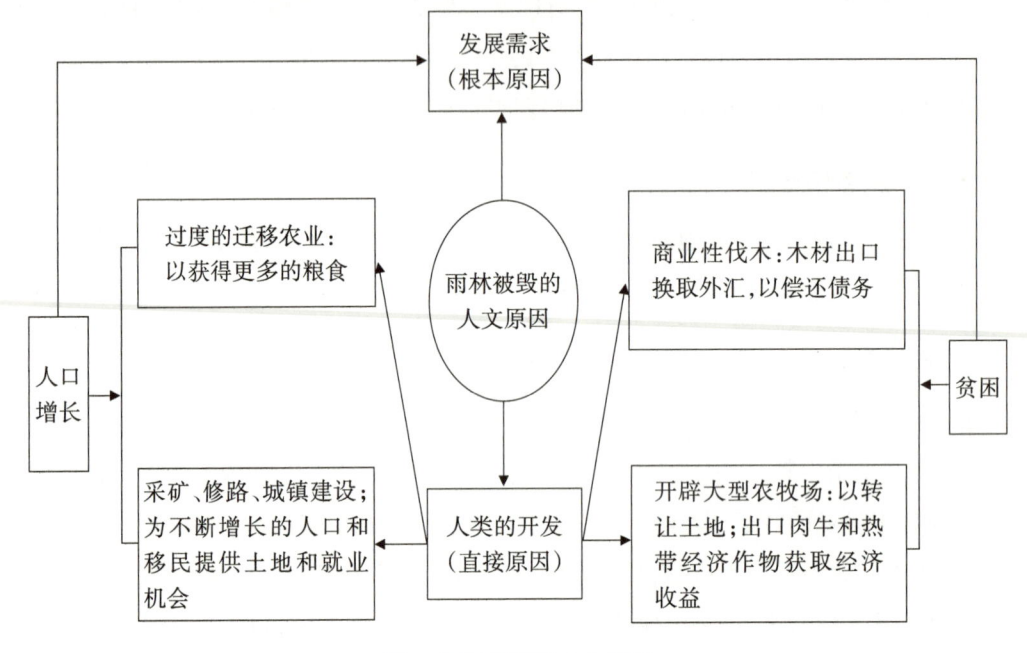

图1 雨林被毁的人文原因

设计意图:播放《树冠之下》第二部分及亚马孙雨林遭受破坏的图片,使学生在感官上感受到亚马孙雨林遭受破坏的严重性,从情感上认识到保护雨林的重要性,培养学生的环境保护意识。以地理关系图的形式表述雨林被毁原因,培养学生的人地协调观、区域认知能力和综合思维素养。

师:教师概述亚马孙计划的实施背景,展示"亚马孙开发计划示意图"。提问:为何将以下地区确定为所要开发的地区?从气候、森林、河流、地形、人口等方面进行简要分析。

设计意图:使学生综合分析多个地理要素对亚马孙雨林开发的影响,培养学生的综合思维素养。

师:展示"朗多尼亚地区公路沿线1975年和1999年的雨林分布图",出示学案资料卡中的"亚马孙横贯公路"的有关内容,并分组讨论雨林公路该不该修?

设计意图:分组讨论有利于调动学生的积极性和合作探究意识,引导学生用发展的眼光辩证地看问题、认识到修路与环境保护的关系,渗透人地协调观思想。

师:结合教材的图文资料,自主完成"学案"中关于亚马孙开发计划另外两项措施。即:移民亚马孙平原;借助外资、鼓励跨国企业投资开发的有关问题。①读"朗多尼亚人口增长与雨林砍伐的关系"图,结合雨林被毁的人为原因,分析人口增加与雨林被毁间的关系;②巴西政府引入外资和发达国家的跨国投资各是出于什么目的?通过什么手段实现各自的目的?最终导致了怎样的结果?

设计意图:通过阅读图文资料,培养学生快速获取有效信息的能力,从不同角度出发思考雨林被毁的原因,培养学生的人地协调观、综合思维和区域认知能力,同时培养学生独立思考、应对问题的能力。

活动三:雨林的前途——开发还是保护

师:设置虚拟情境,即《熊出没》发生的亚马孙雨林,播放《熊出没》片段,分组进行角色扮演。角色设置:伐木工光头强、伐木场李老板、熊大和熊二等。根据学生需要增加政府官员、世界环保组织官员等角色。就"森林应该被开发还是保护"阐述自己的观点。

生:各小组依次选择一个角色,经过短暂讨论,选择一位代表发言,其余同学给予适当补充。

设计意图:选择学生感兴趣的动画片段,让学生对问题感兴趣的同时不脱离亚马孙雨林被破坏的情境,从而最大可能提高课堂教学效率,有利于学生积极表达自己的观点,学会从多角度思考问题。

师:通过分析当地人的短期利益与全球的长远利益,结合当前雨林正在遭受毁灭性破坏的严峻形势,首先应该把保护环境放在第一位。

师:重播第三部分视频。引导学生思考问题三:我们要如何保留住这个"家"?学生阅读并总结"学案"资料卡中关于福建森林保护的措施。借鉴福建森林保护的措施,结合亚马孙雨林的实际和特殊情况,进而鼓励学生对保护亚马孙雨林提出自己的建议并予以补充。

设计意图:播放第三段视频,将整节课用一个完整的视频串联,使整节课具有整体性和连贯性;通过让学生阅读福建森林保护措施的材料,使学生从身边的案例出发,思考延伸到对亚马孙雨林的治理保护上。不仅培养了学生热爱家乡、建设家乡的情感,还增强了学生对家乡的认知,培养了环境保护意识。在此基础上结合亚马孙雨林的实际情况进行延伸,培养学生的联系实际、应用及分析能力。

师:联系上一课时的内容,引导学生用关联图的方式总结雨林被破坏的原因、现象、危害及采取的措施。教师观察并给予指导,选择1—2幅有代表性的关联图进行展示,然后出示自己所画的思维导图并解释其依据(图2)。

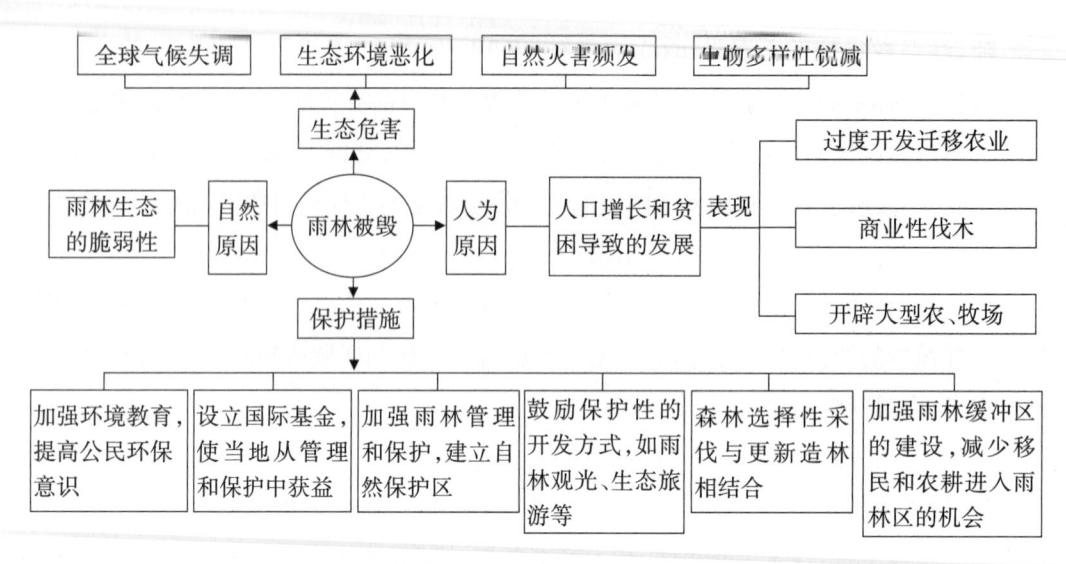

图2　雨林被破坏的原因、表现、危害及采取的措施

设计意图：将第一课时与本课时内容关联起来，从雨林被破坏的原因、表现到雨林被破坏的危害，再到应对雨林破坏的保护措施，使学生形成完整、有逻辑联系的地理知识结构，有利于培养学生的综合思维。

活动四：动手绘图解决地理实际问题

师：展示"长汀县地理位置""长汀县水土流失率与森林覆盖率统计表""长汀县河田镇罗地草山1985年与2018年景观图"，同时展示"学案"资料卡中关于长汀水土流失的内容。提问：根据长汀水土流失的有关资料，分析：长汀水土流失的自然原因是什么？与森林的覆盖率有什么关系？为应对长汀的水土流失，能提出哪些建议？

生：思考问题，并用图示表示（图3）。

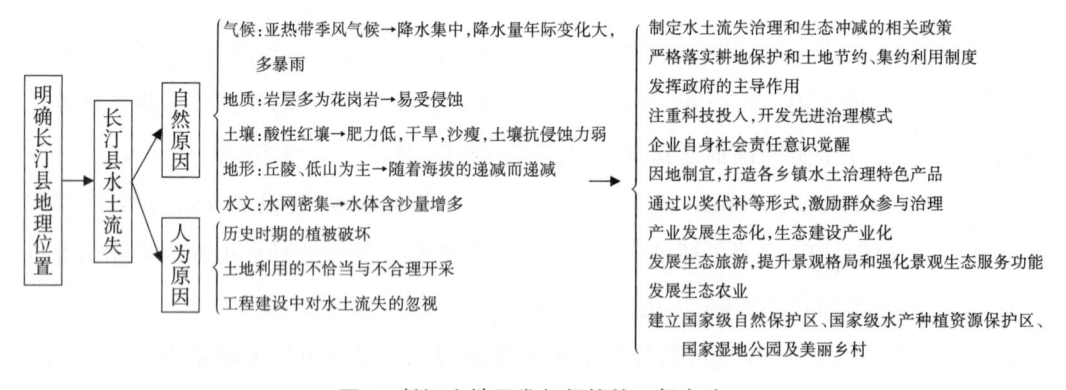

图3　长汀土地开发与保护的一般方法

设计意图:学生动手绘图的过程就是整理思路、综合思考问题并利用所学知识解决问题的过程。引导学生利用所学到的知识解决家乡的现实问题,从而获得成功的体验,增强对地理学科的认同感。

3)质疑总结,反思评价

师:通过本节课的学习,初步了解并总结了生态脆弱区(带)开发与保护的一般方法(图4)。

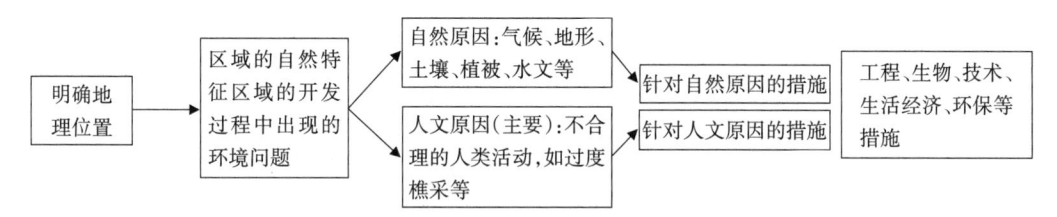

图4 生态脆弱区(带)开发与保护的一般方法

设计意图:通过教师的总结、提升,帮助学生理清生态脆弱区(带)开发与保护的知识要点及学习方法。

4)布置课后作业和拓展延伸

师:布置课后探究任务。以小组为单位,分析黄土高原生态脆弱带、青藏高原生态脆弱带、西南喀斯特生态脆弱带和北方农牧交错生态脆弱带的成因、表现、危害和保护措施,在下一节课各组选择代表进行展示汇报。

生:小组合理分工,查找相关资料,并运用生态脆弱区(带)开发与保护的一般方法进行分析。

设计意图:激发学生进一步学习、探究的积极性,通过课后的探究任务也可以提供及时的教学反馈信息。

综上所述,基于人地协调观的环境教育,是以培养学生的环境保护意识为出发点,以解决家乡现实的环境问题为落脚点,在教学过程中渗透"人地协调观"。但随着环境问题的演化,在环境教育中所运用的高中地理教学方法也需做出相应的调整。

(四)案例四:结合乡土地理教学培养学生的人地协调观

在现代地理学科教学中,培养学生正确的人地观念,使学生成为对生活环境和未来有强烈的责任感的现代公民具有十分重要的意义[1]。

---

[1] 张锦尤.善于挖掘乡土素材,巧设问题,培养学生的人地协调观——乡土地理教学案例分析[J].教育现代化.2017,(10):111-112.

借鉴张锦尤的相关研究,分析乡土地理教学案例对培养学生人地协调观的价值。下面以《开平地理》为例,就"巧设问题,培养学生的人地协调观"方面进行案例分析。

1. 开平市地理位置

乡土素材:开平市位于广东省中南部、珠江三角洲西南面、江门市的西部。在江门西部的台山(台)、开平(开)、恩平(恩)三市中,只有开平属于内陆市,且处于江门西部的中心位置。

问题:在讲述开平市地理位置内容时,设计了以下问题:

1)开平市是滨海城市吗?

2)假如要对台、开、恩三市的区域进行重新规划,你有何建议?

3)如何发挥开平市地理位置的优势?

分析:问题1)要考查的是学生对地理位置的认知能力,以此为引子,引出问题2)和问题3)。问题2)要考查的是如何进行科学规划的问题,引导学生关注行政区划,了解在进行行政区划时,要考虑资源的合理配置因素。问题3)要考查的是在现有条件下,如何扬长避短,发挥地理位置优势的问题。尽管开平市不是滨海城市,海陆位置相对于台山、恩平两个邻市处于劣势,但是处于江门市西部的中心位置,是江门市联系台山、恩平两市的"桥头堡"。在发展战略上,可建议把开平市建设成"江门副中心",带动台山、恩平两市协同发展。

2. 潭江保护和开发

乡土素材:潭江,开平的"母亲河",珠江水系西江之最大支流。在开平市境内,处于中游河段的潭江具有多支流和水力资源丰富两大特点。

问题:在讲述"母亲河"潭江内容时,设计了以下问题:

1)为什么潭江在开平段支流特别多?

2)如何发挥潭江中游多支流的优势?

3)为什么开平的水库多分布在北部和南部?

4)如何保护好"母亲河"潭江?

分析:

问题1)主要考查学生对自然地理各要素相互联系相互影响的关系的理解。开平市地形南、北部多低山丘陵,东、中部多丘陵平原,地势自南北两面向潭江谷地地带倾斜,使潭江支流自南北两侧流向潭江主干道,地形地势影响了河流的分布和走向。以此为引子,引出问题2)、3)、4)。

问题2)要考查的是人类如何有效利用自然资源的问题。潭江中游河段多支流,可为沿岸地区带来源源不断的灌溉水源,有利于发展农业生产,还有利于在上游河段的落差修建水库和发展小水电。在进行城市规划和城镇布局时,要充分利用好多支流的特点,把发展好河港城市和河岸城镇作为开平城镇建设规划的亮点来考虑。

问题3)要考查的同样是人类如何有效利用自然资源的问题。开平市地形南北两部多低山丘陵,是潭江各支流上游建造水库的基本条件。因此,中华人民共和国成立以来,开平人利用这一地理资源优势建造水库,其中大沙河水库和镇海水库为广东省大二型水库,是江门市四大水库中的两个。

问题4)要考查的是人类如何保护好自然资源的问题。潭江是开平的"母亲河",是开平的自然环境中的"血液",养育着约70万开平人民。保护潭江人人有责,从我做起。通过设问,引起学生对保护好潭江的共鸣,增强学生对保护好生活环境的责任感。

3.创建"广东孔雀湖国家湿地公园"

乡土素材:广东开平孔雀湖湿地公园位于开平市大沙河水库内,该水库是全市最大水库,也是江门地区第三大水库,占地总面积相当于5个杭州西湖,拥有152个岛屿,享有"孔雀湖"的美誉,拟建的湿地公园因此而得名。2016年6月15日,广东省林业厅野生动植物保护处调研员管千景等专家一行到开平市开展广东孔雀湖国家湿地公园考察评估。经过现场考察评审,《广东孔雀湖国家湿地公园总体规划》通过了省级评审,专家组一致同意孔雀湖申报国家级湿地公园。2016年12月30日,国家林业和草原局正式发文,批准广东开平孔雀湖国家湿地公园开展试点建设。

问题:在讲述创建"广东孔雀湖国家湿地公园"内容时,设计了以下问题:

1)为什么要创建国家湿地公园?

2)关于孔雀湖湿地公园的保护与开发问题,有人认为:"应对湿地公园进行有效的保护,保持公园的原貌,禁止开发,禁止游客入园参观,让其自然恢复。"也有人认为:"应加大对孔雀湖的开发力度,引进大型旅游项目,增设旅游景点,吸引大量游客前来观光,增加旅游收入。"请说出你的观点和理由。

3)国家林业和草原局正式发文批准广东开平孔雀湖国家湿地公园开展试点工作。是否意味着开平市创建孔雀湖国家湿地公园已告一段落?还有哪些工作需要继续?

分析:

问题1主要是让学生明白,人类在开发利用自然资源的同时还要注意保护好自然资源的道理。近年来,大沙河水库库区保护范围内因存在大面积种植速生桉树、拦湾挖筑鱼塘、大量养殖禽畜、开发旅游业等不合理资源开发现象,造成库区水污染及生态环境恶化,富营养化问题日益严重。因此,要建设国家湿地公园,只有协调人地关系,才能实现生态效益、社会效益和经济效益的有机统一。

问题2)主要考查的是如何辩证地分析人地关系。前者片面追求生态效益,后者片面追求经济效益。科学的人地关系应该是生态效益、经济效益和社会效益有机统一的关系。教师可以引导学生讨论,在交流互动中学习、吸收和提高,从而达到培养学生人地协调观的目的。

问题3)是要引起学生对创建"广东孔雀湖国家湿地公园"项目的关注。创建国家湿地公园是一项持续性很强的工作,需要一代代开平人付出不懈努力,青年学生更应该明白其中的道理,自觉投入到创建国家湿地公园和生态文明建设的宣传教育和建设中去。

4. "土客之争"与开平华侨

乡土素材:清朝初期,客家人大量聚集在粤东北的山区,而广府人居住的珠三角及粤西平原区物产丰富且人口并不密集。于是在清朝政府的安排下,部分客家人由梅县、惠州一带迁往了珠三角东岸的增城、宝安县,以及粤西的肇庆、五邑。开平自然成了客家移民的安置地。迁往粤西地区的客家人与原居当地的广府人爆发了长时间的暴力冲突,史称"土客之争"。持续了几十年的械斗也使得开平地区的广府年轻人对留在当地感到厌恶。因此,到了清朝晚期,大量的开平青年宁愿通过"卖猪仔"卖身去美国、加拿大做华工修铁路也不愿留在当地,开启了清末开平人大规模移民海外的浪潮。因此,开平便成为了著名的"华侨之乡",世界遗产——"开平碉楼与村落"就是侨乡文化的杰出代表。

问题:在讲"土客之争"与开平华侨内容时,设计了以下问题:

1)客家人为什么要南迁?

2)"土客之争"的真正原因是什么?

3)"土客之争"有没有赢家?

4)20世纪20年代到30年代之间,开平华侨纷纷回乡建碉楼的原因是什么?

分析:

问题1),客家人之所以要南迁,是因为粤东北山区地少人多,出现了人地关系不协调的现象,生存条件无法保障。

问题2),表面上看,"土客之争"是广府人与客家人之争,实质上,反映人与自然之间的关系。原居民广府人因后来者客家人占领了他们的土地,当他们的生存环境受到威胁时,必然起来反抗,以保护好自己的家园。同时,也因为清政府管理不力。因此,在协调人地关系时,政府应该发挥主导性的作用。

问题3),"土客之争"最终使客家人有些重新迁回梅县、惠州一带,有些继续向西迁徙到广东、广西交界处,或流向国外;同时也使得开平地区的广府年轻人对留在当地感到厌恶。因此,到了清朝后期,大量的开平青年宁愿通过"卖猪仔"卖身去美国、加拿大做华工修铁路也不愿留在当地。因此,"土客之争"没有赢家。

问题4),20世纪20年代到30年代之间,开平华侨纷纷回乡建碉楼的原因是海外华侨受美国《排华法案》的影响,他们在国外的生存环境受到威胁。白人担心华工抢了他们的资源和工作机会。排除政治因素,从地理学的角度讲,就是人地关系出现了不协调。因此,海外华侨纷纷把他们的财产转移回家乡。之所以选择建碉楼,是因为碉楼可以保护家人及财产的安全。开平碉楼的兴起,与开平的地理环境和过去的社会治安密切相关。

5.登天露山

乡土素材:天露山,又名双石顶,是新兴和开平的界山,主峰天露山位于南端,海拔1250米,山势巍峨,云雾缭绕,山花烂漫,四季如春,杜鹃花、梅花、禾雀花、石榴花、山茶花、桫椤以及各种珍稀花木等组成一座绿色的宝库。山高林密,空气中负氧离子浓度达到每立方厘米10万个,是天然的大氧吧,是广大登山爱好者理想的登山目的地。

问题:在讲述登天露山内容时,设计了以下问题:

1)到天露山赏梅花应选择什么季节?赏杜鹃花应选择什么季节?
2)可以到山上烧烤吗?为什么?请说出你的观点和理由。
3)登天露山时,还需要注意什么问题?

分析:

问题1),植物的生长是有自然规律的,花开花落有一定的季节性。因此,冬季赏梅花,春季赏杜鹃花,是人们认识了植物生长的自然规律后的一种亲近大自然、感受大自然的活动,是人与自然和谐统一的体现。

问题2),答案是否定的。因为,到山上烧烤,不但会污染环境,一不小心,还可能引起山火灾害。如果人类活动破坏了环境,不但会受到自然的惩罚,还有可能构成犯罪。

问题3),这是问题2)的拓展和补充。一方面要注意旅行安全和带齐必备的物品,因为,在登山过程中会遇到很多不可预见和不可抗拒的不确定的因素,需要做好防备措施;另一方面,要有环保意识,不乱丢垃圾,产生的污染物要自觉带下山,必要时,进行彻底的环保大行动。

总之,在乡土地理的教学过程中,教师要善于挖掘乡土素材,巧设问题。不但可以从中积累教学经验,而且能够在与学生互动中,培养学生的人地协调观,达到预期的教学目标。

第三节　综合思维及其技能训练

一、综合思维的内涵

综合思维是人们运用综合的观点和方法认识地理环境的思维方式和能力，其特性是全面地分析和考虑问题，从动态的角度、用系统的和发展的观点去分析周围的事物和现象。

首先，综合思维是一种认识地理环境整体性的思维方式，能够从地理要素综合的角度认识地理事物的整体性，地理要素相互作用、相互影响的关系。人们可通过结合地理事物，运用系统理论和辩证思维的方法，实现从整理环境现象到地理学研究的综合思维过程。

其次，综合思维作为一种思维方式，强调整体观念（要素关联）、空间观念（区域特性）和时间观念（发展变化），能够从空间和时间综合的角度分析地理事物及现象的发生、发展和演化。要素综合、时空综合和地方综合三者相互联系。

最后，综合思维的育人价值是能够从地方或区域综合的角度分析地方或区域自然和人文要素对区域特征形成的影响，以及区域人地关系问题。培养和训练学生的综合思维，旨在使学生能够多要素、多角度，而非孤立、绝对、静止地分析地理事物和现象；能够辩证地、而非僵化地分析人地关系问题。

据此，课程标准给出了针对综合思维的培养目标：学生能够从多个维度对地理事物和现象进行分析，认识各要素之间相互作用的关系，并在一定程度上解释其发生、发展的过程，从而较全面地观察、分析和认识不同地方的地理环境特点，辩证地看待地理问题。

二、综合思维素养的表现及水平划分

综合思维即综合性分析思维，是地理学基本的思维方式。地理学不仅限于研究地球表面各个要素，更重要的是把它作为统一的整体，对其进行要素的综合分析、地方的综合分析以及时空的综合分析。同时地理科学能力培养的条件更加有利于综合思维素养的提升。

综合和分析是地理教学中常见的一对思维互逆过程,综合是在头脑中将各种地理因素和地理要素按照一定规则组合起来,形成相对组织等级较高的地理事象的整体认识。分析则是在头脑中将地理事象整体按照一定角度分解为各种地理因素或各种要素,认识各因素或各要素之间的关系(袁书琪《地理教育学》,高等教育出版社,2001)。综合是在分析的基础上综合,而不是多种思维方式的机械重组。

(一)地理教学综合思维的表现

地理教育跨越自然和社会两大科学领域,探究过去、现在和未来的地理状态,具有很强的综合性。地理教育内容的实质不是自然、人文各要素自身,而是各要素之间的相互关系,以及各要素相互作用而形成的地理事象、地理环境和区域地理综合体。世界上任何事物都与周围事物产生联系,对个体的研究需要综合考虑它与周围环境的关系,对整体的研究需要考虑各个要素之间的联系。综合思维素养有助于人们从整体的角度,全面、系统、动态地分析和认识地理环境及其与人类活动的关系。综合思维是区域认知和地理实践力的基础,也是理解人地协调观的重要思维工具[①]。

(1)从地理要素综合角度认识地理事物的整体性,理解地理要素相互作用、相互影响的关系。人类生存的地理环境由众多地理要素组成,包括大气、水文、地貌、土壤、生物等自然地理要素和城市、交通、人口、科技、工业、农业等人文地理要素,是一个地理要素综合体。分析某一区域的环境,既要综合研究其组成要素的自然环境的整体性,也要研究其人文要素的特点,同时还要研究地理要素之间的相互作用、相互影响,从而进行全面、准确的评价。

(2)从空间和时间综合的角度分析地理事象的发生、发展和演化。不同区域的自然和人文现象具有不同的特点,区域特征既有空间特点,又与时间有关。因此,在分析区域特性时需要结合发展现状的不同尺度特征,同时也要结合不同演化过程的特征,从时空综合角度进行分析,对研究区域做出全面、准确的评价。

(3)从地方或区域综合的角度分析地方或区域自然和人文要素对区域特征形成的影响,以及区域人地关系问题。这里的地方是指地球表面上某一特定地区或地点,具有特殊自然和人文特征的地区。需要从地方或区域综合的角度分析地方或区域自然和人文要素的影响,以及区域人地关系问题。

[①] 王民,张元元,蔚东英等."综合思维"水平划分标准与案例研究[J].中学地理教学参考.2017(13):28.

（二）综合思维的水平划分

《普通高中地理课程标准(2017年版)》从4个级别进行综合思维水平划分：

水平1：能够说出简单、熟悉的地理事象所包含的相关要素，并能从两个地理要素相互作用的角度进行分析。

水平2：能够对给定的简单地理事象，从多个地理要素相互影响、相互制约的角度进行分析；能够结合时空变化，对其发生、发展进行分析，给出简要的地域性解释。

水平3：能够结合给定的复杂地理事象，结合各要素，系统分析其相互影响、相互制约的关系，从时空综合维度对其发生、发展和演化进行分析，给出合理的地域性解释。

水平4：能够对现实中地理事象，如自然环境的变化、区域发展、资源环境与国家安全问题等，运用要素综合、时空综合、地方综合的分析思路，对其进行系统性、地域性的解释。

王民等学者从要素数目、认知程度和综合程度三个指标进行了综合思维的水平划分，并用具体事例进行说明，清晰地介绍了综合思维水平划分标准，如表1-12、表1-13、表1-14。

表1-12 依据要素数目划分的综合思维水平

水平	划分标准	举例说明
1	两个要素间的分析	1.我国东南沿海和内陆地区降水有什么特点？形成这样的气候差异的成因是什么？(气压带、风带移动和海陆热力性质差异) 2.哥本哈根建防洪水人行道改变的是河流的什么特征？主要影响因素是什么？ 3.著名渔场的分布和洋流之间有什么样的关系？
2-4	多个地理要素相互影响、相互制约	1.科隆群岛位于太平洋东部赤道上，离厄瓜多尔本土约1000千米，群岛由9个大岛和47个小岛及26组岩礁组成，陆地面积约8000平方千米。科隆群岛生物资源异常丰富，并且大多数保持着原始风貌。科隆群岛是耐寒的企鹅和地球上唯一尚存的喜暖的海鬣蜥的共同家园，主要原因是什么？ 2.山地自然带的发育程度与什么因素有关？ 3.什么是厄尔尼诺现象？厄尔尼诺现象发生时会产生什么样的影响？ 4.气候变化对我们的生活产生了哪些影响？

注：来源于王民等学者的研究成果。

表1-13 依据认知程度划分的综合思维水平

水平	划分标准	举例说明
1	了解要素及要素间的关系	【堪察加半岛】说明堪察加半岛地形对气候区域差异的影响(山脉大致呈南北向,阻挡季风,形成多雨区和雨影区;地形高差大,形成气候垂直差异) 【天鹅洲故道群保护】根据"天鹅洲故道图",说明曲流和故道(牛轭湖)的形成原因
2	对要素及要素间的关系做出简要解释	【堪察加半岛】分析堪察加半岛大型植食性和肉食性野生动物数量较少的原因(纬度高,植物生长缓慢,食物供应量少;环境空间差别大,适宜生存的空间小;冬季寒冷漫长,生存条件恶劣) 为什么荒漠中会有绿洲?鸣沙山会移动吗?移动的山丘会将月牙泉掩埋吗?
3	对要素及要素间的关系做出合理解释	【堪察加半岛】某科考队员欲近距离拍摄熊,推测他在甲地选择拍摄点的理由(河流附近,熊出没的概率大;山地地形且有森林,便于隐蔽;降水较少,晴天较多,利于拍摄) 【尼罗河洪水】这种含腐殖质量很高的沉积层和赤潮有什么关系?季风和沉积层的形成有关系吗?如果有,这种关系是直接的,还是间接的?具体表现在哪里?
4	综合各要素进行评价	【天鹅洲故道群保护】大规模围湖、建闸口、封堵故道等活动阻断了长江与故道的自然联系,导致了哪些严重的后果? 【尼罗河洪水】这种含腐殖质量很高的沉积层和赤潮有什么关系?季风和沉积层的形成有关系吗?如果有,这种关系是直接的,还是间接的?具体表现在哪里?

注:来源于王民等学者的研究成果。

表1-14 依据综合程度划分的综合思维水平

水平	划分标准	举例说明
1	日常情境中的简单了解	1.梅雨是怎样形成的? 2.我国北方大部分地区为何有"春雨贵如油"之说? 3.2016年里约奥运会期间,因为时差的关系,很多精彩的比赛都发生在北京时间的凌晨。为此,许多体育迷们不得不熬夜追比赛,白天正常上班。为什么会有时差? 4.花岗岩如何形成?

续表

水平	划分标准	举例说明
2	一个地方目前的要素间相互作用	1.黄河兰州段上一种特殊的交通工具是什么？为什么会出现在这段？（羊皮筏子） 2.上海崇明岛在秋季成为繁忙的交通枢纽地区，数万只候鸟来这里过冬，小天鹅从遥远的西伯利亚每天飞行将近1000千米来到这里，原因是什么？
3	多个地方、跨时间尺度的要素发生发展演化	1.尼罗河发生洪水时为什么苏丹灾害最严重？为什么伴随着地中海的赤潮发生？ 2."FAST"（500米口径球面射电望远镜）为什么建在贵州而不是在黄土高原？
4	结合现实情况，对时空尺度上的要素发生发展演化进行预测评价	【天鹅洲故道群保护】故道鱼类资源急剧下降，江豚和以捕鱼为生的渔民在故道中争食现象日渐突出，应该如何处理江豚与渔民的关系呢？ 【罗布泊】是什么导致了罗布泊的干涸？怎样改善这里的自然环境？

注：来源于王民等学者的研究成果。

三、综合思维训练

地理课程标准中地理核心素养之一的综合思维能力是基于地理学综合性提出的。地理学是兼跨自然科学与人文社会科学的综合性学科，主要研究人和地理环境之间的关系。地理环境由气候、地形、水文、土壤、生物等自然地理要素和人口、聚落、农业、工业、交通等人文地理要素组成，这些要素之间是相互联系、相互影响、相互制约的有机整体，其中一个要素的变化就会引起其他要素乃至整个地理环境的改变。因此，在分析地理问题时就要具备综合分析的能力，其核心就是综合思维[1]。综合思维是指人们全面、系统、动态地认识地理事物和现象的思维品质和能力，是学生分析和理解地理过程、地理规律、人地关系系统的重要思想和方法。培养地理师范生的综合分析问题的能力，要注重在培养过程中利用多种思维方式发展综合思维。综合思维能力的培养需要立足于地理学科主干知识，通过比较、联系、分析、综合，达到融会贯通，并能进行知识迁移。

综合思维是一种系统思维，是以系统论为思维基本模式的思维形态，它把认识对象作为系统，从系统和要素、要素和要素、要素和环境的相互联系、相互作用中综合考察认

---

[1] 周海鱼,王宇.例谈高中地理教学中综合思维能力的培养[J].地理教学,2017,(24):22-24,15.

识对象[1]。综合思维培养要求教师在制定培养方案的时候,让学生参与到实践中去,并且让学生学习一些系统论的观点,掌握地理知识体系,把握学科知识内在联系。比如对"河西走廊"知识的学习,可以从地理位置、丝绸之路、风能、太阳能、农业地域类型、水资源利用冲突、自然灾害、旅游资源开发等各要素之间的相互联系,形成综合思维框架,揭示该地区存在的问题及其原因,并预测发展中亟待解决的问题[2]。

案例说明、运用地理要素综合分析的教学过程,使学生养成从各要素相互作用的角度综合理解各种地理事物和地理现象的成因,认识开发自然资源须综合考虑的重要性,培养学生自觉树立综合思维的意识。

(一)从地理要素综合角度,深化对地理环境整体性理解,培养学生的综合思维意识

地理环境各要素不是彼此孤立,而是作为整体的一部分,与其他要素相互联系和相互作用,在特征上保持协调一致,并与总体特征相统一。

案例一:地理环境各要素相互联系、相互作用

通过让学生列举我国西北地区的气候、地貌、水文、植被、土壤等要素的特征,启发学生分析各要素之间的相互关系,综合各要素特征,发现地貌、水文、植被、土壤等要素的特征都与气候干旱的特点相统一。逐步揭示西北地区干旱的环境特征是其深居内陆、距海遥远等空间位置的具体体现。

案例二:某一要素的变化会导致其他要素乃至整体环境发生变化

"牵一发而动全身"就说明了整体性的特征,即某一要素变化,不仅影响局部变化还影响整个自然环境变化,甚至对其他地区的自然环境产生一定影响。

地表植被在涵养水源、保持水土等方面具有重要生态价值。一旦地表植被遭受破坏,其涵养水源能力随之下降,地表极易发生水土流失,地表遭受侵蚀,形成千沟万壑的地貌;河流泥沙含量增加,水文条件发生变化;土壤肥力下降,光合作用减弱,最终导致整个自然地理环境的退化。

黄土高原是最典型的例证。由于其植被遭受破坏、土地资源过度开垦,当地生态遭到破坏,导致农业生产水平降低、水土流失恶性循环,也造成黄河下游地区洪涝、风沙、盐碱等灾害严重。

---

[1] 邵俊峰.例谈基于系统思维的高中地理教学策略——以人教版必修三"流域的综合开发"为例[J].地理教学.2013,(9):26-28.
[2] 肖尧望.综合能力培养讲座(二) 综合能力的社会需求及其培养原则[J].2000,(2):37—40.

（二）从地方综合角度，分析自然和人文要素对人地关系地域系统影响，增强学生综合思维习惯

不同区域自然和人文要素的特点有不同表现，它们之间组合和联系也多种多样。

案例：根据不同区域特点进行地方综合分析，对地域系统的地理特征和人地关系问题作出简要的地方性理解。

以"田纳西河流域综合开发"为例。田纳西河流域内地形起伏较大，河道狭窄、落差大，气候温暖湿润、降水丰富但季节变化显著，矿产资源蕴藏丰富；流域内人口激增，大规模的掠夺式开发，导致生态环境被破坏并带来一系列社会问题。后来综合考虑流域内资源、环境、人口的协调发展，根据当地的自然条件，将河流的"梯级开发"作为流域开发的核心，并结合资源条件进行综合开发，梯级开发分段修建水库和船闸，同时改善航运条件和解决农业灌溉问题；在抵御洪涝灾害的同时，也为资源开发提供丰富电力资源；保护了森林、减少了二氧化碳的排放，使得地表植被得以恢复，改善了环境。

以田纳西河流域为例进行"流域综合开发"的教学，有助于学生养成综合思维的习惯，除引导学生分析田纳西河河流的特点外，还应重点考虑流域的整体特征，即综合分析田纳西河流域的自然与经济背景，正确理解"梯级开发"的合理性。

对田纳西河流域综合开发策略的教学，有助于学生在分析我国大江大河流域综合开发治理时做到融会贯通、综合联系，进而引申迁移、灵活运用，既从水文条件、地质条件等角度去论证，又从历史条件、经济效益、生态影响等角度考虑。

（三）从时空综合角度，分析地理事物和现象在特定时空条件下的形成和发展及演化，多途径培养学生综合思维

案例：从时空综合角度分析太阳直射点位置的周期性变化和移动规律

四季更替、五带划分是高中必修一的教学难点，由于学生缺乏时空观念，感觉该知识较为抽象。教学过程中先从确定时间变量入手，通过特殊时间点对应的地理事象，让学生分析得出正午太阳高度角和昼夜长短的纬度变化规律。正是由于这种变化规律使得全球不同纬度地区的太阳辐射从低纬度向高纬度呈有规律的递减，据此可将全球划分为五带。然后从确定空间变量出发，分析某一纬度范围内的变化规律，使学生得出正午太阳高度角和昼夜长短的季节变化规律，最终理解全球同纬度地区（除赤道外）的太阳辐射在一年中呈有规律的周期性变化，从而形成四季更替。

教学时可引导学生从时空综合角度进行分析,由于太阳直射点的回归运动,导致正午太阳高度角、昼夜长短的时空变化,使地球表面接受到的太阳辐射能量,因时因地而变化,形成四季更替和五带划分的地理现象。

(四)综合思维在教学设计中的运用

《普通高中地理课程标准(2017年版)》关于必修课程地理2部分"学业要求"中的综合思维:"能够描述人文地理事物的空间现象及其变化,解释不同地方的人们对产业活动进行区位选择的依据。"

案例一:《工业的区位选择》的教学设计

区位是贯穿必修2的重要概念,将各个章节整合起来,本节课主要探讨工业的区位因素。

1.教学目标(贯穿三维目标)

知识与技能:

1)了解影响工业区位的主要因素;2)联系实际,理解工业区位的发展变化对工业区位选择的影响;3)实例分析影响工业的主要区位因素,探究工业区位变化对区位选择的影响;4)联系实际,分析不同类型工业的区位选择的主导因素,培养学生综合分析问题、解决问题的能力。

过程与方法:

1)在教学中渗透区域地理研究的基本方法,通过情境教学法、案例探究法、多媒体演示法、分组教学法、自主探究法等教学方法,充分发挥学生教学主体的作用和学生学习的参与意识;2)利用图表,分析影响工业区位的因素,培养学生应用基础知识及读图分析能力;3)了解本地工业发展情况,培养学生的调查分析能力。

情感、态度与价值观:

1)利用实例激发学生兴趣,培养可持续发展观念;2)了解当地工业发展的优势区位,为家乡的生产建设服务,培养学生理论联系实际的能力,树立热爱家乡的信念。

教学重点难点:根据课程标准要求;

教学重点:影响工业区位的主导因素和工厂合理的布局;

教学难点:工业区位因素的变化对工厂区位选择的影响。

2.教学设计

(1)讲解工业区位的含义。指出工业区位是指工业企业的经济地理位置,以及工业企业在生产过程中与相关事物的联系。

(2)设置情境教学,激发学生的探究精神,充分调动学生学习地理知识的积极性。

让学生讨论建一个工厂需要考虑哪些因素?

通过探究和引导,工业企业的理想区位为:便利的交通、广阔的市场、质高价廉的劳动力、充足的原料和动力等。

那么某种工业的区位选择是不是要具备以上所有优势条件呢?引导学生分析区位因素中的自然因素和社会因素,不同类型的工业考虑的主导因素不同,从而形成不同的导向型工业:原料导向型、市场导向型、动力导向型、劳动力导向型、技术导向型等。

在讲解时需结合实际案例,让学生了解制糖厂属于原料导向型工业,需要布局在原料产地;电子装配工业和电子工业分别属于劳动力导向型和技术导向型。

(3)结合实际案例分析影响工业区位选择的主要因素的发展变化让学生讨论鞍钢和宝钢在区位选择上最大的不同是什么?

解析:鞍钢和宝钢最大的不同在于,鞍钢选择接近动力和原料产地;宝钢接近消费市场。

教师引导:随着科学技术与社会生产力水平的不断提高、市场需求的变化,工业区位因素以及各因素所起的作用在不断变化,进而直接影响工业的区位选择。那么科学技术的进步使哪些工业区位因素发生了变化?

学生讨论,教师作总结:1)原料、燃料对工业区位的影响逐渐减弱,市场对工业区位的影响逐渐加强;2)交通运输条件对工业具有很大的吸引力,在沿海沿江港口、铁路枢纽、高速公路沿线建立工业区;3)信息通信网络的通达性作为工业区位的重要性越来越突出;4)工业对劳动力技能的要求逐渐加强。

随着社会的发展,对劳动力的素质要求越来越高,同学们只有从现在努力学习,掌握更多的科学知识,将来才能立足社会。

案例二:人教版必修1"自然地理环境的整体性"教学设计

地理综合思维是指人们运用综合的观点和方法全面、系统、动态地认识地理事物和现象的思维品质和能力。综合思维是面对复杂情境时的一种思维品质,综合的过程让学生的思维逐渐结构化、有序化、系统化,从模糊的整体性特征认识到理性的综合分析过程,在纷繁复杂的关系中找到事物联系,系统思考一个事物的整体性特征[1]。地理综合思

---

[1] 杨洁美,张旭如.促进综合思维能力培养的地理教学策略——以"自然地理环境的整体性"为例[J].地理教学.2018,(24):35.

维具有"要素综合""时空综合"和"地方综合"三方面的含义[①],要素综合的教学要遵循整体性原则、时空综合的教学要遵循协调性原则、地方综合的教学要遵循尺度性原则,这些原则决定了教学设计中促进学生综合思维的三个关键环节,如表1-15。

表1-15 教学设计中促进学生综合思维形成的三个关键环节

教学环节	学生思考分析	教师小结
自然地理要素间的相互作用	教师展示北方地区、南方地区、西北地区和青藏高原地区有代表性的景观图和相关风景图片。把全班同学分成四个小组,分别代表以上四个区域 提出问题:1)图中的自然地理环境由哪些要素组成?描述该地区自然环境的特征,说明几个要素之间的相互作用关系。2)每个小组选一个代表,解释各要素如何相互作用体现其整体特征	1)自然地理环境由大气、水、岩石、生物、土壤、地形等地理要素组成,各要素之间相互作用、相互影响构成了地理环境的整体性 2)各要素特征与自然地理环境特征保持一致
自然地理环境具有统一的演化过程	自然地理环境不是一成不变的,不同阶段由于人为或是自然原因地理环境处于不断变化中,展示西北地区、北方地区不同阶段的地理环境面貌 提出问题:1)各地区环境发生改变主要是由哪一种要素的变化引起的?2)这一要素的变化是否会引起其他哪些要素的变化以及整体自然地理环境的变化?	1)西北地区的荒漠化主要是由于植被这一要素的变化引起的。植被的变化又会引起土壤、水文、地方气候等要素的变化,整体自然环境也会发生改变 2)北方地区的水土流失主要是土壤被侵蚀的过程。实际上土壤这一要素发生变化的同时,地貌、植被、地方气候也在同步发生变化
尺度转换,聚焦小尺度地方综合	我国西北地区的整体景观是荒漠化,绿洲是荒漠戈壁背景下更小尺度的区域,具有独立生物群落和小气候效应的独特性生态景观。在长时间各地理要素的相互作用下,绿洲内部已经形成稳定的人地关系地域系统,但是由于大规模的人类活动导致绿洲的萎缩和消失 提出问题:1)根据实际情况,结合所学知识描述绿洲地区的自然地理特征,以及影响绿洲形成的主导要素是什么?2)综合各要素的相互作用关系,结合时空角度对绿洲面积的缩小给予地域性的解释	1)绿洲地区的自然地理特征是水源丰富,气候较为湿润,草木繁茂,土壤肥沃。影响绿洲形成的主导因素是水文 2)近年来,新疆绿洲地区随着人口增多,工农业用水量加大,大量开采地下水,导致地下水量减少,荒漠化扩大;其次对植被的开采增加,也加重荒漠化,使绿洲面积减少

注:借鉴杨洁美和张旭如的研究成果。

[①] 韦志榕.与老师们谈谈地理核心素养[J].地理教育.2016,(4):6.

案例三：综合思维视角下的高中主题式区域地理教学设计

区域地理知识点众多且零散，一般采取主题探究式区域地理教学效果较好[1]。区域主题式教学是以区域为载体，以区域内核问题为教学主题，引导学生运用地理学科知识探究其形成的原因，寻找区域可持续发展的对策[2]。采用主题式区域教学方式要求教师在教学中要明确主干思维链，串联知识点和突出重点，培养学生地理综合思维。区域地理主题式教学设计包括：确立主题；明确目标；编写案例；创设情境，设计探究活动；思维建构；评价反馈[3]。

借鉴黄靖钰的"墨累—达令流域农业发展"教学案例设计来说明高中区域地理主题式教学设计的基本内容。

1. 确立区域地理教学主题

由于区域地理教学中涉及的知识点较多，因此，需要选取区域典型案例，围绕教学主题设置思维链，达到培养核心素养的目的。

澳大利亚混合农业是农业地域类型的重要案例，其中墨累—达令流域农业发展是澳大利亚农业的典型案例。根据知识点之间的内在联系，围绕"墨累—达令流域农业发展"为主题，明确"流域农业开发背景—农业类型及分布—限制性自然因素—措施及影响—治理"为主干思维链[4]。

2. 明确教学目标

新课标指出综合思维核心素养有助于人们从整体的角度，全面、系统、动态地认识分析地理环境以及它与人类活动的关系，表现在能从地理要素综合的角度认识地理事物的整体性，地理要素之间相互作用、相互影响的关系；能从地方综合的角度分析区域自然和人文要素对区域特征形成的影响；能从时空综合的角度分析区域地理事物随时间变化而变化的特点，以及地表事物的空间变化差异。新课标要求：以某生态脆弱区为例，说明该类地区存在的环境与发展问题以及综合治理措施；以某流域为例，说明流域内部协调开发水资源，保护环境的意义。[5]

结合综合思维的表现及新课标的要求，制定本主题式区域地理教学的目标为：

---

[1] 汤国荣.基于主题探究的区域地理教学策略[J].地理教学.2014(8):22.
[2] 胡铮.形散而神聚,以区域特征串起学生地理思维——区域地理教学心得[J].地理教学.2011(5):36-37.
[3] 黄靖钰,黄越烯.综合思维视角下的高中主题式区域地理教学设计——以"墨累—达令流域农业发展"为例[J].地理教学.2019,(9):34.
[4] 同上.
[5] 参考教育部《普通高中地理课程标准(2017年版)》.

(1)知识与技能

1)根据图表,阐述墨累—达令流域地形、气候、水文等自然特征和人口、城市等人文地理特征,理解地理要素之间的相互联系。2)分析该区域地理特征对农业发展方向及分布的影响,并结合区域地理特征分析该区域农业发展的限制性自然因素。3)分析墨累—达令流域农业发展过程中修建水库、引水灌溉对自然地理环境的影响,并提出治理措施。

(2)过程与方法

通过任务驱动,促使学生合作探究墨累—达令流域农业开发背景、农业分布的限制性自然因素,培养学生综合分析和合作学习的能力。

(3)情感、态度与价值观

通过分析墨累—达令流域农业过度引水灌溉对自然环境的影响,有助于学生树立正确的人地协调观。

3.准备案例、设计情景、组织探究活动

(1)准备案例

根据知识点之间的内在逻辑关系,围绕教学主题,按照主干思维链,收集整理图文资料和相关素材,完成案例准备工作。

(2)设计情景

材料:澳大利亚被称为"骑在羊背上的国家"。墨累—达令流域是该国重要的绵羊产区——"食物篮子"。

设计意图:通过对墨累—达令流域的生动概括,点出教学主题,激发学生学习兴趣。

(3)组织探究活动

根据布鲁姆教学目标分类法,设置不同类型、难度递进的探究活动问题。

探究活动一:墨累—达令流域农业开发背景

【收集素材】墨累—达令流域水系分布图、澳大利亚气候类型分布图、地形分布图、降水分布图、人口分布图、城市分布图。

墨累—达令流域气候复杂多变,生物多样性丰富,大部分区域年降水量在200—500毫米。

【问题设置】

理解型问题:根据图文资料,阐述墨累—达令流域主要气候类型、地形、降水量分布、水系特征等自然地理特征,人口、城市分布等人文地理特征。

分析型问题:分析墨累—达令流域干旱少雨的原因;分析其水文特征及其成因。

【设计意图】

学生合作探究,阐述区域自然特征和人文特征,进行区域认知,为分析农业发展做铺垫。

探究活动二:墨累—达令流域农业类型的分布及其限制性自然因素

【材料1】墨累—达令流域的耕地主要种植大麦、小麦、燕麦等谷物,同时发展水果、蔬菜种植业,也是饲养绵羊和肉牛的重要区域,93%的棉花出产于此。

【材料2】澳大利亚政府不惜余力地修建水利工程,在雪河及其支流上修建水库,通过自流或抽水,经隧洞或明渠,将向南流入塔斯曼海的雪河水调入墨累—达令盆地,促进了墨累—达令盆地农业的发展。

【问题设置】

理解型问题:结合墨累—达令流域的地理特征,阐述该区域农业发展类型及分布特点。

分析型问题:结合墨累—达令流域的地理特征,分析农业发展的限制性自然因素,并提出解决措施。

【设计意图】

在区域认知基础上,结合农业区位因素分析农业发展及布局,培养因地制宜发展农业的思想及综合分析能力。

探究活动三:墨累—达令流域农业发展措施及影响

【材料】墨累—达令流域的重要水库和灌溉渠分布图。

【问题设置】

评价型、分析型问题:为了发展墨累—达令流域农业,当地居民修建水库、引水灌溉。分析修建水库对墨累—达令流域自然环境的有利和不利影响;分析过度引水灌溉对墨累—达令流域自然环境的影响,产生了哪些生态问题?

应用型问题:针对墨累—达令流域农业发展出现的问题,你能提出哪些具体的治理措施?

【设计意图】

通过引导学生利用整体性思维,分析修建水库、引水灌溉对气候、地形地貌、水文、生物等自然地理要素的影响,归纳半干旱区修建水库、过度引水灌溉对自然环境影响的一般分析模式,培养学生的综合分析思维,形成正确的人地协调观。

探究活动四:墨累—达令流域治理

【材料】针对墨累—达令流域出现的干旱缺水、水土流失、土地盐碱化等问题,为保证流域环境平衡发展,现行的治理措施包括:水环境治理措施(水环境资源交易和管理、水环境监测、研究和调研等);湿地计划(倡导自然灌溉制度,实施湿地资源义务分配等);河漫滩计划(坝休水位升降调控、清除阻碍鱼类繁衍和流速变化的障碍物、植物恢复等);恢复计划(拆除围堰、水坝、堤道等)。

【问题设置】

理解型问题:根据材料,总结墨累—达令流域目前采取的治理措施。

【设计意图】

通过补充材料,目的在于拓展学生的知识面,进一步完善关于墨累—达令流域治理的措施。

4.总结提升,思维建构

根据学生对各类问题的回答情况,总结本节课的分析思路和思维框架,并进行板书,教师和学生一起分析构建基于流域的农业开发背景、分布、出现的问题、采取的措施等相关内容的框架,形成思维导图。

5.评价反馈

可以采用不同的方式如课后练习、小测验等进行结果性评价,也可以根据教学目标设计对应的思维状况评价表进行评价。

6.教学设计反思

围绕区域主题,以某条思维主线为主干,结合区域特征和背景知识,设计具体的探究活动,设置不同层次的问题,培养学生综合思维能力。

案例四:"河流侵蚀地貌"的综合思维教学设计

综合思维是从多维度,全面、系统、动态地理解地理事物和现象的思维[1],结合乡土地理资源,以"河流侵蚀地貌"的教学设计为例,探究综合思维在地理教学中的运用,如表1-16。

---

[1] 杨善晴,翟有龙.综合思维视角下的教学设计——以"河流侵蚀地貌"为例[J].高考.2019,(23):19.

表1-16 赤水丹霞景区河流侵蚀地貌教学设计

教学过程	教学活动	设计意图
导入新课	展示赤水丹霞景区的桫椤公园中河流景观图片、都匀市剑江河景观图片,引出本节课的教学内容	结合乡土地理景观导入新课,拉近学生与课本知识之间的距离,调动学生学习的积极性
结合基本要素分析侵蚀类型	让学生分组讨论,河流侵蚀地貌形成的原因;结合教材相关知识,简要叙述流水侵蚀的三种类型	把握流水要素这一基本要素,分析多个要素之间的相互影响、相互作用关系
描述河床特征	根据流水侵蚀作用的视频材料,让学生简单叙述不同河段河床部分的宽度和深度变化	让学生在直观感受流水侵蚀作用的基础上,阐述不同河床的特征,描述下蚀、侧蚀、溯源侵蚀等要素特征
分析空间布局	根据展示图片,阐述河谷地貌的具体形态特征,判断其形成与哪种流水侵蚀作用有关	结合流水侵蚀的三种类型,引导学生认识不同河谷地貌的特征,学会判断不同流水侵蚀作用形成的河谷地貌形态。并能够简单分析其成因
掌握时间变化	根据展示图片,按照早、中、成熟期的先后顺序,判断不同时期河谷发育形态	用动态视角认识河谷发育阶段,对河谷地貌的发生、发展、演化进行分析,并给出合理解释,且能进一步理解流水侵蚀作用对河谷地貌发育的影响
综合要素分析	按照河段排序,分析上游、中游和下游河段对应的河流侵蚀特征	由局部到整体认识河谷地貌,形成时空综合思维
知识拓展	展示虎跳峡、赤水瀑布、三峡、南京长江大桥四种河谷侵蚀地貌图片,让学生阐述它们的特征,并分析它们所在的河段	学以致用,理论联系实际,结合要素综合和地方综合,分析时空综合特征,并给出系统性、地域性的解释
培养综合思维	教师引导:河流在侧蚀等侵蚀作用下形成的不同地貌形态	让学生结合地方建设需要,从地理多维度综合分析入手,提出合理化建议和措施,形成综合思维

第四节　区域认知及其技能训练

一、区域认知的内涵

《普通高中地理课程标准(2017年版)》指出:"区域认知指人们运用空间—区域的观点认识地理环境的思维方式和能力。人类生存的地理环境多种多样,将其划分成不同尺度、不同类型的区域加以认识,是人们认识地理环境复杂性的基本方法。'区域认知'素养有助于人们从区域的角度,分析和认识地理环境,以及它与人类活动的关系。"

区域认知作为地理学科核心素养的重要组成部分,是人地和谐的基本价值观念影响下指导地理实践活动的基本思想和方法[1]。教育部《关于全面深化课程改革落实立德树人根本任务的意见》指出,核心素养"突出强调个人修养、社会关爱、家国情怀,更加注重自主发展、合作参与、创新实践"。地理核心素养是通过地理学习形成的、具有地理学科特性的必备品格和关键能力,其体系中区域认知是地理学基本的认知方法,它往往是综合思维和人地协调观的叠加,要求学生具有运用空间—区域的观点和方法认识地理环境的思维品质和能力。

地球表层的地理事物和现象纷繁复杂,如何从"杂乱无章"中理出"头绪",需要利用地理学特有的认识地球表面复杂性的思维方式即区域认知,并依据一定的标准"把世界划分为区域"。划分"区域"是认识、解释、概括空间的需要,借助这种策略,可使地球表面的复杂多样性变得可以理解。因此,在教学中有意识地培养学生养成从区域的视角认识地理现象的意识与习惯。培养学生从"空间—区域"的维度上探寻地球表面复杂多样性的潜在空间秩序、空间规律是区域认知的基本内涵。培养学生把复杂多样的地球表面划分成区域来认识区域的位置、特征、与其他区域的差异、联系等;并对人们所提出的区域开发利用的措施、对策等,秉持正确的地理观念及一定的评价依据,对其合理性或不足做出自己的价值判断。

培养学生的"区域认知"素养,有助于学生从区域的角度,分析和认识地理环境,以及它与人类活动的关系。

据此,课程标准给出了针对区域认知的培养目标:学生能够形成从空间和区域视角

---

[1] 孙亚楠.核心素养视域下区域认知能力的培养[J].新课程·中学.2017,(07):195.

认识地理事物和现象的意识，对地理事物和现象的空间格局有较强的观察力，并运用区域综合分析、区域比较、区域关联等方法认识区域，形成简要评价区域现状和发展的能力。

二、区域认知的表现与水平划分

《普通高中地理课程标准(2017年版)》指出"区域认知核心素养的培养主要表现在三个方面：1)具有从区域的视角认识地理事物的意识与习惯；2)能够采用正确的方法与工具认识区域；3)能够正确解释、评析区域开发利用决策的得失。"

区域认知的核心素养水平划分为4级：

水平1：能够根据提示，将简单、熟悉的地理事象置于特定区域中加以认识；能够认识和归纳区域特征。

水平2：能够从区域的视角认识给定的简单地理事象，收集整理区域重要的信息；能够简单解释区域开发利用方面决策的得失。

水平3：能够结合给定的复杂地理事象，从空间—区域尺度、区域特征、区域联系等认识区域；能够为赞同或质疑某一区域决策提出相关论据。

水平4：能够对现实中的区域地理问题，运用认识区域的方法和工具进行分析；能够较全面地评析某一区域决策的得失，提出较为可行的改进建议。

王民等[1]学者从认知程度、区域材料的详略程度和认知难易等三个角度划分区域认知，如表1-17、表1-18和表1-19。

表1-17 划分角度一：认知程度

水平	划分标准	举例说明
1	简单认识区域	认识中国水资源现状，如中国地大物博，但水资源南多北少，区域分布不均衡
2	简单解释区域开发利用方面决策的得失	了解中国应对水危机的方法，并简单评价，如采用"南水北调"的方法有效缓解了水资源空间分布不均的问题，但耗资巨大

---

[1] 王民,邱怡宁,蔚东英.高中地理核心素养水平划分标准研究(连载三)"区域认知"水平划分标准与案例研究[J].中学地理教学参考.2017,(15):31-34.

续表

水平	划分标准	举例说明
3	运用证据评价区域决策	评价中国应对水危机的方法并解释原因,如"南水北调"能有效改善人们的生存条件,缓解汉江中下游的洪涝灾害及部分省市区的水危机,但水源地的生态环保要求和压力响应增大,对其生态环境也有一定影响
4	全面评价区域决策并能提出改进建议	对中国应对水危机的方法提出改进建议,如对"南水北调"工程的改进措施:节水优先、治污为本,在生活、生产和生态用水之间做到统筹协调

注:来源于王民等学者的研究成果。

表1-18 划分角度二:区域材料的详略程度

水平	划分标准	举例说明
1	简单给定区域,内容事实信息简单、明确,涉及不超过两个要素	我国亚热带沿海地区主要的农业地域类型(稻作农业)
2	所给区域的内容材料较丰富,事实明确,涉及自然、人文等多个要素	分析影响我国亚热带沿海地区稻作农业的区位因素(自然要素、社会文化要素若干)
3	所给区域的内容材料丰富,至少涉及两个地方或区域跨时间尺度的发展演化过程,自然和人文结合,涉及多个要素	改革开放以来,我国亚热带沿海地区的一些耕地经历了水稻田—甘蔗地—鱼塘—花卉盆景的农业景观变迁,为什么?(农业区位因素的变化)
4	结合现实复杂的区域,内容丰富,材料涉及多个要素、多个地方或区域跨时间尺度的发展演化过程,有评价建议	曾经珠江三角洲传统的生产方式是桑基鱼塘,即塘里养鱼、基上种桑。倒退20年,如果你来到美丽富饶的珠江三角洲,一望平野,处处是浓绿的蔗林蕉海和闪光的河堰鱼塘。现在,放眼望去,只见周边高楼林立,工厂遍布。与我国其他基塘农业地区比较,分析为什么桑基鱼塘会逐渐消失?

注:来源于王民等学者的研究成果。

表1-19　划分角度三：认知难易

水平	划分标准	举例说明
1	直观感受(文字、地图、图片景观、视频介绍等，由他人直接提供)	湄洲湾妈祖像图片、澳门地图、澳门妈祖阁图片
2	读图(如行政图、地形图、气温降水图等)分析、综合	妈祖文化在中国的传播和分布有什么特点？请结合全国妈祖庙的分布图分析
3	根据要求查阅相关资料，并能和其他区域对比	在日本长崎，1620年前后(对应我国明朝后期)先后建设了三座妈祖庙，分别是：1620年，东明山兴福寺；1628年，福济寺(即漳州寺)；1629年，圣寿山崇福寺。它们并称为日本"唐三寺"。日本其他地方也有妈祖的分庙。海外其他国家如马来西亚、菲律宾、新加坡与美国等地也有妈祖庙。妈祖文化是怎样传播到这些国家的？不同国家的妈祖庙有什么不同？
4	能自己绘制相关示意图，撰写报告介绍、评价区域	请以"妈祖文化的国内传播和海外传播"为题撰写小论文，介绍妈祖文化的国内传播和海外传播在空间上的区别，以及影响传播途径的条件等

注：来源于王民等学者的研究成果。

不论是哪种区域认知核心素养水平划分，都要重视区域的层次性、差异性和整体性，都遵循高中地理课程标准关于区域认知的思路：1)把地理事物和现象放在区域中认识，区域有特征性；2)收集整理区域信息，简单解释区域开发；3)从区域尺度、区域特征、区域联系等角度认识区域，为区域决策提出论据；4)较全面地分析评析某区域的决策，提出可行建议。

三、地理学科素养下区域认知素养的培养

区域认知是高中地理的核心素养之一，是地理学的基本认知方法，也是处理人地关系的必备知识。区域地理是综合性很强的知识体系，主要涉及位置、自然环境特征、社会经济与人口发展等主要内容。区域地理知识主要作为背景材料成为中学考试的切入点，在此基础上综合考查学生对基础知识和基本技能的掌握，因此，需要掌握科学有效的方法提高区域地理的教学效率。区域是地理事物和地理应用的空间载体，区域性是地理学

科的一大突出特点,学生需要学会分析区位条件,总结区位特征,把握地理要素相互作用的机理,比较和揭示区位差异与地域分异规律,评价区域开发条件与方式,促进在人地关系和谐前提下的区域发展。这些对于学生来说有一定的学习困难,教师需要不断总结教学经验,完善区域认知教学方式,从而帮助学生学好区域认知这一地理学习的基础和学习难点。

提高区域认知素养的教学,需要教师勤于动脑,分析需要掌握区域地理内容的不同特点,以有针对性的教学方式和手段来让学生对区域位置、特征、差异、联系有深入全面的理解和对区域发展提出可持续发展建议,从而提高学生区域认知水平和整体地理素养。

(一)善于运用地图建立空间概念

区域位置和特征是地理区域认知中的基础,是地理素养的基础和前提,将其教学融入课堂活动中有助于将抽象知识具体化,加深学生的认知。地图是地理学的第二语言,是帮助学生建立空间概念的有力工具,是学习区域地理知识的有效手段。通过地图可以直观了解地理信息,采用分析、归纳对区域进行准确定位,系统掌握区域各地理要素之间的联系、区域地理特征及其发展变化规律。

运用好地图是学习地理的关键,特别是在区域地理学习中,学会看图、记图、画图直到形成心理地图是至关重要[1]。所谓看图是指针对一幅地图,先看图名、图例、注记、比例尺等基础信息,再看图中的其他信息。记图是指将地理事物的轮廓记在大脑中,有助于深刻记忆地理知识,形成完整的地理概念。画图是指将地理事物的相对位置和基本轮廓呈现出来,有助于展示地理事物的空间分布,加深地理知识的记忆,如中国行政区划,地形、河流、资源分布等,都可以让学生画一遍,一方面促进记忆,另一方面也培养学生的学习兴趣和审美能力。

组织学生绘制地图贯穿教学活动是一种有效的教学模式。在"地球运动"教学中,可以让学生在黑板上画出地球在春分、夏至、秋分、冬至的运动轨迹,要求学生在赤道、南北回归线以及北极圈附近分别找一个自己喜欢的国家,以这些国家代替纬度线来讲述地球运动的地理特征。在"大规模海水运动"教学中,要求学生绘制太平洋和大西洋洋流运动示意图,同时把沿线重要国家标注出来,选一个地区,给其他同学讲述所选区域的特征。通过这样的方式让学生不仅记住了位置,而且还在学生讲述过程中将海水运动、大气运

---

[1] 赵凤萍.高二区域地理教学之我见[J].新课程(中学).2014,(11):50.

动、区域洋流和气候特征有机地结合在一起。在教学活动中运用绘图来有效地组织课堂活动,有助于加深学生了解区域位置和区域特征。

利用地图的最终目的是形成心理地图,这也是利用地图的最高境界。《地理为生活——美国国家地理课程标准》中指出:心理地图就是人们对地表某一方面或某些方面的内化了的印象。因此所谓心理地图就是包含各种地理信息的地图在人脑中形成的表象,这种表象具有空间性,即对地理事物或地理现象的空间分布、空间结构、空间演变和发展的主体反映[1]。同时又具有记忆功能,可以通过长期有意识地记忆训练,使学生获得一种比较稳定的地域知识和空间认知。通过心理地图的运用,可以确定地理事物的基本特征,总结地理规律,推断地理知识[2]。构建心理地图可以增加学生的空间认知能力、增强学生的记忆能力、提高学生的想象力、提升学生的综合分析能力。通过培养空间定位能力、提高图文转化能力、培养学生作图能力等方面的训练构建心理地图。

(二)应用多种方式促进学生探究区域差异和联系

区域各组成要素存在时空分布上的不平衡,导致区域之间地理要素组合特征及环境发展变化存在着显著的差异。在教学中鼓励学生采用自主探究方式,让学生主动探索、分析区域差异与联系,锻炼学生独立思考的能力,也加深对区域知识的理解。其中综合法和分析法是教学中主要采用的方法。区域地理特征是各地理要素相互影响、相互制约、相互联系的,通过全面、系统分析,从整体上认识和把握;同时在认识、分析的过程中要善于抓住主导因素,既要体现区域地理特征,又要突出区域地理特色。

在教学过程中,要注重对相似区域进行比较,通过对不同地区的自然和人文地理要素的综合、对照、比较和分析,找出相似性和差异性,使学生系统掌握整个区域地理知识,从而加深对区域地理特征的认识和理解。

如有教师在讲授区域农业发展时,采取了学生自主探究式学习的模式,组织学生思考法国的波尔多和我国新疆都是盛产葡萄的黄金地区,有什么内在的原因?提示学生结合气候进行分析。学生会考虑波尔多是地中海气候,新疆地区是典型的温带大陆性气候,这两种气候之间有什么特点呢?地中海气候的典型特点就是雨热不同期,夏季炎热干燥,光照充足,昼夜温差大;而温带大陆性气候整体降水少,晴天多,光照充足,昼夜温差大;总结共同特点就是两个地区光照充足,昼夜温差大,均有利于葡萄糖分的积累。那

---

[1] 郑宇醒.心理地图的建立与训练方法[J].中学地理教学参考.2004,(7):7.
[2] 李德孝.地理心理地图的构建过程和策略——以中亚为例[J].教学与管理.2011,(2):52-54.

么两地又有什么不相同之处呢？主要体现在社会因素上，欧洲对红酒需求量比较大，交通便利是地中海地区生产葡萄的市场需求和交通因素；我国新疆地区葡萄附加值没有地中海地区开发高，是因为市场需求以新鲜水果为主，交通便利程度也不如地中海地区。

有教师在关于我国南方和北方的比较教学中，让学生以秦岭—淮河为界，从自然地理和人文环境两方面列表对比分析，通过比较自然地理(一月平均气温、年降水量、耕地类型、主要粮食作物、主要经济作物、气候类型、河流水文)和人文环境(民居特色、饮食习惯、交通工具)等方面的差异，引导学生将零散知识系统化。通过教师引导和学生自主学习逐步深入了解地理区域联系与差别，有助于解释地理事物和现象形成的根本原因，也有助于学生理解和记忆区域差异和联系，提高逻辑思维能力。

(三)将可持续发展理念融入教学活动中

自然地理是区域地理发展的基础，人文地理是区域地理发展的结果。分析区域发展首先要明确区域自然地理要素的构成和综合特征，分析其发展的客观条件，同时分析人口、劳动力、技术、交通等人文要素，这些要素随着社会发展而发展，同时也对社会发展有重要影响。每个区域都有特定的地理环境条件，把握区域地理环境的差异是国土整治、区域发展的基本前提。

高考题命题趋势表现为逐步加强了区域发展的考查，学生需要用发展的眼光看待区域联系，评判区域决策，辩证地看待区域地理环境差异，用联系的和动态的观点全面评价区域发展策略与人地关系，因地制宜地提出区域持续发展建议。需要教师在教学过程中有意识地引导学生站在发展的角度看待区域发展，用联系和动态的观点剖析区域发展，积极探索区域发展并提出发展建议。

在区域地理教学中，应从区域发展的有利条件、限制性因素、未来发展方向及发展策略等角度构建教学框架，与区域开发中的实际问题相结合；要从整体上评价区位条件和主导因素、因地制宜地确定区域发展方向，增强地理学的实用性。在教学中要突出区域自然地理和人文地理的主导因素，揭示区域各要素之间的内在联系，建立知识结构网络，使学生在理解的基础上进行有效学习。

如有教师在讲授"阿根廷潘帕斯草原的区位优势"时，首先给学生提出问题"对于内蒙古草原的畜牧业发展，你们有什么建议？"在学生有点迷惑的状态下，开始讲解潘帕斯草原的区位优势。在讲解过程中先让学生回答其地理气候因素，然后重点强调阿根廷人对大牧场放牧业的改造。在20世纪初他们采用了海上冷冻船使牛肉新鲜地摆放在各地餐桌上,提高了出口量,促进了大规模生产,也使得他们培育良种牛和对牛群病害的研究也一直处于世界领先水平。讲述完之后引导学生分析我们国家的内蒙古草原其实和潘帕斯草原的气候条件一样,都是温带季风气候,适宜牧草生长和牛羊生长,但为什么内蒙古草原的农业类型不是"大牧场放牧业"呢?同学们是不是可以提出开发和治理内蒙古草原靠天养畜的现状的方案,以提高草原生产效率,改善牧民的生活水平?引导学生在分析内蒙古草原的优势和不足的基础上,结合潘帕斯草原放牧业的发展条件,提出建议和对策,如建设人工草场、划区轮牧、加强交通建设、提高科技含量、增加附加值、开拓市场、高度区域化生产等。

(四)学会构建心理地图,有效提升教学效果

相对于常规地图,心理地图就是包含各种地理信息的地图在人脑中形成的表象,是个人对环境认知的模型,其核心内容是地理事物的相对位置及其空间关系[1]。心理地图的构建是一个复杂的过程,从具体的地理事物、纸质版地图,到抽象出各种地理事物的特征,对其进行记忆、理解、运用等逐步实现的过程[2]。在地理教学中,通过有意识地进行心理地图训练,可以形成丰富而准确的心理地图。

在地理教学中教师要经常引导学生看图、用图,养成看图、用图的习惯,逐步学会构建心理地图。能够从图中查找教学中的地理事物;通过地图来获得地理知识;借助地图掌握地理事物的位置、分布、特点、规律等内容;在地图上分析问题;凭借地图记忆知识;从地图中找出规律得出结论;用地图进行地理知识的归纳、概括、浓缩等。如在中国地形的教学中,首先引导学生读图,熟悉作为地形骨架的主要山脉的分布,四大高原、四大平原、四大盆地的空间位置,根据位置特点及图例分析主要地形区的特征。再凭借地图进行记忆。然后进行填图训练,并加以概括和归纳,得出我国地形类型丰富多样、山区面积广大、地势西高东低、呈阶梯状分布的基本特征。再继续利用地图分析讨论地形地势对我国气候、大河流向及水能资源的影响,推理出这种地形地势使我国东部广大地区深受太平洋的影响,使许多大河滚滚东流,并使我国成为世界上水能资源最为丰富的国家。最后,在头脑中将整节知识有机联系在一起浓缩成一张地图表象。这样把地图作为主要教学载体,将每一节课的内容尽可能都落实到地图上,培养学生运用地图简化地理知识的能力。久而久之,学生会在脑海中积累丰富的地图感性资料,为心理地图的构建打下基础。

---

[1] 江新平,张万敏,汤江波.心理地图:一种地图学习的重要模式[J].地理教育.2005,(3):65.
[2] 徐榕,刘明霞.地理教学中心理地图的构建[J].济宁学院学报.2011,32(3):109.

在教学过程中,可以有意识地向学生传授反映学科社会价值的知识,随时引导学生关注与学科相关的社会热点、焦点,如国内外发生的重大事件、重大经济建设项目的进展、自然灾害的发生、自然保护区的建立等;向学生传递最新的学科进展、相关的科技成果,如地学新理论、新探索,人类面临的新问题等。学生从地理视角分析这些自然现象和社会问题发生的特定区域及环境特征,是学生学科能力培养的基本要求。

因此,在区域地理教学中,要以人地关系为主线,以可持续发展思想为指导,从总体掌握区域地理特征基础上,分析和认识区域经济发展中的优势和存在的问题,提出有助于区域发展的合理化建议。

四、区域认知的技能训练

地理环境结构是区域地理的核心主题(或中心论题)。地理环境的整体性和差异性、区域联系和区域差异是地理教学的永恒主题。地理环境的整体性是指地理环境各组成要素之间的内在联系性,它们相互联系、相互制约并结合成一个综合性的整体。在这一整体内,整体影响部分,部分也影响整体;一二要素变化,其他要素也相应地发生变化。地理环境的差异性是指由于地球不同部分所接受的太阳辐射、地表组成物质、地貌结构、海陆位置、历史发展过程均因地而异,所以组成要素之间的相互联系和相互结合的性质,在地表不同地段产生量和质的差异,从而导致地域分异。

区域地理知识的学习方法一般采用比较法,借助于地理信息系统或者3S技术、遥感地学分析和多媒体教学软件等手段将区域地理内容可视化是目前地理区域认知教学中优势所在。实践证明借助现代教育技术手段构建心理地图,达到区域认知的目的是一种行之有效的教学方式和学习模式。

(一)案例一

以湘教版八年级第四章"中国的主要产业"中第三节"交通运输业"教学为例,运用心理地图教学法设计具体的教学方案,提高师范生教学中运用区域认知的设计能力。

1.教学目标(贯穿三维目标)

知识与技能:

了解我国交通运输业的作用;能够正确说出各种运输方式的不同特点,根据客、货运的不同要求,合理选择运输方式;了解公路运输的特点;了解中国铁路建设的成就;记住我国主要的东西铁路干线、南北铁路干线及其重要的铁路枢纽;了解我国内河航运及主要航道、近海航线、远洋航线,记住重要海港;了解我国航空运输的成就,记住我国主要的国际航空港。

过程与方法:

培养学生的读图能力、绘制示意图能力;使学生能够正确阅读交通图、绘制简易交通示意图,提高运用交通图的能力;会选择合适的运输方式,会使用列车时刻表,能够做到学以致用。

情感、态度与价值观:

使学生正确认识我国铁路和公路建设所取得的巨大成就,体会社会主义制度的优越性,激起建设和报效祖国的情感。

2. 教学重点难点(根据课程标准要求)

教学重点:我国公路运输的特点、主要铁路、铁路枢纽、主要海港、重要航空港;

教学难点:合理选择交通运输方式、交通线路。

3. 教学设计

通过展示中国各类运输路线图,让学生查阅相关资料,构建心理地图,完成教学任务。

教学过程:

(1)结合已有知识,做好构建心理地图的基础

以中国地形图为基础,借助主要山脉的分布,四大高原、四大平原、四大盆地的空间位置,分析主要运输方式,记忆主要交通运输线,然后进行填图训练,最后,在头脑中将整节知识浓缩成一张地图。迅速准确地绘出板图,然后指导学生模仿画出简图、草图、示意图等,学生通过观察和训练形成了地图表象。

(2)简图训练,强化记忆

如"全国主要铁路干线"的教学,教师可以一边讲解一边指导学生一起画简图:首先标出全国铁路枢纽中心北京,然后根据铁路干线的相对位置画出纵横交错的铁路干线,再用圆圈绘出铁路交通枢纽。学生通过眼看、手绘、耳听、心记,在头脑中逐渐形成一张清晰的中国铁路网干线网络图。

教师展示中国铁路干线图,让学生做相关训练,可以达到很好的教学效果。

(3)学会图形信息转化

加强图形转换训练能够强化学生对地理概念、原理的理解和掌握,把握地理事物的空间分布和联系,实现整体图到局部图、平面图到立体图、景观图到示意图、具体图到抽象图的空间思维转化,也是促使学生心理地图构建和发展的重要环节。

利用简图,设计出行的线路选择,学会看列车时刻表。

4.记忆训练

在中国主要铁路交通线路图上,填出对应铁路干线的名称,如纵向主干线:京哈线—京沪线、京九线、京广线、焦柳线(焦枝—枝柳线)、宝成线—成昆线、青藏—兰青线。横向主干线主要有:京包线—包兰线、陇海线—兰新线、沪杭线—浙赣线—湘黔线—贵昆线。

5.实战训练

根据已建立的心理地图,回答下列问题。

(1)南昆铁路的起点和终点分别在哪里?

(2)在地图上分别读出南宁和昆明的海拔,观察南昆铁路经过哪些主要的地形区?

(3)南昆铁路沿线有哪些资源?

(4)南昆铁路的建设意义?

6.扩展训练

根据贵州省交通运输发展现状,分析回答:

贵州省主要的交通方式有哪些?在地区分布上有什么特点?其形成的主要区位因素有哪些?

近年来贵州省高速公路、高速铁路的发展,对提升地方影响力的作用体现在哪里?

(二)案例二

借鉴程玲玲和李俊峰[1]的教学案例设计来说明区域认知素养提升的途径

该案例以人教版高中地理必修三第五章第二节"产业转移"为案例,利用乡土资源,进行提升区域认知素养的教学设计。

"产业转移"教学设计:

---

[1] 程玲玲,李俊峰.基于乡土资源的区域认知素养提升路径——以"产业转移"为例[J].地理教学.2017,(11):17-20,28.

1. 教学分析

课标要求：举例说明产业转移对区域地理环境的影响。

内容分析：本节的知识是学生学习了必修二"工业区位选择"和必修三第四章第二节"区域的工业化与城市化"之后的巩固实践应用，在高考中占有一定分值，应加以重视。

课标对区域认知的要求：以某区域为例，分析该区域吸引产业转移的因素以及产业转移对该区域产生的影响。

教学重点：产业转移对区域地理环境的影响；

教学难点：影响产业转移的因素。

2. 教学过程设计

"安徽省江北产业集中区吸引产业转移的因素"研究性学习活动

(1) 研究乡土地理特征，培养区域概括能力

本部分设计意图在于开展研究性学习，有利于培养学生的地理实践力，通过分析综合，总结江北地区承接产业转移的区位优势，使学生认识到区域的整体性和差异性，加深学生对区域的认知。

1) 研究主题一：安徽省江北产业集中区的地理环境特征

研究内容：自然地理特征（气候、水文、土壤、地形、生物等）、人文地理特征（交通运输方式、劳动力、消费市场、政策、产业基础、土地成本等）、地理位置特征（纬度位置、海陆位置、相对位置）

研究方法：实地考察、网上查阅

2) 研究主题二：安徽省江北产业集中区吸引产业转移的因素

研究内容：落户园区的企业类型、影响企业落户的主要因素

研究方法：访谈、网上查阅、实地考察

(2) 分析乡土案例，培养区域分析能力

本部分设计意图在于通过开展课堂探究活动进行案例分析，提高学生的学习积极性。在合作探究中，总结出区域分析的一般方法。

1) 案例呈现

案例一：江北产业集中区初步形成了以海创CCA节能板材为龙头的绿色节能环保材料产业，以修正健康集团为代表的生命健康产业，以优威派克电脑一体机为代表的电子信息产业，以金山港为代表的现代服务业，以及凯翼智能互联汽车为代表的新能源汽车配套产业链。

案例二：江北产业集中区已建成保障房17万平方米，另在建保障房45万平方米；已建成公共租赁房一期8万多平方米；在建宝能城高档住宅小区、国际双语学校、三甲综合医院、五星级酒店等一大批城市配套项目。

案例三：江北产业集中区与长三角地区产业互补性强，配套便利，商务成本低。该区域加工制造业产品的50%以上为长三角配套，而汽车、家电等产业所需零部件的70%又来自长三角，可与长三角地区实现无缝对接。

2）结合案例，展开探究

（3）创设生活化问题情境，培养区域评价能力

本部分设计意图在于利用家乡的发展问题创设问题情境，激发学生热爱家乡的情感。通过知识迁移，掌握区域评价的方法。

1）情境展现：假如你是安徽省江北产业集中区的负责人，现有一造纸厂申请在园区落户。

2）探究问题：你是否批准其落户？为什么？

作为江北集中区的负责人，你希望哪些产业进驻集中区内？

3）知识迁移：完成课本上活动题。

（4）评价区域发展模式，培养区域预测能力

本部分设计意图在于期望学生通过课后查阅资料，预测江北产业集中区的发展模式的影响并提出建议，培养学生的区域预测能力。

课后活动：查阅相关资料，评价安徽省江北产业集中区的发展模式；预测该模式存在的问题，并对江北的可持续发展提出建议。

第五节　地理实践力及其技能训练

一、地理实践力的内涵

《普通高中地理课程标准（2017年版）》指出：地理实践力是指人们在考察、实验和调查等地理实践活动中所具备的意志品质和行动能力。地理实践力是地理核心素养之一，是在地理实践活动中表现出的行动能力和科学品质，是一种地理学习方式。地理实践力

包含两个层面的意蕴：一是地理实践活动的技能和方法；二是在地理实践活动中表现出来的科学精神、意志品质。

地理实践力强调地理课程学习落实在考察、调查和模拟实验等地理实践活动中，让学生在真实情境中观察、感悟、理解地理环境及其与人类活动的关系，增强社会责任感。

野外考察是地理学的研究方法，也是中学地理课程的学习方法之一，在自然和社会的大课堂中学习地理，已经成为地理课程的特色。主要倡导学生走进大自然，通过实践，探究实际问题，考察的内容包括对地理环境的观察、描述、欣赏；对自然现象的测量、取样、论证；对人类活动与环境关系的分析、评判、建议。

地理实践力的内涵可概括为：收集和处理地理信息的能力、设计地理实践活动方案的能力、实施地理实践活动的能力。能够与人合作设计地理实践活动方案，独立思考并选择适当的地理工具。

地理实践力的培养的主要途径是进行地理实践活动。地理实践力素养的培养，一定要把学生带到真实的复杂世界中，调动意识、磨练意志、陶冶性情、打开眼界，最终外显为在实践中的积极能动的态度、责任和独立生存能力。能够实施活动方案，主动从体验和反思中学习，实事求是，有克服困难的勇气和方法。

地理实践活动将书本知识运用于实际活动中，做到了理论与实践相结合；将理论知识转换成解决问题的能力；锻炼意志品质和促进团队合作，促进相互关心、相互帮助；有助于拓宽视野，增长见识；提升了自主解决问题、参与社会服务、提出决策建议等综合素质。

从广义的角度理解，地理实践力就是解决问题能力。

因此，新课程标准给出了针对地理实践力的培养目标：学生能够运用所学知识和地理工具，在室内、野外和社会的真实环境下，运用考察、实验、调查等方式获取地理信息，探索和尝试解决实际问题，具备活动策划、实施等行动能力。

二、地理实践力核心素养的表现和水平划分

《普通高中地理课程标准（2017年版）》指出地理实践力核心素养的主要表现为："1)能够用观察、调查等方法收集和处理地理信息，有发现问题、探索问题的兴趣；2)能够与他人合作设计地理实践活动的方案，独立思考并选择适当的地理工具；3)能够实施活动方案，主动从体验和反思中学习，实事求是，有克服困难的勇气和方法。"

地理实践力核心素养的水平划分为4级：

水平1：能够进行初步的观察和调查，获取和处理简单信息，有探索问题的兴趣；能够借助他人的帮助使用地理工具，设计和实施地理实践活动，从体验和反思中学习；能够理解和接受不同的想法，有克服困难的勇气并寻找方法。

水平2：能够进行细微观察和调查，获取和处理信息，有探索问题的兴趣；能够与他人合作使用地理工具，设计和实施较复杂的地理实践活动，主动从体验和反思中学习；能够有自己的想法，有克服困难的勇气和方法。

水平3：能够进行分类观察和调查，获取和处理较复杂的信息，主动发现和探索问题；能够与他人合作设计和实施较复杂的地理实践活动，主动从体验和反思中学习；能够有自己的想法，有克服困难的勇气和方法。

水平4：能够进行较系统的观察和调查，获取和处理复杂的信息，主动发现和探索问题；能够独立设计和实施地理实践活动，主动从体验和反思中学习；能够提出有创造性的想法，有克服困难的勇气和方法。

王民等[1]学者在对《普通高中地理课程标准（2017年版）》细致梳理的基础上，从观察（调查）的水平、使用工具的水平和实践想法的创新程度等三个角度给出了地理实践力核心素养的水平划分标准，并结合实例进行说明，有助于学生深入理解和实际运用，如表1-20、表1-21和表1-22。

表1-20　水平划分角度一：观察（调查）的水平

水平	划分标准	举例说明
1	能够进行初步的观察和调查，获取和处理简单信息：如对天气、地貌、土壤等自然要素和相关自然现象进行初步观察，对人口、城乡、工农业、交通等方面的人文地理信息进行初步的社会调查，并获取和处理简单信息	例1：到河北省北部的坝上草原进行野外实习，观察坝上草原的天气、地貌等要素，初步了解坝上草原的地形特征，以及因气候和植被而形成的草甸式草原 例2：通过实地观察调查，获取并处理方庄地区发展的区位信息。位置：位于北京市东南二环，属于丰台区东端，距离CBD商务区较近；政策：是北京第一个整体规划的住宅区，早期政府进行总体规划；经济及支柱产业：经济发展速度缓慢，消费拉动能力弱，缺乏支柱产业；生态休闲设施：方庄体育公园为区域内较大面积的休闲场所，小区内广场充裕

[1] 王民,张元元,蔚东英等."综合思维"水平划分标准与案例研究[J].中学地理教学参考.2017(13)：28-31.

续表

水平	划分标准	举例说明
2	能够进行细微观察和调查，获取和处理信息。如对地貌、土壤等自然要素和相关自然现象进行细微观察，对人口、城乡、工业、农业、交通等方面的人文地理信息进行细微的社会调查，并获取和处理信息	例1：观察坝上草原草本植物，根据有关标准，判断这里的草原是否处于退化阶段，找出理由 例2：观察并调查方庄地区存在的问题有：在经济发展上，一是缺乏支柱产业，产业结构单一；二是年龄结构失衡，导致消费能力不足；三是商业发展停滞，新建立商业中心未发挥经济带动作用
3	能够进行分类观察和调查，获取和处理较复杂的信息。如对地貌、土壤等自然要素和相关自然现象进行分类观察，对人口、城乡、工业、农业、交通等方面的人文地理信息进行分类社会调查，并获取和处理较复杂信息	例1：观察坝上草原的植被类型，对这里的草原（草滩与草甸）、天然林（乔木林与灌木林）、人工林（东部以松树为主，西部以杨树为主）进行分类观察，并给出结论 例2：观察并调查方庄地区存在问题的原因及发展趋势，得到方庄地区的问题产生的背景、目前问题症结、近期发展与未来趋势等方面的信息材料
4	能够进行较系统的观察和调查，获取和处理复杂的信息。如对地貌、土壤等自然要素和相关自然现象进行系统观察，对人口、城乡、工业、农业、交通等方面的人文地理信息进行系统的社会调查，并获取和处理复杂信息	例1：对坝上草原的生态建设及如何发展经济、如何改善北京周边地区的生态环境进行观察和调查，得出未来发展的方向和措施建议 例2：对方庄地区可持续发展系统进行调查研究，在认识现状、了解存在问题及原因的基础上，调查研究方庄地区可持续发展的有关措施：政府继续加强基础设施建设投资；吸引房地产投资商入住本区域；加强交通线路的通达性，尤其是与北京北部城区的联系；改善社区治理，在城区的规划与管理上提高质量，解决如停车困难和公共设施被破坏等问题，改善居住环境；通过引导加强市场的参与，增加此区域的活力；尝试建设青年社区，吸纳年轻人入住此区域，扩大年轻消费人群

注：参考王民等学者的研究成果。

在观察或调查水平上，增加探究问题的兴趣和水平等辅助标准：水平1、2主要为学生对提供的材料有探索的兴趣；水平3、4表现为学生具有主动探索问题，并尝试解决问题的能力，如表1-14和表1-15所示。

表1-21 水平划分角度二：使用工具的水平

水平	划分标准	举例说明
1	借助他人帮助，使用地理工具，设计和实施地理实践活动。例如，使用遥感等地理信息技术和其他地理工具，在他人指导和带领下，完成地理实践活动	例1：在教师指导和演示后，用手电筒和地球仪模拟晨昏线一年四季的变化（地球自转和公转两个要素） 例2：作为"3S"小组成员，负责记录数据等基础工作，运用无人机等遥感平台进行玉米产量估算
2	与人合作使用地理工具，设计和实施较复杂的地理实践活动。例如，使用遥感等地理信息技术和其他地理工具，独立或合作完成地理实践活动	例1：用冰块、热水、燃香、玻璃罩等模拟热力环流实验（温度、密闭条件、可视条件） 例2：独立或合作使用无人机等遥感平台，完成对遥感图像的解译，对北京延庆的玉米产量进行估算
3	与人合作设计和实施较复杂的地理实践活动。例如，使用遥感等地理信息技术和其他地理工具，与他人合作完成地理实践活动	例1：用不同性质的地表（土、砂石、植物）模拟地表水土流失过程，将不同性质地表加以组合探究水土流失的加速条件 例2：在与他人平等合作的基础上，有效分配劳动力，分担记录数据、组装无人机等工作，合作完成对延庆玉米产量的估算
4	独立设计和实施较复杂的地理实践活动。例如，使用遥感等地理信息技术和其他地理工具，组织带领他人一起完成地理实践活动	例1：通过网络工具，发现所在城市的交通堵塞处并进行观察与调查，提出自己的解决方案 例2：作为"3S"小组组长，合理安排组员做好自己擅长的领域，组织同学运用遥感技术计算延庆玉米产量

注：参考王民等学者的研究成果。

表1-22 水平划分角度三：实践想法的创新程度

水平	划分标准	举例说明
1	能理解和接受不同的看法。如讨论实验调查方案过程中，对以前的或其他同学设计的方案，能理解接受，并加以实施	利用以前的或其他同学设计的调查问卷，如对某县城居民上班所采用的交通方式进行调研

续表

水平	划分标准	举例说明
2	能有自己的想法。如参照以前的或者同学设计的实验调查方案,提出一些客观的、科学的改进措施,更好地完成地理实践任务和既定目标	参考以前的或其他同学设计的调查问卷,在其基础上进行改进,如对某县城居民通地铁后上班所采用的交通方式进行调研
3	能有自己的想法。如参照以前的或者同学设计的实验调查方案,自己或与人合作设计新的实验调查方案,这个方案要具有科学性和可操作性	在以前的或其他同学设计的调查问卷基础上,独立或者和小组成员合作设计一份新的问卷,如对某县城居民上班所采用的交通方式进行调研
4	能提出有创造性的想法。如在熟练掌握以前的或者同学设计的实验调查方案的基础上,自己或合作设计多个新的实验调查方案,并进行横向比较和纵向比较,清楚地理解其优劣,最后选取一个方案进行实验或调查	在以前的或其他同学设计的调查问卷的基础上,独立或者和小组成员合作设计多份新的问卷,就时效性、科学性、全面性等方面,互相进行横向比较,与以前的进行纵向比较,选取一个最合适的问卷,对某县城居民上班所采用的交通方式进行调研

注:参考王民等学者的研究成果。

三、地理实践力培养

地理实践力包含地理实践活动的技能和方法及地理实践活动中表现出来的科学精神、意志品质两个层面[1]。培养地理实践力,有利于提升学生学习自主性,提高课堂知识吸收能力,促进综合能力的提升。在实践活动中学生自己是活动的主体,可以根据活动要求制定活动计划,自主学习相关地理知识。同时,将在课堂学习的知识运用到社会实践活动中,理论转化为实践,体验到知识获得感和活动成就感。在地理实践活动中,需要学生自己解决实践过程中遇到的困难和问题,可能需要动手能力、逻辑思维能力、推理能力及应变能力等综合能力的运用,有助于综合素质的提升。

2017年教育部颁布的高中地理课程标准,把地理核心素养作为高中地理教学的最终目标,并对其分类做了详细的描述,充分体现出我国教学改革中素质教育的目标。地理实践力与其他三方面的核心素养的差别在于,人地协调观、区域认知和综合思维都可以

---

[1] 邵俊峰.高中地理课堂落实核心素养培养的思考与实践[J].中学地理教学参考.2018,(5):31-33.

在课堂知识学习过程中形成,而地理实践力必须在实地考察与调查、测量等地理实践活动之中形成,这也是地理课堂教学的薄弱环节,加强对学生实践力的培养有助于提升地理课堂教学效率。

长时间课堂教学中地理实践能力缺失主要是由于传统教学评价体系单一,难以科学合理地评价地理实践力水平;地理课程设置不合理,课时少、任务重等现实问题阻碍了地理实践教学的开展;地理教师重理论轻实践的做法也影响了地理实践活动的有效进行。

四、地理实践力的技能训练

地理学科源于实践,地理教学中涉及的很多知识需要体验、观察和实践获得。学生的野外综合实践活动,有助于学生将课本知识运用于实践,培养学生的创新意识和实践能力,提升探究性学习能力,特别是有助于培养学生的地理考察、地理观察、地理调查和地理专题研究等综合能力。学生的观察力、记忆力、实践力、想象力等各种能力是相互联系、相互作用的,在实践过程中发现问题、解决问题,可以高效激发学生的潜能和创造力。因此,地理核心素养训练的关键是综合能力的提升,培养地理实践力对提升学生综合思维能力的作用最为显著。

(一)案例一:地理实践力的具体体现

地理实践力的关注点在于地理实践活动,包括野外考察、社会调查、模拟实验等。

1.野外综合实践活动

首先进行准确定位。能够熟练使用地图、罗盘、GPS等工具,将所学的使用方法灵活运用到实践中,实现抽象记忆到形象运用的转变。

其次对所处环境特征进行准确描述。在准确定位基础上,能够正确描述所处区域的环境特征。要求学生对所处区域的气候、水文、植被、地形地貌、土壤等要素的特征有敏锐的观察力,并能够条理清楚、层次清晰地表达出来,将感性认识的内容抽象概括为理性知识。

然后通过地理视角选择野外营地,注意防范自然灾害。从地理视角选择适合生存的场所,就是在理解和掌握地理知识基础上,将其运用到实践活动中。从气候、地形、水源等角度,分析和论证所处的环境特征的有利和不利的条件,综合分析多种影响因素后做出正确选择,并制定预案以防避自然灾害。

2.社会调查

能够通过实地观察、问卷调查、走访座谈等方式,学会口头访谈、书面记载、搜集整理资料、提取信息,分析评价生活区域的社会环境及其存在的现实问题,并为其可持续发展提出有建设性的意见和建议,形成书面报告。社会调查可以提升学生合作交流能力,增强关心社会发展的责任感。

通过地理野外考察、观察和测量、社会调查、地理模拟实验和演示等,让学生自己观察、验证、联系、思索、判断、分析,从而培养学生的实践能力。

(二)案例二

以"农业区位因素"的教学为例,运用实地考察、观察、动手制作等方法设计教学方案,提高师范生教学中运用地理实践力的设计能力。

1.教学目标(贯穿三维目标)

知识与技能:

理解农业与农业区位的区别;学会分析农业区位因素及其变化对农业区位的影响;分析当地茶产业的区位因素。

过程与方法:

通过搜集文献资料及地理信息资料,分析当地茶产业的发展;运用农业区位原理解释身边的地理现象,提高案例分析的能力,培养学生理论联系实际的学习方法。

情感、态度与价值观:

通过当地茶产业的区位因素,培养学生学会用全面的、发展的观点看待地理事物,培养热爱祖国和家乡的地理情怀;树立对家乡农业生产的正确价值观。

2.教学重点难点(根据课程标准要求)

教学重点:农业区位因素及变化对农业发展的影响分析;

教学难点:综合评价农业地域形成的区位条件;农业的区位选择。

3.教学设计

让学生查阅相关资料,并到具体茶产业生产基地调查,回答有关农业区位因素的问题,综合分析当地农业生产的特点和优势,提升学生的地理实践力。

(1)查阅或用GPS定位等方式确定当地茶产业基地的经纬度位置;

(2)根据位置信息确定气候、地形等自然特征；

(3)通过实地调查,结合自然因素和人文因素两方面分析农业区位的影响因素,考虑当地茶产业基地的区位条件；

(4)通过调查茶产业发展过程,评价当地茶产业发展的区位变化,分析其优势和限制性因素,提出对其发展不利因素怎么改造的建议；

(5)总结分析农业区位问题的一般方法,提升学生解决相关问题的综合能力。

(三)案例三:地理野外实践教学设计

野外实践教学有助于拓宽学习空间,激发地理学习的兴趣,强化区域认知能力,提升地理综合思维能力,培养地理实践力,深刻认识家乡自然环境与区域发展的联系,培养学生的人地协调观[①]。

1.野外考察地点的选择

(1)野外考察地点选址原则

野外考察地点选址要遵循考察地点地理事物的典型性,能充分反映考察主题的典型特征,能够充分体现与考察主题对应的地理原理;考察地点的安全性,必须避开矿区、地质灾害、野兽出没等安全隐患较多的区域;考察地点的适中性,保持距离适中、难度适中、活动量适中、时间经费需求适中等。

(2)野外考察活动选点

本次野外实践的地点选在赤水红石野谷、丹霞博物馆、赤水大瀑布、燕子岩、佛光岩、侏罗纪公园、四洞沟、燕子岩、丙安古镇、大同古镇等,是赤水市面向公众开放、开发程度较高的旅游区,交通便利,基础设施完善。同时,还有以下几个方面的考虑:1)区内旅游开发程度较高,配套设施完善,安全性好;2)区内丹霞地貌、流水地貌、生态植被等景观资源丰富,有利于开展教学实践活动;3)符合适中性原则,考察地点的吸引力大但是任务量和活动经费等比较适中,学生参与积极性高。

2.野外考察活动的准备工作

(1)认真学习有关地质地貌的知识,观看各类野外考察相关教学视频,搜集相关资料,讨论关于外出注意事项和实践要求,了解赤水地质地貌、生态植被、水文等相关信息,做好知识储备。

---

① 彭道生,李景军,苗静等.核心素养背景下的地理野外实践教学——以肇庆市"鼎湖山-砚洲岛-七星岩"地貌考察为例[J].地理教学.2019,(6):55-58.

（2）召开野外考察主题班会，通知具体野外考察流程，对全班同学进行分组，实行组长负责制度。

（3）教师成员明确任务分工，学生自备衣物、资料、记录工具等相关物品。

（4）准备野外使用工具，包括罗盘、地质锤、皮尺、卷尺、GPS仪等基本工具，并制作记录卡。

3.野外考察的实施过程

野外考察的具体实施过程可参考表1-23。

表1-23 野外考察的实施过程

类别	景观类型	（成因）辨别依据	实践力培养
地质地貌考察	丹霞地貌	丹霞地貌是我国南方红色岩系发育的一种特殊地貌。是地壳经过漫长的上升运动，岩层节理变化，雨水河流的冲刷逐步形成的。贵州省赤水市境内以侏罗纪、白垩纪出露地层中，有一千多平方公里的丹霞地貌著称于世。出露的地层主要有侏罗系、白垩纪以及新生代第四系的6个组群，均为沉积岩。赤水丹霞属近水平丹霞地貌，提名地除了东南部的侏罗系地层倾角较大外，大部分地区地层产状平缓，一般在10°以下。山顶形态与层面接近，呈微上凸形，四壁陡立，方山状丹霞地貌多有分布。赤水丹霞主要为高原峡谷型和山原峡谷型丹霞地貌景观。发育了丹霞崖壁、方山、石柱、沟谷、凹槽、穿洞等典型的丹霞个体形态	培养学生的观察能力、信息收集处理能力、地理事物的辨别能力和地理分析能力
	流水地貌	以流水侵蚀地貌为主，流水侵蚀阶地发育，瀑布群发育良好	
孑遗植被	侏罗纪公园	良好的水热环境也使该区成为许多孑遗植物的避难所，不仅分布有大量的侏罗纪残遗种——桫椤，还有第三纪的穗花杉、三尖杉等古老孑遗植种。大范围无人区的存在，使该区自然景观和生态系统较少受人为干扰，保持了自然原始状态。长期稳定的水热条件以及较少的人为干扰，使当地保存有现今亚洲最大面积及种群数量的桫椤。赤水丹霞展示了重要的和正在进行的生物和生态演化过程，植被自然演替达到顶级阶段，形成原始的中亚热带常绿阔叶林生态系统	培养学生的信息加工处理能力，植物识别能力，地理事物成因分析能力，小组合作能力和记录、思考能力

续表

类别	景观类型	（成因）辨别依据	实践力培养
生态良好	侏罗纪公园	保存了桫椤国家级自然保护区、竹海国家森林公园、燕子岩国家森林公园、亚热带常绿阔叶林自然保护区等完整的生态系统,森林覆盖率高,物种丰富。在亚热带独特高原-峡谷型丹霞地貌的生境条件下发育的以壳斗科(Fagaceae)、樟科(Lauraceae)、山茶科(Theaceae)、木兰科(Magnoliaceae)等为树种的常绿阔叶林,是我国东部亚热带森林植被保存较完好、植物种类较为复杂的地区之一,是中亚热带丹霞生态系统发育演化的典型代表。该地原生性的植被及独特的地貌系统,赋予其多样的生境类型,包括河流、沟谷、湖泊、山地、沼泽、洞穴、悬崖等。	培养学生资料搜集整理能力、熟练掌握生态基础知识能力、成因分析能力
历史文化景观	丙安古镇	自古以来为川盐入黔著名的驿站和商品集散地,被专家学者誉为"明清建筑与历史的活化石",具有"千年军商古城堡"之美誉。丙安码头为水陆码头,所有货物均由此卸货上岸,是赤水河盐运的重要码头。丙安古镇存古建筑大体成型于明末清代,反映出那个时代的物产经贸、交通运输、社会生活的特定历史风貌。又是红色文化小镇,发生了黄陂洞战斗、复兴场战斗,凤溪口搭浮桥渡赤水河,红一军团军团部进驻古镇丙安等革命事件。	培养学生资料收集能力,区位分析能力

4.野外考察活动总结

(1)充分发挥学生的主观能动性,基于每一个学生在不同地理景观考察过程中了解记录的现象、成因及原理等进行归纳,让学生从不同角度提出问题,并尝试解决问题。

(2)将收集的考察信息进行汇总,分别从区位因素、影响因素、景观特征等方面对同一地理事物进行全面分析。

(3)进行小组辩论,培养学生拓宽视野、动手实践和口头表达能力。

(4)将考察结果撰写成考察报告,并将相关成果进行推广。

第六节　综合提高地理学科核心素养

地理学科的四大核心素养在课堂教学中逐步得到重视，从多个角度开展了相关探索和尝试，也获得了丰硕的成果。有些教学内容侧重核心素养的某一方面，有针对性地设计教学方案可以收到良好的教学效果；但是也有很多教学内容需要从综合的角度出发开展教学方案设计，才能达到较好的教学效果。在教学活动中各种地理素养的培养是综合在一起的，高效的教学活动要以培养多种学科素养为目的。

结合具体的案例分析，可以清晰地展示综合提高地理学科核心素养的基本途径和方式。

(一)案例一

以"城市的区位因素"为例设计教学活动，综合提高地理学科核心素养

1.分析区位条件

通过让学生分析中国古代都城的区位条件，简单绘制其分布图，逐步养成从区域视角认识地理事物和地理现象，学会分析区域特征和比较区域差异，有利于培养学生区域认知的素养。

2.分析演变过程

根据城市的兴衰变迁让学生感悟自然环境和社会发展对城市形成的区位作用，主要是培养人地协调观的核心素养。

3.绘制示意图

通过绘制简单的示意图锻炼学生的实践技能和方法，培养学生发现问题、探索世界的科学精神。

4.综合分析

通过学生对城市区位活动的分析，培养学生整合学科知识、综合分析能力，培养学生的综合思维能力。

(二)案例二

以"自然地理环境的整体性"为例设计课堂教学,综合提高地理学科核心素养。

自然地理环境的整体性是高中阶段自然地理部分学习内容的总结和升华,也是人文地理及其他部分学习内容的基础。

借鉴傅美思和钟全林[①]的"自然地理环境的整体性"教学案例设计,说明在教学过程中怎样提升地理学科核心素养的综合素质。

1.教学要求

自然地理环境的整体性内容选自人教版高中地理必修一第五章第一节。这部分内容既是"自然地理环境的整体性和差异性"的开端,也是关于大气、水、地形地貌等知识的总结和升华。以某县的水土流失作为实例,运用情境讨论、读图分析、乡土地理教学等方法,将理解和掌握自然地理环境各要素、各要素间的相互作用以及自然地理环境的演化过程等知识点。结合前面已学的大气、水、地形地貌等内容,培养学生的综合思维能力和地理实践能力。通过学习某一区域的自然地理环境获得自然地理环境的整体性规律,学会分析其他区域的自然环境的整体性,培养学生的学习迁移能力,提高学生的空间思维能力和区域认知素养。从自然地理环境的整体性的角度分析自然地理环境与人类活动之间的关系,进而引导学生建立尊重自然、顺应自然、保护自然的观念。

2.教学过程

(1)课前准备

将学生分成三大组:第一组搜集某县的自然风光的图片、视频;第二组搜集并拍摄某县水土流失的图片、视频、新闻等;第三组搜集近年来国内乃至全球发生的环境危害事件(不少于5个)。

(2)新课导入

【师】播放由学生收集的某县自然风光的图片、视频。引导学生思考:

1)视频中展示了哪些自然地理景观?

2)这些自然地理景观包含了哪些要素?这些要素之间是否有联系?如果有,请举例说明它们是如何联系的?这些要素之间又涉及了哪些地理循环?

【生】在教师的指导下思考并结合视频和课本相关内容,总结概括出自然地理环境各要素的组成,并初步了解各要素之间存在物质和能量的交换,进而动手画出五大要素的

---

① 傅美思,钟全林."自然地理环境的整体性"教学案例设计[J].地理教学.2019,(14):24-26,7.

关系图(图5)。

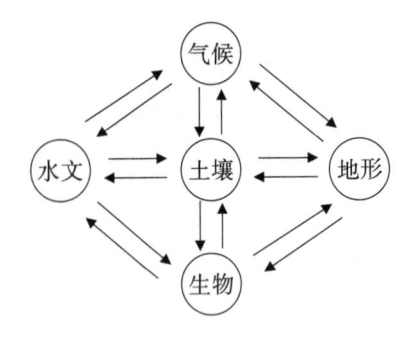

图5 自然地理环境五大要素关系图

设计意图:导入某县的自然风光图片、视频,让课堂贴近生活,能够激发学生的地理学习兴趣和培养学生的地理实践力;通过运用课堂追问的方法理解地理环境五大要素关系进而培养学生的综合思维能力。

【总结】自然地理环境是由气候、水文、土壤、地形、生物等各要素组成的,各要素间相互联系、相互影响,如气候湿润、降水较多的地区,地表植被茂盛,土壤肥沃;反之,植被稀疏,土壤贫瘠。自然地理要素通过水循环、生物循环和岩石圈循环等过程,构成了一个有机整体,并不断地进行物质迁移和能量交换,推动着地理环境的发展变化。

(3)案例探究

1)某县水土流失的现象

【师】展示学生课前准备的关于某县水土流失的图片和视频。引导学生小组讨论并思考:
从这些照片和视频中获得了哪些信息?
某县水土流失对当地的自然环境有何影响?并绘图说明。

【生】对这些照片和视频发表自己的想法和观点;
水土流失对地理环境各要素的影响和联系(图6)。

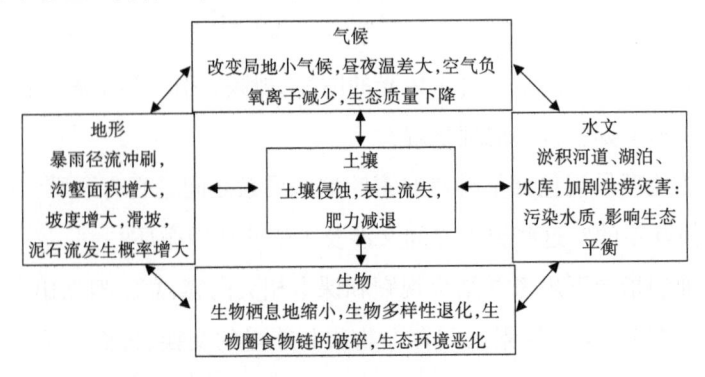

图6 水土流失对地理环境各要素的影响和联系

【总结】地理环境的各要素都是息息相关的,一个要素发生变化必然导致其他要素随之发生变化,有什么样的气候就有什么样的水热条件,进而在相应的地形上形成相应的植被和土壤。自然地理环境具有统一的演化过程,但是地理环境某个要素的变化也会导致其他要素发生变化。

设计意图:让学生自己动手拍摄照片和录制视频,能够激发学生的学习积极性和求知欲,提升地理实践力;乡土地理教学有利于培养学生的家国情怀,增强对家乡环境的认识和保护。

2)某县水土流失成因

【师】展示某县"降雨侵蚀力因子空间分布图""各土壤类型和可侵蚀性因子 K 值分布图""2012年不同坡度水土流失现状统计表"(表1-24)和相关资料,引导学生思考并分组讨论,导致某县水土流失严重的原因有哪些?

表1-24 2012年不同坡度水土流失情况统计表

坡度	<5°	5°~<8°	8°~<15°	15°~<25°	25°~<35°
土地面积/km²	287.16	172.18	586.85	1 265.68	656.61
流失面积/km²	24.88	30.07	105.00	110.35	27.25
占流失总面积比例/%	8.27	10.00	34.90	36.68	9.06
占土地面积比例/%	8.66	17.46	17.89	8.72	4.15

【生】观察图表并组内讨论,从自然和人为等角度思考某县水土流失的原因。

3)解决水土流失问题的措施

【生】在教师的指导下,分析讨论解决某县水土流失的有效措施,进一步理解自然地理环境的整体性。

设计意图:通过分析图表、构建问题情境,能够引导学生主动地去探究问题和自主构建知识体系;从多种角度去分析问题,培养学生的发散思维和知识迁移能力,学习内容具有一定的难度,培养学生动脑思考的探究能力;通过角色扮演的形式活跃课堂气氛,增强学生的换位思考的能力,引起学生强烈的学习兴趣。分析水土流失的措施,引导学生树立尊重自然、顺应自然、保护自然的观念。

【总结】某一自然地理要素受到外界的干扰而变化,也会导致其他要素及整个地理环境状态的改变。某县地表植被遭到自然和人为因素的大规模毁灭性的破坏,加之本地土壤易受侵蚀的性质,导致水土流失严重。这种现象的发生,必将影响局部的气候变化,并威胁整个生态系统的平衡。相反,植树造林可以调节局部小气候,改善水文状况,保持水土,促使生态环境向良性发展。

(4)课堂总结

【师】通过思维导图的形式梳理本节课所讲的内容,引导学生一起归纳总结。

【生】回忆整堂课的知识,建构知识体系。

设计意图:对本堂课所学知识进行总结梳理,巩固所学内容,加深记忆理解,建构知识体系,促进本堂课教学目标的达成。

(5)课后延伸

以小组合作的形式,选取以下某个案例,运用"自然地理环境的整体性"原理,分析问题形成的原因、对周围环境的影响和解决问题的措施,下节课进行小组成果汇报。

【案例】(1)亚马孙雨林破坏;(2)洞庭湖湿地面积历年变化;(3)洛杉矶光化学烟雾污染事件。

设计意图:通过案例的选取、分析和汇报,进一步加强学生的案例分析能力。将课堂知识延伸到课外,从一个区域延伸到其他区域,能够培养学生的发散思维和知识迁移能力,促进学生对知识的同化和整合,促进地理核心素养的提升和养成。小组合作的形式进行案例分析,能够培养学生的合作意识和探究意识,培养学生的家国情怀和全球视野,树立环境保护和可持续发展的观念。

(6)教学反思

本节课以情境讨论、乡土地理教学、读图分析等教学方法为主,将高中地理核心素养理念融入课堂教学,通过拍摄照片、视频,分组讨论探究,动手画出四大圈层的关系图,对水土流失问题采用案例分析、读图分析等方式使学生从多方面、多角度思考问题,进而培养学生的地理核心素养。

(三)案例三

基于地理核心素养与时事新闻的教学案例设计。

时事新闻资源具有真实可信、容易获取、极具时代感,同时又贴近地理教学,将其围绕某一主题、编写成教学案例,引入地理课堂,实施案例教学,丰富了地理课堂教学内容,提高了课堂教学效率,有利于培养中学生地理核心素养。借鉴周静和杜楠[1]的教学设计

---

[1] 周静,杜楠.基于地理核心素养与时事新闻的教学案例设计——以"从'中美贸易争端'看'工业区位选择'"为例[J].地理教学.2019,(5):37-41.

案例,分析时事新闻材料在教学设计的运用,有助于完成高中地理教学的根本任务——培养中学生的四大核心素养。

基于时事新闻资料,开展案例探究性教学,是培养学生核心素养的重要手段。利用时事新闻资料编制的案例进行教学是为了实现核心素养培养目标、完成教学任务,教学重点内容是利用案例分析解决实际问题。

以鲁教版必修二第三单元"产业活动与地理环境"第二节"工业生产与地理环境"第一课时"工业的区位选择"为例,结合中美贸易争端时事新闻,激发学生的探究兴趣,培育学生的"家国情怀"与"世界眼光"。

(1)呈现中美贸易争端相关新闻资料,让学生讨论"中美贸易争端"产生的原因是什么?

师生通过讨论,得出初步结论:工业的一般生产过程;建设工厂考虑的因素(工业区位因素);从经济角度看,特朗普发动对华贸易战,直接原因是中美之间巨大额贸易逆差,其目的之一就是扭转贸易逆差并积极促使美国工业尤其是制造业回流。

(2)通过讨论分析,引出进一步思考的问题:美国工业为什么会"出走"?

围绕案例资料,根据韦伯工业理论的工业区位选择依据,学生自主探究工业区位选择的主导因素。

通过探究发现,工业区位选择的主导因素是基于寻找最低成本,根据工业布局的主导因素不同,可将工业分成原料指向型、市场指向型、劳动力指向型、技术指向型、动力指向型五种主要工业类型;美国工业的"出走"是工业区位选择的结果,是为追求经济效益最大化,在全球范围内寻找最佳区位的结果。

(3)通过案例资料,进一步分析"美国工业中心发生了什么变化"?

基于案例资料,探究美国东北部过去工业繁荣的原因是什么?太平洋沿岸新兴工业兴起有哪些条件?这些变化说明了影响工业的区位因素发生了怎样的变化?思考是什么"偷走"了美国工人的工作岗位?

通过师生共同分析,得出主要探究结论:原料、燃料、劳动力数量等因素对工业的影响在逐渐减弱;而技术、市场、交通、劳动力素质、环境标准等的影响越来越显著。中美贸易差额的产生是工业全球产业链分工的结果;美国工业自动化水平的提高、工业结构升级、产业在全球范围寻找最佳区位等都是"偷走"美国工人工作岗位的"祸首",美国将矛头指向中国,显然是不理智的。

(4)总结升华案例,培育学生的创新意识和社会责任感

"中美贸易争端"仍在继续,你认为本次争端对我国工业发展有哪些启示?

师生共同讨论,达成共识:"项庄舞剑,意在沛公"。特朗普政府以减少中美贸易差额为理由,企图遏制中国高端制造和产业升级;与其说是一场贸易战,不如说是一场科技战。作为当今社会的中学生,应该扎实学好科学文化知识,提高创新能力,为提升我国的高科技产业的整体竞争力贡献力量。

(5)拓展延伸案例,培育学生的社会实践力

通过本节课的学习,给学生安排课后调查任务:利用网络、图表、实地走访等方式,调查所在家乡的工业分布情况,对其布局状况进行评价,分析其工业区位的优势及主导因素,为提高工业发展提出建设性建议。

利用时事新闻资源设计案例进行课堂教学,可促进学生用地理视角观察生活,通过发现问题、分析问题和解决问题,培育地理核心素养;同时通过对时事新闻资料的深入探究,进一步培养学生家国情怀与世界眼光,促使学生通过综合思维,初步形成正确的人地协调观与可持续发展观。

本章小结

本部分主要内容是学科专业知识技能训练中的"地理学科素养训练",从地理学科核心素养的基本内容和形成过程出发,引出地理学科的基本核心素养,结合具体案例分别从"人地协调观及其技能训练""综合思维及其技能训练""区域认知及其技能训练"和"地理综合实践力及其技能训练"进行了详细论述,就综合提高地理学科核心素养进行了大量的案例说明,针对如何落实核心素养提出了建议和对策。

第二章　地理学科知识整合技能训练

第一节　知识整合

知识整合主要是指在教学过程中对相关知识进行重新整理编排配置,包括保留精华、摒弃无用知识,或是对知识进行归类排序使其有条理有秩序,呈现新的架构知识[1],以便学生更好接受知识的一种方式。跨学科有机整合和学科实践活动是深化课程改革、落实立德树人根本任务的关键领域和主要改革环节[2]。

知识整合是核心素养教学工作的基础保障,是核心素养具有的综合性特征对教师素质的内在要求。该指标对应培养目标中学科素养的定位,着重从培养核心素养的角度,提出具体的培养规格要求。专业应基于核心素养,以"形成整合性知识与能力结构"为培养目标。一是以掌握学科核心素养为重点,形成学科内有序整合和跨学科相关整合的知识结构。二是以学习科学知识为基础,整合学科知识和教学知识,初步形成学科教学知识。三是以初步习得培养核心素养教学经验为评价重点,在课堂教学实践中,指导师范生整合学科素养知识和学习指导方法策略,形成积极的体验和积累一定的经验。知识整合是一个动态的过程,知识整合的培养要注重引导师范生进行深度学习、研究性学习和教学实践反思。

我国现阶段的中学教育实行的是分科教学方式,这种方式有利于知识的详细划分,但是也可能割裂某些知识之间的内在联系。加强知识整合,可以有效促进不同学科之间的知识融合,同时也起到优化地理课程教学的知识结构与环境的作用。学科之间的知识整合,可以让学生从不同学科角度出发,促进不同学科之间知识迁移转化能力和创新能力的提高,更重要的是丰富师范生的知识体系,促进地理教师的专业成长,从而有利于地

---

[1] 魏江,徐蕾.知识网络双重嵌入、知识整合与集群企业创新能力[J].管理科学学报.2014,(02):35-36.
[2] 吴玥纹.初中地理知识整合视域下的"主题学习"[J].辽宁教育.2019,(5):35.

理教育从应试型向素质培养型转变(刘素平《高中地理课程知识整合的模式与规律研究》,陕西师范大学出版社,2013)。

当前师范生学业要求与所掌握的知识技能之间还存在一定差距,有的还存在极大的差距。师范高校最终的教育目标是促进学生掌握知识和发展能力,达到这个目标的做法就是要进行知识整合,从而达到提升能力的目标。

第二节 地理学科知识整合

一、地理学科内部知识整合

对地理学科知识点进行整合、建构知识体系、提高学生实践能力,注重培养学生运用所学地理基础知识和基本技能分析问题、解决问题的能力,是地理核心素养、新课程标准的基本要求。

(一)知识整合的意义

1. 知识整合有助于实现学校教育的有效化

知识整合可以充分调动每个学生的已有知识和技能应对复杂的环境条件,教师在教学设计中安排局部学习,让学生先获得所需资源,然后设计情境让学生结合已有知识和技能,建构自己的知识框架。

2. 知识整合有助于建立知识体系

地理学是一门比较宏观的学科,知识量大,联系性强,对地理问题的分析需要宏观缜密的思维。只有构建完整的知识体系,才能有缜密的分析思路[1]。在教育部考试中心《2015年普通高等学校招生全国统一考试大纲(文科·课程标准实验版)》指出,地理学科命题注重考查学生的地理学习能力和学科素养,即考生对所学相关课程基础知识、基本技能的掌握程度和综合运用所学知识分析、解决问题的能力。考核目标和要求:获取和

---

[1] 林卓南.地理教学中的知识体系整合[J].青年时代.2016,(27):187.

解读地理信息、调动和运用地理知识、描述和阐述地理事物、论证和探讨地理问题等四个方面。因此，有必要在教学中将地理知识整合成体系，通过学法指导、分析综合能力的培养，促进学生的全面发展。

（二）知识整合的方式

地理知识复习时需要全盘进行基础知识的梳理和有机的整合，达到地理知识的再认识、再深化、再综合、再创造，既是进一步落实地理知识的重要手段，又是培养地理学科综合能力的前提条件和重要途径。传统的复习课以复习已有知识为目的，注重归纳罗列知识体系和重复练习，这有利于学生系统掌握所学知识，其不足是使学生缺乏创新训练能力和应变素质。现代的高考注重考查学生的能力，所以就要求我们在复习的时候不应满足于巩固掌握已有知识，同时也应该注重揭示课本知识中蕴涵的内在联系和思想方法，从多角度分析，使学生对旧知识产生新的理解，把知识中的思想方法化成创新活动的思想源泉。

1.按照逻辑关系，构建知识体系

由于地理知识点较多，利用学习模型将地理知识点抽象为一种简化的、具有普遍意义的图表模式，有利于学生对学科知识点的深入理解，在知识上达到融会贯通，最终达到灵活运用[①]。地理学习过程中，关于地球运动、太阳直射点移动、昼夜长短变化及正午太阳高度角变化、太阳辐射分布、气温气压变化、大气运动、天气和气候等知识点既是教学重点也是教学难点。其实这些知识点之间存在着前后因果的逻辑关系，因此，以相关原理和规律作为主线，构建知识体系，便于学习和记忆。从地球运动开始，其自转运动产生赤道平面、公转运动产生黄道面，赤道和黄道面之间的夹角为黄赤夹角；由于黄赤夹角的存在，使得太阳直射点在南北回归线之间产生回归运动；回归运动导致南北半球的昼夜长短、正午太阳高度角发生变化；由于昼夜长短和正午太阳高度角的变化导致太阳辐射分布不均；太阳辐射及地形因素影响地表气温分布；气温在地球上分布不均匀导致气压发生变化；水平方向上气压的高低差异导致风的形成；风促进天气发生变化；最终不同区域形成不同的气候。

在教学中也可以从某一信息源出发，构建知识体系。如从地球位于公转轨道的近（远）日点出发，联系地球公转速度，太阳直射点的移动规律，地球上气压带、风带的分布

[①] 王中波.地理知识整合模式探究[J].地理教学.2010,(6):19.

及其移动方向,影响我国大气的气团、大气特点等,不同气候区河流径流的变化特点,北印度洋海区洋流的流动规律等一系列问题,构建体系框架组织学习。

2. 初高中知识有机联系,进行知识整合

初中区域地理侧重于"地",强调的是地理事物的空间分布和特点,而高中地理侧重于"理"的分析,强调的是地理事物的成因、规律等。从近几年高考试题来看,设计构思新颖、展现新情景的开放试题,一般以初中区域地理为背景,综合考查初、高中地理知识,这就要求学生不断转换思考问题角度并用新的方法解决问题。所以在复习初中区域地理时,要时刻站在高中地理的高度,用知识结构、地理观念去重新诠释初中地理知识。例如,复习日本区域地理时,结合高中地理工业布局的影响因素、工业布局类型、世界农业发展不平衡、发达国家农业现代化的侧重点等问题来综合复习。

3. 挖掘和深化教材插图中的知识点,进行知识整合

高考试题中的图形很少直接来自教材,大多需要学生运用所学知识经过分析才能解答。需要灵活掌握运用地理学工具,对各种类型的地图、地理图表进行判读、绘制、分析;善于观察、发现和分析地理现象,善于利用地理信息、空间概念和物体空间运动的理性思维,对各种信息进行多角度、多层次分析归纳,评价并获取地理结论等。因此,对教材插图知识点内容的挖掘和深化,是高考复习的关键,是培养学生运用已掌握知识在实际问题分析中灵活运用的有效途径,同时也是进行有效知识整合的一个重要方法。

1)假如图中的植物破坏、湖泊被填,对该区域的水循环、水平衡,以及地理环境各方面会产生什么影响?2)假如补给区原是一片树林和草地,现被开发建成一个化工厂,对该区域的地下水会产生什么影响?

4. 与时俱进,结合社会重点、热点问题的分析评价,进行知识整合

当今社会关注的人口、资源和环境等社会焦点和热点问题是地理学科考查的重要内容[1]。地理学科的各项测试是综合考查学生理解、掌握和运用所学知识的能力。每年的高考不回避社会重点和热点问题,在复习时,必须对这类问题给予充分重视。对社会关注的资源、能源、人口、环境污染、西部开发、大江大河治理等问题进行专题复习,引导学生关注人类的生存环境及与此有关的社会问题,能唤起学生意识到作为地球公民的权利义务和责任。

---

[1] 施小森,牟哲福.地理知识的整合与地理综合能力的培养[J].地理教学.2000,(6):14.

学科知识的整合需要教师有终身学习的信念,时时关注自身知识的积累和更新,了解地理学科的发展,并熟悉相关学科的知识,经常与其他学科教师进行交流,不断加深和丰富自己的相关学科知识,达到"一专多能"。既精通本学科知识,又熟悉其他学科内容,在教学中就可以做到游刃有余,学生也可以多方面受益。

二、地理教学中跨学科知识整合

地理学科是兼有自然学科和社会学科特点的边缘学科,具有明显的综合性,符合当代科学发展的新趋势。作为一门兼具自然和人文属性的综合性学科,与数学、语文、物理、化学、历史、政治、外语等学科在课程内容、知识体系、思想理念、教学教法上都有许多相通之处,开展跨学科融合教学有助于提升教学效率。德国教育学家赫尔巴特较早提出在教学过程中进行不同学科知识渗透的思想,也就是进行综合化教育教学的思想[1]。21世纪以来,学科之间加强了互动和整合,重视综合课程的开发和实施,学科渗透的教育思想得到深化[2]。目前学科发展既有纵向深入又有横向渗透和结合,学科跨界加强了学科间的内在联系,有效地促进了跨学科知识的整合。基于地理核心素养培养的中学地理课堂不应该是单学科的"单打独斗"和"自行其是",地理教学应在基于核心素养培养的整体课程体系下运行,并与其他学科互为补充、相辅相成,形成培养学生发展核心素养的合力[3]。

(一)跨学科知识整合在地理教学中的作用

所谓地理教学中跨学科知识的整合,就是围绕某一教学目标,选取有价值的教学资源有效地融合到地理教学过程中,通过渗透、互补,形成知识体系的过程和结果。跨学科教学有助于拓展学生的知识面,提高课堂教学的效率。为了使学生学到比较全面的知识,我们在地理教学中应该注重打破学科固有的边界,主动开展合适的、有针对性的跨学科知识整合教学,使学生容易理解和接受,从而获得新知识,达到预期的教学效果。因此,在地理教学中巧妙地利用跨学科知识的整合,可以克服学科教学中知识支离破碎等问题,使学生学到比较完整的知识。

---

[1] 卢光亮.谈跨学科知识在地理教学中的应用[J].福建教育学院学报.2008,(06):30.
[2] 严奇岩.论历史地理学在中学地理课中的渗透[J].教学研究.2009,32(01):74.
[3] 邵俊峰.高中地理课堂落实核心素养培养的思考与实践[J].中学地理教学参考.2018,(5):31-33.

如讲授"地球形状是两极稍扁赤道略鼓的不规则球体"中关于"地球是球体的证据",可以结合各种现象进行说明,如1)海边看船;2)草原看马;3)麦哲伦环球航行;4)月食时月球表面的圆弧阴影;5)现代探测技术及照片;6)欲穷千里目,更上一层楼;7)登高望远等。这就是融合了多学科知识的很好案例。

(二)准确把握跨学科知识的整合

当前新课改正在深刻地、全面地影响着中学地理教学,单纯地传递知识已经不能为广大学生所接受。新教材强调案例教学,直接对知识进行陈述的篇幅较少,教材有些内容对我们的学生不一定适合,学生已不能像以往那样把教材作为预习、学习和复习的主要依托。地理学科的特点是教学内容丰富,涉及知识范围广,如何找到最适合学生的素材,使课堂生动有趣,从而获得最佳的教学效果,应该整合有效的教学资源,这是新形势下推进地理教学的一个有效手段。

地理课和物理、化学、语文、数学、历史等学科是密不可分的,它与我们的日常生活也充满了千丝万缕的联系。作为地理教师,应对课堂上所用的跨学科知识准确把握、准确分析,真正把不同学科的内容恰到好处地、有机地整合到自己的教学中。这就要求与其他学科联系时要找准关联点,不能牵强附会,也不能钻得太深而影响地理课的教学。着眼点应放在启发学生的思维、激发他们的学习兴趣上。这样既有利于保证辅助学科的科学性,又有利于学生严谨治学品质的形成和发散思维的培养。

(三)跨学科知识整合在地理教学中的灵活运用

地理教学也是一门艺术,我们都希望每一堂课都是精彩的、高质量的,而要做到这一点,关键在备好课。每一个教师都要根据教学对象的实际,精心选择最佳的教学策略,就像蜜蜂酿蜜必须要采集足量的花粉一样。备好一堂课教师要搜集大量的资料,然后经过消化、吸收和辛勤酿造,才能最终精心设计安排一堂课的教学活动。

教学实践证明,跨学科知识整合在教学中的灵活运用可以达到事半功倍的效果。如高三地理"长江三峡"部分,可以引用李白的"两岸猿声啼不住,轻舟已过万重山"、毛主席的"神女应无恙,当惊世界殊";讲"沙漠景观"时,可以引用"大漠孤烟直,长河落日圆""大漠沙如雪,燕山月如钩";讲"我国的名山"时,可以引用"不识庐山真面目,只缘身在此山中""会当凌绝顶,一览众山小";讲"对流层气温的变化特点"时,可以引用"人间四月芳菲尽,山寺桃花始盛开""一山有四季,十里不同天",但是有些地区,在某种条件下会出现大气温度上暖下冷的反常现象,即逆温,可以引用"五月山雨热,三峰火云蒸,侧闻樵人言,深谷犹积冰",让学生知道逆温确实会出现;讲"水能资源的利用"时,可以提到势能与动能的差别,让学生明白许多地理现象是有科学根据的,而且同物理是紧密联系的,科学的原理是相通的;讲"巴勒斯坦和以色列"时,可以介绍犹太人和阿拉伯人多年的恩怨,倡导建立以"和平文化"为核心的新教育理念,宣传多元文化意识,反对暴力、流血冲突;讲"中国行政区划"时,可以提到天津、齐鲁、巴蜀等地名的由来,传达出中国历史悠久的神韵;讲"喀斯特地貌"的形成时,考虑到学生已具备了基本的化学知识,教师只要写出反应方程式:

$CaCO_3 + H_2O + CO_2 = Ca(HCO_3)_2$

问题就清楚啦。

因此,通过对跨学科知识灵活整合,既丰富了地理知识的外延,又拓展了学生学习地理的时空。

总之,任何一门学科的知识都不能孤立存在,往往与其他学科存在着密切的联系,且相互渗透。对于绝大多数地理教师而言,在教学中如何有效地整合跨学科知识还是崭新的领域,对跨学科知识的整合是否恰当,首先在于教学观念的转变,切忌围绕考什么就教什么来组织教材,一定要跳出课本的圈子。实际上,丰富多彩的地理教学资源就在身边;其次是要有自发地收集信息资源的意识和具备较强的处理信息资源的能力,要广泛涉猎,平时注意积累,时时事事做有心人。再次,要学会创新的本领,对于纷繁复杂的资源要剪辑嫁接,合理地进行取舍,再为我所用,与教学有机地结合,而不是牵强附会、无休止地拓展。只有灵活地进行跨学科知识的整合,在系统方法、教育学、心理学和教育技术等教育理论的指导下,协调教学系统中教师、学生、教育内容和教学媒体等教学元素,才能使整个教学资源和教学环节形成一个协调一致的教学系统,大大推进新形势下的地理教学。这无疑给地理教学带来新的挑战,新时期的地理教师不仅是专业型教师,同时还是广博的学者。

第三节　地理知识整合案例分析

一、学科内知识整合案例

对中国地理知识进行整合,需学会把区域置入到整体之中,从各要素的整体特征中分离出该区域的相关内容。要立足于区域,将各个要素的内容从我国整体(气温分布、气压分布、工农业分布、交通网络等)之中分离出来,整合其区域特征;将系统地理的原理应用于区域之中阐释其特征;在区域内用具体事实论证各要素的相互作用;评价人地关系,提出建议和措施。通过整合学习,加强学生学习知识的联系性和整体性,提高学生对区域综合分析的意识和能力。

案例:借鉴"云贵高原"案例说明学科内知识整合

抓住"云贵高原"这一信息源,要求学生对云贵高原的位置、范围、形成原因、地表特征及其成因、存在的生态问题及其对本区域和周围地区的影响、水土流失严重的原因、治理措施等问题进行综合分析,对知识进行整合。

云贵高原位于我国西南部,在横断山脉以东,雪峰山以西,四川盆地以南,包括云南东部、贵州大部。

1.位置:100°E—110°E,23°N—28°N(105°E、25°N穿过高原中部)。

2.范围:横断山脉以东,雪峰山以西,包括云南省东部和贵州省大部。

3.地形:高原,海拔1000—2000米。

4.地势:地面崎岖不平,西北高东南低(西江流向),山间有许多"坝子"。

5.地貌:石灰岩广布,典型的喀斯特地形,多峰林、溶洞、暗河等典型的喀斯特地貌。高原面不完整;山岭间散布着许多小盆地("坝子"),是当地主要的农耕区。

6.河流及水文特征:怒江、澜沧江、金沙江等河流沿途将山地切割成许多峡谷,水能丰富。水文特征包括:外流河,落差大,水量大,水能丰富,无结冰期,汛期长,含沙量小等。

7.气候:亚热带季风气候,冬季温暖,夏季凉爽;受到来自太平洋(东南季风)和印度洋(西南季风)的水汽影响,降水较多,集中在夏季。积温4500℃—7500℃,属于湿润地区;冬季由于昆明准静止锋的存在,昆明四季如春,贵阳多雨。生长期218—365天,日照时数1500—2500小时。云南西双版纳为热带季风气候。

8.植被：亚热带常绿阔叶林为主。

9.资源：

矿产丰富：贵州六盘水的煤，云南个旧的锡、磷，广西平果的铝土，贵州铜仁的汞，四川攀枝花的钒、钛磁铁矿等。

旅游多彩：丽江古城、西双版纳、石林、桂林山水、三江并流、滇池、洱海、黄果树瀑布、贵州茂兰石上森林等。

10.存在的生态问题及其影响：主要生态问题为石漠化。石漠化表现为土壤严重侵蚀、基岩裸露、植被退化、土地生产力下降甚至丧失，严重影响岩溶地区农、林、牧业的发展。

11.水土流失严重的原因：地形崎岖；石灰岩厚度大、分布广，流水对地表侵蚀力强；夏季多暴雨；陡坡开荒、采矿、工程建设等造成植被破坏。

12.水土流失治理措施：禁止陡坡开荒；退耕还林还草；缓坡地可修梯田发展种植业；采矿和工程建设尽量减少破坏。

13.国土整治：主要在于交通运输的建设。

交通建设的重要性：西南地区地域辽阔，人口众多，资源丰富，开发潜力大，地处内陆边疆，少数民族分布集中，发展交通意义重大。

有利条件：

丰富的矿产资源、丰富的能源资源：有色金属矿、四川天然气储量全国首位、水能70%、贵州——南方第一煤炭大省、广西北部湾油气；丰富的旅游资源：喀斯特地貌、少数民族风情；漫长国境线：发展边境贸易；丰富的农林资源：四川盆地"天府之国"，云南"动植物王国"，滇南谷地是我国热带作物基地，横断山区是我国第二大林区等。

大西南交通建设障碍：

自然：地壳活动频繁，多地震、滑坡、泥石流等地质灾害；地势高差大，地形复杂多样（横断山区山河相间，山高谷深；云贵高原喀斯特地貌，地形崎岖，多峰林、溶洞、暗河）；气候湿热；深居内陆。

社会经济：经济基础薄弱，沿线人口稀少，远离经济发达地区，毗邻国家经济落后。

二、学科间知识整合案例

地理教学的目标要求是拓宽地理学习和运用的领域，注重跨学科的学习和现代科技手段的运用,使学生在不同内容和方法的相互交叉、渗透和整合中开阔视野,提高学习效率,养成现代社会需要的基本素养。地理学科兼容了自然和人文学科知识,在教学过程中借助相关学科的知识内容和理论方法可以帮助学生顺利理解和掌握知识,也为相关学科知识的横向迁移和实践应用提供了机会。在地理教学中加强科际联系,有助于提高教学质量,提升学生的综合素质。常有人将地理学科的学习形容为"上知天文,下知地理",说明在学习过程要注意相关学科的知识内容和理论方法的联系,既帮助理解和掌握地理知识,也促进其他学科知识的横向迁移和实践应用[①]。低年级学生更需要教师在教学过程中加强对相关学科的拓展,有助于丰富课堂知识,扩展学生的学习视野。在教学过程中加强学科间的知识联系与渗透,切实提高课堂教学效率。

任何一门学科知识都不是孤立的,相互之间存在着密切联系,且相互渗透。在教学中做到有效地整合跨学科知识,首先在于在教学观念的彻底改变。教学中要跳出课本,充分利用丰富多彩的地理教学资源,同时也要学会创新。面对纷繁复杂的资源,需要进行恰当的剪辑、嫁接,合理地进行取舍,与教学有机地结合在一起。注重引导学生沟通学科间的联系,开拓思路,培养多端思维的习惯和能力,从而让学生形成各学科间融会贯通的知识体系,培养和提高综合运用知识的能力和创造能力,大大推进新形势下的地理教学。

(一)语文学科为地理课堂提供丰富的营养

我国是一个历史悠久的文明古国,有丰厚的文化底蕴,其中具有代表性就是古代优美的诗词文化。许多古诗词中描写的地理景观、地理规律、地理原理,蕴含了大量的地理知识。如果恰当地将古诗词引入到课堂教学中,不仅有利于课堂知识的理解,而且有利于构建开放式的课堂教学氛围,开阔学生视野,促进跨学科知识联系,激发学生学习地理的兴趣[②-③],保证教学目标的完成。

如关于描写山川、河流等风景名胜古迹的古诗词,展现了祖国大好河山的壮观景象,也为语文学习起到了地理环境的定位作用。李白的《望庐山瀑布》、杜甫的《望岳》、徐霞客的"五岳归来不看山,黄山归来不看岳"等,都与我国的名山大川相联系。"大漠孤烟直,长河落日圆"描写了我国干旱区自然风光的壮美,"敕勒川,阴山下,天似穹庐,笼盖四野。

---

① 付浩.跨学科知识整合在地理教学中的有效运用[J].读写算(教师版)(素质教育论坛).2016,(42):161.
② 刘立明.谈诗词在地理教学中的应用[J].地理教学.2006,(03):29-30.
③ 杨伟.多学科融合在高中地理教学中的应用——以地理学科与语文学科为例分析[J].课堂内外:教师版(中等教育).2019,(4):85.

天苍苍,野茫茫,风吹草低见牛羊"形象地描写了我国内蒙古草原景色。

又如描写天气和环境变化的诗词为地理时期的认证提供了丰富的素材。"人间四月芳菲尽,山寺桃花始盛开"体现了气候的垂直变化;"北风卷地白草折,胡天八月即飞雪"说明了中国西北冬季风影响的强烈;"羌笛何须怨杨柳,春风不度玉门关"体现了中国古代人们就已经清楚了季风区与非季风区的界线;"黄梅时节家家雨,青草池塘处处蛙"描写的是江淮地区的梅雨景象,可以加深对准静止锋控制下阴雨天气的认识。如语文课本中《向沙漠进军》《死海不死》《看云识天气》等都是与地理知识密切相关的,如果在学习相关地理知识前阅读相关内容,可以帮助学生加深理解,印象深刻。

在讲述地理知识的时候,充分结合、借助语文学科的文学小故事和诗词,可以达到事半功倍的作用。在讲小地形对气候的影响的时候,可以结合老舍先生的《济南的冬天》这篇课文,文中描述了济南冬天的状况。从地理知识中我们知道济南位于秦岭—淮河线以北,冬天应该是比较冷的,但是为什么不是十分寒冷呢?引入济南所在的地形位置,就能理解这种特殊的小地形使得济南的冬天比较温暖。在讲地球运动的时候可以结合《两小儿辩日》中"太阳在中午离人近还是早晨离人近"的问题。在讲冷暖锋过境后的天气时,可以借用"一场秋雨一场寒""一场春雨一场暖",理论联系实际,学生很容易就明白了。

(二)利用数学知识解决地理问题

中学地理与其他学科相比的突出特点是文理交融,既具有理科的严密性和逻辑性,又具有文科的形象性与灵活性[1]。地理学科的本质是综合的,地理学习中经常用到数理知识,尤其是自然地理和数理知识的横向联系紧密,在教学过程中,要积极引导,充分整合不同学科材料,利用"他山之石"促进学生对相关知识的理解,以培养学生综合分析的能力,并提高运用数理知识分析和解决问题的能力[2]。在地理教学中运用的图表一般是采用数学统计方法获得数据。在地理教学中讲到比例尺的计算、等高线的计算、气温递减率的应用、海拔高度和相对高度、城市化水平、人口自然增长率等方面知识的时候,引入数学的思维方法有助于培养人的逻辑思维能力,促进学生对地理知识的理解。

合理运用立体几何知识理解地球公转和自转运动非常方便。如计算某一地的线速度,实际上就是计算该纬度所在的圆一个小时自转的长度。理解不同纬度的纬线圈随着纬度有规律变化,随着纬度增加线速度减小。讲角速度的时候可以结合"坐地日行八万

---

[1] 王维,马在军.高中地理学科与数学学科的知识整合[J].中学政史地(教学指导版).2017,(04):29-30.
[2] 王毅军.地理与数理知识的适时整合[J].文理导航.2013,(7):70-71.

里,巡天遥看一千河",理解地球每个位置都是处于圆周上的一点。因此,每个点在一个太阳日转一圈都是经历24小时,除了两个极点外,各地的角速度都是一样的。

关于比较地图比例尺大小的问题,首先讲清楚"比例尺等于图上距离除以实地距离"。在比较大小的时候都化成分数形式,而且分子都化成"1"。根据数学比例知识可知,分子一样的情况下,分母越大,分数就越小,比例尺就越小。

关于时区、区时、日界线等内容,涉及计算,尤其是"东加西减"原理的应用也是令不少同学头疼。解题的关键是先确定参考经线,然后面向北极星,再判断东西。关于日期判断的时候要注意日界线与其他地理事物的相对位置。

关于北半球楼房间距、太阳能热水器的安放等问题是利用数学知识解决地理问题的经典之一。

数学学科中关于图形分析的方法也可以借鉴到地理教学中。在地理教学中,把地理图形转换成数学图形,使用数学的相关知识和思维模式促进地理学科的学习,如等高线地形图、等温线分布图、等降水量线图等图形可以运用等值线图的分析法。同时,柱状图、折线图、饼状图等都可以用数学的方法解释。

(三)音乐在地理教学中的渗透

大量音乐作品凝山清水秀、诗情画意于其中,我们可以借助名曲领略山河风光。苏联教育家苏霍姆林斯基曾指出,在影响青年人心灵的手段中,音乐占着重要地位。音乐是思维有力的源泉,音乐教育可以促进思维智力发展[1]。在地理教学过程中,穿插一些与授课内容相关的音乐作品,可起到事半功倍的效果[2]。中国民歌是人类历史上产生最早的语言艺术之一,是人们生活的重要组成部分,以其简明朴实、平易近人、生动灵活的风格展现了不同地区的民族特色,民歌大多能反映我国不同地区的自然地理特征和民族风情[3]。

在区域地理教学过程中,以某区域的特色音乐为切入点,结合研究区域的自然与人文地理环境,解释该区域的音乐特色,可以帮助学生更加深刻地理解区域地理的整体性[4]。如《草原上升起不落的太阳》中就是用"蓝蓝的天上白云飘,白云下面马儿跑,……"描绘了一幅美丽的画面,随着歌声眼前会浮现辽阔、壮丽、迷人的草原景观。用《山路十

---

[1] 李明.音乐在地理教学中的应用[J].中学地理教学参考.2014,(4):49-50.
[2] 彭文军.音乐在地理教学中的应用[J].读写算(教师版)(素质教育论坛).2007,(10X):44.
[3] 骆尧.中国民歌在地理教学中的巧妙应用[J].地理教育.2013,(S1):60-61.
[4] 齐彤.音乐地理学在高中地理教学中的应用——以高中区域地理为例[J].西部素质教育.2016,2(12):181-182.

八弯》来描述云贵高原地面崎岖不平,盘山公路蜿蜒曲折,险要壮观。《新疆是个好地方》中"……,天山南北好牧场,戈壁沙滩变良田,积雪融化灌农庄,……"体现了天山南北各有不同的特色,降水非常稀少,主要依靠冰雪融水灌溉农作物等自然特征和人文特点,让学生深刻理解山地牧场和灌溉农业是新疆农业生产的主要方式。通过具有激昂旋律的《长江之歌》,可以领略滚滚长江的气势;高亢的《青藏高原》加深对青藏地区的了解;一曲《天路》展现青藏铁路宏伟的工程场面和艰辛的劳动景象;《乌苏里船歌》则主要描述了我国东北地区的界河乌苏里江的美丽景色,展现了赫哲族人民勤劳朴素的民族风情。

(四)政史知识有助于立体理解地理学科知识

地理学中关于人口、聚落、文化、语言、宗教、社会、经济、旅游、人地关系等人文知识的内容非常丰富,因此,地理知识与政治、历史等学科知识有着密切的联系,在教学中要充分应用。历史学家泰勒认为在教学过程中整合地理和历史学科知识,可以使学生对历史事件有更完整的画面和更深层次的理解[1]。学习地理课程既要学习现在的地理事物,更要学习过去的地理事物,从而深刻认识地理事物的发展与地理事件的发生,真正理解地理学科的价值[2]。

关于历史与地理学科的整合主要体现在历史思维在地理教学中的渗透、历史知识在地理教学中的应用、地理教材中历史知识的研究、从综合课程角度研究地理和其他学科之间的整合[3]。许多发达国家的课程标准中体现了地理与历史学科之间不可分割的联系[4],如美国国家地理课程标准中认为,历史是地理学的第四维,完整的地理学是空间概念和时间概念的结合(有宝华《综合课程论》上海教育出版社,2002),而且在其地理教材中也突出地理事物的时间性、空间性等特色,通过知识内容和教学设计等方式,有助于从地理事物的发展变化过程中强化培养中学生的时间、空间思维[5],比较全面地体现了历史思维、时间序列、立足未来、证据意识等。

在讲述"香港、澳门"时,可以补充"一国两制""香港、澳门回归"等相关政史知识,引导学生深入学习、理解记忆。又如在学习板块构造学说时可结合热点时事中关于中国汶川、玉树,日本福岛地震的消息,让学生解释地理现象,既活跃了课堂气氛,又培养了学生

---

[1] 刘彭野.国内外中小学地理教育的展望与发展趋势[J].中原地理研究.1982,(2):90-100.
[2] 张小玲.高中地理教学中历史知识的运用[J].新西部(下半月).2010,(02):179.
[3] 江岩.初中地理教学中史地知识整合研究——以八年级为例[D].河南大学,2016.
[4] 王小禹.美国《国家地理课程标准》中的"历史观点"及借鉴意义[J].地理教育.2005,(05):64-65.
[5] 宋倩.高中地理教学中史地知识的整合研究[D].辽宁师范大学,2012.

以联系的观点看待问题。在讲授西亚地区时,可联系当前中国推出的"一带一路"发展理念,引入巴以冲突、曾经发生的海湾战争等历史背景,让学生对中东地区局势有初步了解,结合教材让学生明白冲突的主要原因在于地理位置、石油资源、水资源等因素,促使学生从感性认识上升到理性认识。

(五)借助"理化生"学科知识增强地理的趣味性

地理知识中蕴含的物理、化学和生物等学科知识,在教学中要充分运用可以较好地达到教学目标。

地球运动在物理学中属于天体运动知识,需要较高的思维能力和空间想象能力,在教学中就要注意和物理学科的联系。利用多媒体或教具演示地球运动中线速度和角速度的问题,让学生直观感受地球公转的"近快远慢"。

"大气的热力环流"一部分,需要结合热力环流原理讲解热低压和冷高压的形成,还可以扩展到海陆风、山谷风、城市热岛效应等知识的讲解。如讲解海陆因素对气候的影响时,同纬度地带,夏季陆地气温高,海洋气温低;冬季相反。这是因为陆地吸热放热都比较快,海洋吸热慢放热也慢,所以造成了冬夏季节海陆的热力差异。

以山谷风为例讲述局部区域的热力环流原理时,可以采用边绘图边讲解的方式:白天山坡接受到的太阳照射多,升温快;而山谷地区接受到的太阳照射少,升温慢。因此,山坡上的暖空气上升,山谷上空冷空气相对下沉,从而形成一个闭合的环流,风从山谷吹向山坡,称为谷风。晚上,山坡上的空气降温快,山谷上空的空气降温慢,因此,山坡上的冷空气下沉,流向谷底,而谷底的空气汇合上升,从空中流向山坡上空,形成的热力环流与白天方向相反,称为山风。

化学作用影响地质地貌的形成比较直观,因此,借助化学知识讲述地理学科的地质地貌方面的知识便于理解。讲解南方地区江南丘陵红壤的治理的相关内容时,要用到化学中有关"土壤的酸碱性"的内容。酸雨是由于大量化石燃料如煤炭、石油、天然气等燃烧排放二氧化硫、氧化氮等酸性气体,与空气中的水汽结合形成的。酸雨会导致土壤酸化,破坏森林、建筑物等。喀斯特地貌主要是由于石灰岩长期遭受水的溶蚀而形成的。运用一系列的化学方程式可以解释石灰岩被侵蚀,形成了石芽、石林、孤峰、溶洞、钟乳石、石笋、石柱等地貌类型的原因。

动植物资源是地理环境要素的重要组成部分,而动植物资源的特性又受到自然环境的影响,所以地理和生物知识在许多方面有密切的联系。生物是影响地理环境的五大要素之一,可以直观反映地理环境的发展变化。比如在初中学习的在野外怎样辨识方向时,就是利用半球地区树木茂盛的一面朝向南方这一生物学知识。讲授中国从南到北的植被分布差异时,可以利用展示不同纬度地区植被不同,来揭示自然地理环境的差异性和生物对环境的适应性。残酷的生物竞争,造成了非洲高级哺乳动物的繁盛;单一的生存环境使澳大利亚成为"活化石博物馆"。这些都可以利用生物科学来解释,让学生充分理解其科学性。

随着生态环境问题日益严峻,如全球变暖、土壤退化、极端天气等,反映了人与资源、环境、社会的矛盾越来越深。利用理化生等学科知识可以帮助学生形成科学的人口观、资源观、环境观,树立热爱祖国、建设家乡的情怀。

(六)联系时事热点,结合乡土地理资源,进行知识迁移,促进地理知识整合

地理知识的正迁移有利于学生对知识的理解和地理思维能力的培养,能够帮助学生提高分析问题和解决问题的能力。地理知识的整合类化也就是地理知识正迁移的过程[1]。不少时事新闻、时事资料反映了当前的地理发展与变化,将地理时事新闻应用于中学地理课堂教学中,将国内外发生的重大事件等时事资料与地理教学结合,有利于增加地理教学的时代气息[2],体现地理知识的实用性,激发学生的学习兴趣;利用时事资料教学,可以促进学生自主探究与合作学习;以地理时事新闻为背景拓展练习,可以实现地理知识的迁移[3]。教师引导学生关心时事、多看新闻,从课堂外学习更多的知识最能激发学生的学习兴趣和积极性,更容易让学生理解地理知识与现实生活的密切联系。在教学中紧密联系时事新闻,可以增强学生对地理知识的运用能力,也是教师与学生拉近距离的重要方式[4]。如讲海湾战争,提到伊拉克战争的原因、伊核问题;学习交通运输的时候,联系京沪高铁、武广高铁及外出旅游等。

随着教育理念改革的不断推进,中学教学的重要目标之一是培养学生的核心素养,也就是提升学生对知识的良好运用能力和实践能力。在教学过程中融合乡土地理资源,可以有效解决课堂教学中的不足,从而推动课堂教学内容创新、丰富教学方式、促进学生

---

[1] 刘兆军.地理学习迁移规律和地理知识的整合类化[J].中国科教创新导刊.2010,(33):89.
[2] 崔聪聪.例谈时事资料在地理教学中的应用[J].中学地理教学参考.2018,(12):17.
[3] 张立峰,何丰.时事新闻在中学地理课堂教学中的应用[J].中学教学参考.2017,(28):87-89.
[4] 高培道.浅谈时事新闻在高中地理教学中的应用[J].时代教育.2018,(2):85.

核心素养的形成[1]。

在地理课堂教学中引入相关学科的知识,可以激发学生学习的兴趣、积极性和主动性。

第四节　地理知识整合技能训练

(一)案例一

以高中地理必修二"农业的区位选择"为例,设计具体的教学方案,提高师范生在教学中进行知识整合的设计能力。

1. 教学目标(贯穿三维目标)

知识与技能:

分析影响农业区位选择的因素,学会判断某地或某种农业区位选择的主导因素;学会分析和判断不同区域的农业地域类型。

过程与方法:

通过读图分析、案例分析、比较分析和联系实际的方法来说明区位因素对农业生产的影响,并分析某一区域形成的农业地域类型。

情感、态度与价值观:

通过学习区位理论知识,树立普遍联系的观念及具体问题具体分析的意识。

2. 教学重点难点(根据课程标准要求)

教学重点:分析农业区位因素、农业地域类型。

教学难点:主要农业区位因素对农业区位选择的影响。

3. 教学设计

教师根据本节课的教学目标、教学任务,运用知识整合方式设计教学方案,指导学生完成相关教学任务,达到优质教学的目标。

---

[1] 胡琦.高中地理教学与乡土地理资源的整合利用研究[J].读写算.2018,(26):127-128.

借鉴相关研究成果[1],设计教学主线:从区域位置入手,分析区位因素、判断主导因素,搜集人类活动相关资料,分析形成的地域类型,优化区位条件,实现可持续发展。

(1)区位位置

(2)区位因素分析

自然因素:气候、地形、水源、土壤,并分析对农作物种类、分布、熟制的影响。

社会经济因素:市场、劳动力、交通、政策、技术,并分析对农作物种类和规模的影响。

(3)人类活动

农业生产活动:种植业、畜牧业、林业的主要分布区域;副业分布基本不受限制,分布广泛。

农业生产对环境的影响:

适度的农业发展,改变人类的生产和生活方式,促进人类文明进步。过度的农业垦殖,会破坏自然环境,导致土地荒漠化、水土流失、土壤肥力下降、旱涝等生态问题,从而制约农业发展。

(4)农业地域的形成

热带雨林迁移农业地域、热带定居农业地域、热带种植园农业地域、季风水田农业地域、谷物家畜农业地域、地中海农业地域、市场园艺农业地域、商业牲畜育肥农业地域、商业乳品农业地域(乳畜带)、商品谷物农业地域、游牧业地域、大牧场放牧业地域、混合农业地域。

(5)优化区域

改善农业生态环境,促进农业的可持续发展:在平原地区,退耕还湖;在草原地区,退耕还草,围栏放牧、划区轮牧、合理利用水资源;在山区,退耕还林,防治水土流失。

加强农业基础设施建设,改善农业生产条件。

调整农业结构和农村经济结构,合理安排农、林、牧、副、渔比重:在平原区,建设绿色食品基地、农业专业化区域;在草原区,发展舍饲养畜业、集约化草食性畜牧业;在山区,发展特色农业、立体农业。

加大农业科技投入,培育优良品种,提高农产品质量与市场竞争力。

推进农业产业化进程,对农产品进行深加工;延长农产品产业链,提高农业效益。

因地制宜,合理布局农业生产。

---

[1] 王向东,袁孝亭.地理素养的核心构成和主要特点[J].课程·教材·教法.2004,24(12):64-67.

(二)案例二

STEM(Science,Technology,Engingering,Mathematics,简称STEM)教育理念在高中地理教学中的应用。

STEM教育是对科学、技术、工程、数学的整合,科学解释了什么是自然存在,是技术、工程和数学的思想和理论依托;数学是技术、工程的基础工具,技术与工程则是科学与数学的应用;技术是指人类利用知识性的技术达成目标的手段;工程通过技术为世界做贡献[1][2]。STEM教育是当前全新的教育范式,正日益受到国家、教育者、研究者的关注。

STEM是提倡跨学科、融合式的教育方式,让学生使用多学科知识,通过自主或协作的形式探索解决实际问题,旨在培养能够适应经济全球化的复合型人才。地理学科所具有的社会科学和自然科学双重属性,综合性和实践性是其突出特点,与STEM教育的跨学科性、交叉性相符合;教育部在2017年发布的《普通高中地理课程标准》中提出教师应在课堂教学中,注重使用实地考察、模拟实验、现代技术等教学方法,强调培养学生的科学、技术、工程、数学等方面素养的综合思维和地理实践能力,与STEM教育理念相契合。将STEM理念应用于高中地理的作业设计中,要求教师能够融合多学科知识设计作业,加强学科之间的联系、学科知识与现实生活的联系、理论与实践的联系,帮助学生以综合性的视角有效反映地理学习情况,帮助学生深刻认识和分析地理环境,更好地在真实情境中体悟人地关系,提高学生的行动意识与实践能力。

STEM教育将科学、技术、工程、数学应用于地理教学,能够加促进学科之间的联系、地理学科的发展。借鉴纪秋月等人设计的"荒漠化的危害和防治"为例,说明STEM教育模式在地理教学中的具体应用。

1.科学认知的培养:让理论知识展现直观的科学性

在学习了"荒漠化的危害"后,教师组织学生讨论荒漠化防治措施,之后评价学生的展示结果,并总结防治沙漠化的有效措施。选取草方格沙障措施作为实验内容,让学生在实验中掌握原理,教师在讲授探索草方格沙障治沙效果过程中向学生传授科学的方法和探究的理念。活动中,学生分析草方格沙障的防沙原理与结构,并与相关理论知识、实验活动相结合,在这种探究的实验方式中,学生能够体会理论知识的科学性。

---

[1] 纪秋月,高欢,韩娇娇,等.STEM教育理念在高中地理教学中的应用——以"荒漠化的危害与治理"为例[J].中学地理教学参考.2017,(14):26.
[2] 牛广妍.基于STEM教育理念的高中地理作业设计[J].基础教育研究.2019,(09):72–74.

2. 技术支持：草方格沙障实验的准备工作

草方格沙障治沙的模拟实验，需要长、宽各50厘米的正方形纸盒、细沙、吹风机、直尺、塑料网格。

先将正方形纸盒的一个侧边平铺展开，放入1千克细沙，堆起一座小沙丘，测量高度，并在纸盒内的其他区域铺上相同厚度的细沙。以上准备活动是技术的展现，学生能从准备活动中锻炼实践能力，如要想成功演示实验，应该注意什么问题？有哪些细节要明确？实验先做哪一步最合适？在准备环节，学生要经过不断的操作与思考，完善自己的准备工作，使接下来的实验更具科学性。

3. 工程引入：草方格沙障的防风、固沙作用

准备活动结束后，便可进行现场实验。打开吹风机模拟吹风效果，在纸盒展开一侧来回摆动并记录时间。到时间后，测量沙丘的高度及距离纸盒边的距离，然后测量纸盒中沙子的厚度，做好记录。接下来恢复原状，并把塑料网格覆盖在沙子上，四周固定，重复上述实验并记录数据，学生观察现象。在这个工程实验的演示中，学生能够直观看到草方格沙障的作用与效果，从而更为认可此项工程技术的应用。在工程的改造中，教师还可引导学生发挥创新能力，让学生为工程改造出谋划策，培养学生在工程实施与改进方面的能力。

4. 数学辅助：让实验更加精确、有说服力

通过控制变量、测量高度、记录数据等一系列数学方法，使整个实验更加精确。这样不仅能让学生亲眼看到草方格沙障的治沙效果，更能通过一系列数据展现实验的科学性，使其更加具有说服力。另外，学生也能从中提升数学素养，加深对科学的理解。

5. 交流提升：总结交流，培养理性思维

学生在实验过程中或多或少都会存在一些问题，此阶段的目的在于让学生之间相互交流。如实验过程中遇到哪些问题？你是按怎样的步骤进行的实验？实验怎样进行效果最好？利用学生之间平等交流消除存在的问题，让学生的实验更加科学、精确。小组间进行总结、交流，概括本组实验步骤、存在的优势、遇到的问题，可发展学生的交流能力、合作能力、接受能力、实施与应用能力及反馈能力，也能培养学生的抽象思维和理性思维。

(三)案例三

运用古诗词培养学生核心素养——以"自然界的水循环"为例[①]。

1.利用古诗词创设情境,让学生感知人地协调观

诗词导入,"仁者乐山,智者乐水""上善若水""黄河之水天上来,奔流到海不复回"等等,让学生仿佛置身于自然界中,体会古代诗人对水循环的理解,自然过渡到"水循环"的教学内容。

2.围绕古诗词展开教学,构建学习知识体系

(1)体现水循环主要环节的古诗词:"万壑树参天,千山响杜鹃。山中一夜雨,树杪百重泉。"描述了大气降水、下渗、地表径流等环节,以及森林涵养水源的作用等内容。

(2)"夏日消融,江河横溢"描述了夏天的昆仑山上积雪消融,补给河流,河流水位上涨,河水泛滥。说明了冰雪融水补给为主的河流,其流量变化随气温变化而变化,洪水季出现在夏季。

(3)"在山泉水清,出山泉水浊",描述了流水的侵蚀和搬运作用;"问渠那得清如许,为有源头活水来",描述了水循环促进水资源不断更新的现象;"数家新住处,昔日大江流,古岸崩欲尽,平沙长未修",描述了流水的堆积作用。

本章小结

该部分首先对知识整合的基本内容进行了分析,讨论了地理学科内部知识整合和地理教学中跨学科知识整合;对如何进行地理知识整合进行了分析,结合中国地理知识案例分析讲述了学科内知识整合,从语文学科为地理课堂提供丰富的营养、利用数理知识解决地理问题、音乐在地理教学中的渗透、政史知识有助于立体理解地理学科知识、借助"理化生"学科知识增强地理的趣味性、联系时事热点进行知识迁移等角度讲述了如何进行学科间知识整合;借助大量的具体案例讲述了如何进行地理知识整合技能训练,可帮助学生提升地理知识整合的基本技能。

[①] 丁波.运用古诗词培养学生核心素养的"问题式教学"探索——以"自然界的水循环"为例[J].地理教学.2019,(14):38-39,37.

第三章　地理教学技能训练

第一节　地理教学技能分析

一、教学技能的基本内涵

《国家中长期教育改革和发展规划纲要(2010—2020年)》明确提出要"努力造就一支师德高尚、业务精湛、结构合理、充满活力的高素质专业化教师队伍"。随着时代的发展和社会的需要,教师的专业化程度在不断提高,一名合格的教师不仅需要具备广博的专业知识,还必须具有高效的教学技能[①]。教学技能是教师最重要的专业素质和必备的基本素养,直接影响到人才培养的质量,是教师职业化发展的基础。教学技能是指教师运用已有的教学理论知识,通过练习而形成的稳固、复杂的教学行为系统。既包括在教学理论基础上,按照一定方式进行反复练习或由于模仿而形成的初级教学技能,也包括教学理论基础上因多次练习而形成的,达到自动化水平的高级教学技能,即教学技巧。教学技能是外在表现与内在素质的统一,外在表现为利用有效的教学方法,达到理想的教学目,完成既定的教学任务;内在素质表现为教师所具备的专业知识、教学技巧、心理特征和个性特征的综合体系。

教学技能是教师必备的教育教学技巧,是教师进行有效教学的基础,教学技能水平直接影响教学效果。因此,教学技能又是高效教学的前提。在新课程改革和教师资格认定改革的宏观背景下,我国教育改革不断推进,教师专业化水平逐步提升,对高校师范生

[①] 李富,王纯岩.高校地理师范生教学技能培养[J].继续教育研究.2015,(2):113-115.

教学技能培养提出了更高的要求[1][2][3]。加强师范生教学技能的培养,是提升师范生专业教学能力的重要措施,对促进基础教学目标达成和教育质量提升具有重要意义[4]。

师范认证评价标准要求:在教育实践中,能够依据所教学科课程标准,针对中学生身心发展和学科认知特点,运用学科教学知识和信息技术,进行教学设计、实施和评价,获得教学体验,具备教学基本技能,具有初步的教学能力和一定的教学研究能力。教学能力是教师胜任教学工作的关键能力。教学的科学性和艺术性是建立在教师本身具有广博的专业知识和熟练的教学技能基础之上的[5]。作为一名优秀教师,不仅要具有广博的专业知识,更要熟练掌握教学技能,运用多种教学形式和方法将课堂教学气氛调整得恰到好处,充分调动学生的积极性、主动性。

师范院校培养教学技能的基本过程包括:教育理论学习、教学技能训练、教育实践锻炼等。从不同的角度出发,教学技能有不同的划分方式。一般来说,教学技能可以分为教学设计技能、课堂教学技能、现代技术使用技能、教学评价技能和教学研究技能[6]等。

二、地理教师教学技能培养

(一)地理教学技能培养的重要性和紧迫性

地理学是研究地球表层地理环境以及人地关系学科,其核心素养的提高有助于提升学生的社会责任感和家国情怀[7]。地理师范生教学技能培养具有现实必要性和社会需求的紧迫性。地理教学技能是地理教师进行有效教学的最基本教学规范,是地理教师必备的基本职业技能,主要包括课堂教学技能和课外教学技能,地理教学成功与否很大程度上取决于教师运用地理教学技能的娴熟程度(刘恭祥《地理微格教学》,厦门大学出版社,2007)。地理教学技能是以地理教学行为为载体,加强地理师范生教学技能培养是影响

---

[1] 颜茹.地方高校师范生教学技能培养问题与对策研究——以S大学中文专业师范生为例[J].佳木斯职业学院学报.2018,(9):214-215.
[2] 黄莹.对高校师范生教学技能培养的思考[J].中国多媒体与网络教学学报(上旬刊).2019,(5):160-162.
[3] 黄雨媚.翻转课堂应用于我国师范生教学技能培养的研究综述[J].科教导刊(电子版).2019,(11):17.
[4] 李贯宝,左胜杰.地理师范生教学技能的优化模式[J].华章.2014,(9):198.
[5] 段小芳.高校地理师范课堂教学技能的培养与优化策略[J].湖北函授大学学报.2014,(4):106-107.
[6] 邹邵清.免费师范生教学技能培养方式创新研究——基于师范生教学技能要素分析[J].西南大学学报(社会科学版)2012,38(3):62-68.
[7] 包明晨,田晓四,金锐.地理教师教学技能培养[J].新课程(中).2019,(2):24-25.

中学生地理兴趣培养的重要因素;选择和运用合理的地理课堂教学技能,是提高地理课堂教学效率的基本手段;教师专业成熟度主要体现在教师专业知识水平、教学技能、教学效果认知等方面,其中运用现代信息手段培养学生是衡量地理教师专业成熟度的重要标志;拥有丰富的教学技能,是实现教师梦想的重要条件,是实现地理教师人生价值的前提和基础[①]。

(二)地理教学技能培养存在的问题

地理教学基本功主要包括:教学目标的确定,地理教材的分析和组织,设计地理教学过程和编写地理教案,运用地理教学语言、板图、板书、板画,制定教学计划,使用和制作教具(课件),教学反思等。

结合教学能力的要求和新理念教学引导下的地理教学的变化,注重理论运用于实践和掌握教学基本功的能力,注重备课、说课的训练和教学过程中教学方法的选择与应用。

当前地理师范生教学技能培养存在的问题:1)理论教学与实践教学不够契合,表现在理论课程和教学实践时间安排脱节,教学实践形式大于内容。多数地方高师院校由于各方面的原因,在地理师范生培养过程中,重视地理理论知识传授、轻视教学技能培训的现象一直存在。这种传统教学模式在知识传授方面有其独特的优势,但是在与实际结合不足、对学生的教学实践指导不够,会导致教学流于形式、教学效率低等问题。2)实践教学环节薄弱,表现为教学实践基地缺乏,本应贯穿教育全过程的教育见习和教育实习时间短,参与实际课堂教学的机会少。教学技能培养一般采用观摩、分析、试讲、实习等基本培训模式,其中课堂试讲和教育实习是高师院校培养师范生专业教学技能的主要手段和重要方式,但是很多地方院校主要以课堂教学试讲这一单一模式为主要培养方式,过于强调教学行为,导致学生难以体验真实的教学感受,不利于师范生对教学形成自我反思,培训效果不佳。3)教育科研能力不足,表现在缺乏具体的科研指导学习和锻炼等。

(三)提升地理教学技能培养水平的对策

针对目前地方院校师范生专业技能培养存在的问题,提出以下对策和建议:

1)采取多样化的训练模式,增强教学技能的有效培养

实践证明,采取适当的方式进行科学的训练,是提高地理师范生教学技能的重要方

[①] 张广花,胡良民,张蒙蒙.高师地理科学专业学生教学技能培养初探——以河南省部分高校为例[J].地理教育.2013,(Z1):117-118.

式。一般来说,有效的地理教学技能训练模式主要包括观摩训练模式、同课异构模式、分解训练模式、纠错训练模式、以赛代练模式和综合训练模式等[1],通过教学观摩、说课训练、微格教学、翻转课堂、评课等具体方式来实现。

教学观摩是最常见的教学实践活动,是有效培养学生地理教学技能的起点[2],通过观摩成功教学范例,可以让学生感受不同授课内容、不同组织形式、不同教学风格的魅力,有利于学生将教育教学理论与实际运用结合,形成有效学习的最佳模式。并且教学观摩课需要从低年级开始重视,强化专业素质的培养和训练。

说课是有效培养学生地理教学技能的重要方式。通过说课训练可以让学生掌握说课的基本技能,同时也是将教育教学理论应用于实践,达到学以致用的重要途径。需要从低年级开始抓起,逐步提高。

微格教学是教学技能培养的有效方式,是师范教育从理论到实践过渡的重要桥梁,有助于高效提升课堂教学能力。一堂地理微格教学课,能体现一个教师对教材的处理和课堂驾驭能力、语言掌控和引导学生的能力、板书板画能力等,是对教师教学基本功、教学理念、课堂教学能力的一种检验[3]。

翻转课堂是教学理论与教学实践融合发展的教学技能培养模式。目前,我国翻转课堂教育正在从基本的理论模式逐渐转向实际教学应用层面。尤其是尝试建立课上与课下相结合、梯度渐进、三维互动、动态改进的地理师范生教学技能训练体系,通过多种途径实现地理专业课程的延伸与强化,并进一步加强教学技能训练,创新了师范生教学技能培养模式,是翻转课堂与师范生教学技能研究的一大突破[4]。

评课是教学反思的有效途径,是培养师范生教学技能的高效方式。通过评课过程的回顾、评价、讨论等方式,使学生不断获得和整合更多的教学信息资源和专业经验,学人之长,补己之短,从中不断超越、更新和自我完善,逐步提高教学技能,促进专业发展。

利用网络教学资源,也是提高教学技能的重要方式。信息时代背景下,网络课程具有方便、开放、共享的特点,师范生利用课余时间安排学习,与各地从事地理专业教学的人员交流教学心得体会,提升自身的授课水平。

2)参与社会实践,提升师范生教学技能的专业化水平

---

[1] 胡红兵,詹玉兰.卓越教师计划背景下地理师范生教学技能训练模式研究[J].教育教学论坛.2015,(26):184-185.
[2] 邵志豪.地理核心素养培养的有效方法例举——以"荒漠化的防治"为例[J].地理教学.2018,(4):57-60.
[3] 黄岭.地理微格教学的设计[J].好家长.2017,(59):191.
[4] 单良,梁慧珍.基于"翻转课堂"的高校师范生从师技能培养研究——以地理师范生为例[J].中国电化教育.2016,(09):136-141.

高校的教育教学理论偏重理论性,学术性较强,实践性不足,因此,培养师范生教学技能应该加强学校与社会各界特别是地方相关单位的交流与互动,通过建设实践平台、拓展实践渠道,结合现代信息技术,促进教学技能不断提高。

地理师范生教学技能的提高很大程度上依赖于教学实践活动。通过教学实践训练,可以提高地理师范生综合运用知识的能力,促进对专业知识中那些抽象知识、难解内容的理解和掌握;同时可以系统运用教学技能和技巧,提升综合素质,提高教学水平。因此,科学规划教学实践环节,从整体上构建合理的课堂教学体系,是高等师范院校构建科学合理方案的重要任务之一[①]。

3)采取多种指导方式,加强教学研究指导,提高师范生教育科研能力。

第二节 地理教学设计技能训练

一、地理教学设计技能的内容

《高等师范学校学生的教师职业技能训练大纲(试行)》提出的基本要求:理解教学设计的概念,了解教学设计的方法,通过训练掌握制定教学目标、分析和处理教材、了解学生、制定教学策略、制订教学计划和编写教案的方法。能结合学科特点设计和批改学生作业,课后能评价自己和别人的教学。

教学设计是根据课程标准的要求和教学对象的特点,在分析教学需求与问题的基础上,进一步确定解决教学问题的步骤和方案,通过评价和反馈来检验方案实施的效果,并修订完善方案,以优化教学的一种规划过程操作。具体来说就是根据教学对象和教学目标,确定合适的教学起点和终点,将教学诸要素有序、优化地安排,形成教学方案的过程。是运用系统方法科学解决教学问题,以教学效果最优化为目的,以解决教学问题为宗旨。

教学设计具有以下基本特征:1)教学设计根据课程教学要求和教学目的解决"教什么"的问题。2)教学设计根据教学目标,确定具体的教学内容和教学目标,主要在于解决"怎样教"的问题。3)教学设计是以系统方法为指导,主要是解决"怎样教好"的问题。4)

---

① 金静华.高校师范生地理课堂教学技能的观察与评价[D].武汉:华中师范大学,2009.

教学设计的功能主要在于解决"可操作性"的问题。一般包括教学目标、教学重点、教学方法、教学步骤与时间安排等环节(谢利民《教学设计应用指导》,华东师范大学出版社,2007)。

(一)制定教学目标

教学目标是课堂教学的依据,是必须达到的教学预定目标。课堂教学目标对于课堂教学活动具有导向、制约和评价的功能,透过对课堂教学目标的设计,可以预判学生通过地理教学活动获得的行为结果[①]。

根据调查分析,目前教学目标设计中存在的以下问题需要注意。首先,教学目标意识不强,对教学目标的认识不到位,教学目标设计流于形式。其次,教学目标的主体指向不明确,导致教学设计定位不合理,影响教学效果。最后,课堂教学三维目标不能统一,偏重知识技能的传授,忽略了情感态度价值观在学生认知过程中的重要性。

为了实现学生综合能力的提升,在教学目标设计中要包含新课标制定的三大课程目标,即知识与技能、过程与方法、情感态度与价值观。其中知识与技能是指对地理事物、地理概念、地理原理、地理规律等知识的掌握程度,以及对地理知识的观察、阅读、计算、调查等基本能力。一般用了解、说明、评价和说出等词汇进行教学目标需要掌握程度的区分。过程与方法是指对科学知识的认知过程和方法、认知过程中人际交往的过程和方法。一般比较常用的方法是比较法和讨论法。情感态度价值观是在教学中体现的教师引导学生树立科学认识事物的科学态度和科学精神。三大课程目标相辅相成,统一于教学过程中。

首先,提高教师对备课的认识。作为教师必须清楚地认识到备课的重要性,备课不仅是写成教案,还要形成具体的教学知识体系和相应的教学对策等。备课的内涵既包括对教材的钻研、对学生的了解、对教法的设计,还包含了对教学资源的开发利用、对教育教学理论的学习。备课的每一环节都是具体的,设计者需要考虑如何引导学生理解和记忆新知,怎样运用知识和技能解决问题,怎样创造性地运用已掌握的知识和技能,如何设计讲授重点、课堂提问要点、作业布置等。只有对这些环节进行整合,使之条理化、系统化,才能在授课时做到胸有成竹。

其次,明确教学目标。教学是有目标的行为,教学目标是要完成的教学任务。备课的第一个重要环节就是确立教学目标,教学目标是否合理,直接决定着教学的成效。制

[①] 曹晶.高中地理高校课堂教学设计探讨[J].城市地理.2016,(22):137.

定教学目标要认真学习课程标准和考试大纲。教学目标要具体化、行为化,表述语言要具有可操作性,评价项目和要素是可观察、可感受、可测定、可评价的,语言要简洁、准确、便于操作。

学科课程标准是制定教学大纲的依据。认真研究课程标准,领会课程的性质、基本理念、设计思路,明确课程标准对教学内容的具体要求,将教学目标具体化。确立教学目标的具体要求不仅要明确知识和技能目标,又要明确过程与方法、情感态度与价值观应达到的目标。如果不注意课程标准、不研究课程标准,教学的正确方向不容易把握。课程标准是统领一门学科教学的纲领性文件,教材就是依据课程标准编写的教学素材。不领会课程标准,就无法制定科学合理的教学目标,无法正确地分析和使用教材,就不能有效地整合教材和其他教学资源,也就不能科学备课。

在认真掌握课程标准的前提下,还要充分了解考试大纲。在此基础上,根据教学内容的特点和学生的差异制定不同层次的目标要求。不同层次教学目标要求正确表述,使用"知道""理解""掌握"等具有可评价性的行为词,照顾不同基础、明确不同程度和方向的学习要求,以便教学过程中有效落实,并引导学生的素质在不同基础上都有一定发展。在确立教学目标时要抓住重点,符合考试要求,让学生了解掌握每节课的知识目标,分析目标,引导学生领会目标、运用目标、最终达到目标。

(二)分析和处理教材

科学分析教材、确定教学重点和难点是教学设计的重要一环。教材是体现学科知识规律和学生认知规律的范本。每学期开学前通过教师对教材的通读和熟悉,确定教学知识网络,明确教学知识中的教学重点和难点。通过阅读教材,弄清教材的具体内容、教学要求以及在整个教学中的地位与作用。

(三)了解学生

了解学生的学习特点,掌握分析学生学习的方法。了解学生的过程就是客观分析学情、准确掌握学生层次的过程,是对教学进行综合掌握。

教学对象是学生,学生是课堂学习的主体。学情也是制定教学目标的重要依据。教师备课时不仅要备"怎样教",更要考虑学生会"怎样学"。根据学生的整体状况和个体差异,进行学情分析;根据学生实际进行教学设计,增加教学的针对性和有效性。

学生学习知识技能、学习习惯与方法、学习态度与学习动力等方面是学生学习能力的基础,不同的学生在这几个方面有不同,需要在备课时根据不同的学习能力设计不同的措施。学情分析要在了解学生知识背景基础上进行备课。如果学生掌握背景知识比较充分,对教学效果会有很好的促进作用;如果学生缺乏相关教学知识背景,应提前安排相关知识的预习,进行新旧知识的衔接。

(四)制定教学策略

教学策略是实施教学过程的教学思想、方法模式、技术手段这三方面动因的集成,是教学思维对其三方面动因进行思维策略加工而形成的方法模式。教学策略是为实现某一教学目标而制定的、付诸教学过程实施的整体方案,它包括合理组织教学过程,选择具体的教学方法和材料,制定教师与学生所遵守的教学行为程序[1]。

教学策略主要包括解决教学问题的方法、技术,方法技术的操作,操作中的要求和有目的有计划的操作程序三个方面的内容,是教师为提高教学效率而有意识地选择筹划的教学方式方法与灵活处理的过程(李晓文等《教学策略》,高等教育出版社,2006)。

构建合理的课堂教学策略是建构高效地理教学课堂的重要方式,主要包括讲授策略、设问策略、讨论策略、教学工具使用策略、评价策略、作业布置策略等[2],并根据不同情况进行设置安排。

新课改下我国教育强调"以生为本",更强调"教学创新",因此要结合具体实际采取不同教学策略,提高学生学习地理课程的积极性和主动性,达到提高地理课程效率的目的。首先要根据学情分析采用相应的教学方法,如情景模拟教学法、现代信息技术多媒体教学法、小组合作教学法等,营造良好的教学氛围。其次,结合地理活动和地理实践开展教学,既可以利用具体地理事物理解抽象理论,又可以锻炼学生的地理实践能力。最后,完善教学评价机制,将过程性评价与鼓励性评价融入教学评价机制,从实践能力、学习态度等多方面评价学生,全面激发学生学习的积极性,实现科学、高效、符合学生需要的课堂教学[3]。

(五)制定教学计划和编写教案

了解教学计划和教案的结构和要求,掌握制定教学计划和编写教案的方法,通过训

---

[1] 威伦,哈奇森,博斯著.有效教学决策(第6版)[M].李森,王纬虹译.北京:教育科学出版社,2009.
[2] 龙乐云.高中地理高效课堂教学策略探究[J].中学课程辅导(教师教育).2018,(1):1-6.
[3] 陈元明.新课改背景下高中地理课堂教学策略探究[J].考试周刊.2019,(2):145-146.

练能写出符合教学要求的教学计划和教案。

制定教案要采取制定单元备课与编写课时教案相结合的方式。

制定单元备课可以锻炼教师从宏观上驾驭教材,又从微观角度分析研究教材,确定教学重点、难点,选用适当的教学方法,制定教学模式,收集教学资料、合理安排课时等。单元备课对教师提出以下要求:第一,仔细阅读教材,熟悉教学内容,分析本单元的地位及与其他单元之间的联系。第二,阅读配套教学用书,借鉴其中的教学方法和教学策略。第三,结合学情分析,确定单元教学思路、教学重点、教学难点、教学方法、课时分配方案等。第四,收集相关资料、准备配套的媒体材料及配套的单元练习、单元测试或单元课外活动。

编写课时教案是对单元备课的细化和具体化,是教师教学理念、教学方法的具体体现,也是教师驾驭教材、教学水平的集中体现。要求教师从具体知识点出发,采用科学方法和手段,组织和设计教学环节,落实教学目标,完成教学任务。第一,根据单元教学要求和学生实际情况确定课时教学内容、教学重点和难点;第二,根据教学内容、教学重难点和学生实际设计教学方法,选用适当的教学手段与教学媒体;第三,在此基础上设计具体而详细的教学步骤;选择配套的作业和习题、设计板书和课堂教学用语。

(六)作业的类型和设计

有效作业的类型主要包括养成性、实践性和展示性三种。基于有效作业的设计原则和作业设计策略,合理有效地设计地理作业,不仅能够巩固学生的地理学习成效,帮助教师全面了解学生学习情况,还能够及时发现学生学习中存在的问题,并针对性地解决问题,全面提升地理教学质量[1]。

通过了解本学科学生作业的类型及设计的方法,根据教学的需要选择和设计作业的内容。教师在进行作业设计时,要有助于全面实现教学目标,有助于有效解决实际问题,实现知识的全面迁移和联系。在设计中要体现地理知识之间、地理知识与其他学科知识之间的有效联系,全面培养学生的发散性思维,实现地理知识在实际生活中的有效利用[2]。

地理课程标准明确提出让学生接触各种不同观点、对问题展开辩论、鼓励学生在学习过程中大胆提出自己的看法等方法,逐步培养学生的批判性思维和创新思维,因此设

---

[1] 洪招政.高中地理有效作业设计研究[J].西部素质教育.2018,4(9):250.
[2] 贺斌.高中地理作业设计研究[J].南北桥.2017,(1):176.

计的作业就要有助于培养学生的发散性思维、提高学生创新思维水平、锻炼学生运用知识解决问题的能力、拓展学生的思维空间、强化学生的知识迁移能力和激发学生的创新能力等[1]。在设计有效作业的过程中,第一,教师要进行编选习题,确保习题可以帮助学生构建知识体系,并实现知识的有效运用;第二,设计有效作业要注意阶梯性和层次性,结合学生实际设计不同类型的联系题目;第三,设计有效作业要具有开放性,体现探究性、综合性和思维的发散性等;第四,设计有效作业要注重实践性、分析性和应用性,提高作业设计水平,达到学以致用的目的。

(七)教学反思

所谓教学反思,是指教师对教育教学实践的再认识、再思考,并以此来总结经验教训,进一步提高教育教学水平[2]。教学反思是对教师备课和教学工作的一种自我评价,是提升教学素养的重要途径。第一,将教学反思纳入备课过程,有助于及时调整教学策略与教学方法,提高课堂教学艺术和教学效率,可以不断提高备课质量;第二,通过自我反思逐渐提高自己的教学能力,形成自己的教学风格;第三,整理教学反思材料,撰写教研教学论文,逐步提高教研能力。

每一个教学环节都可以进行教学反思,一般来说主要体现在以下几个方面:

1.教学设计的反思。教学设计水平直接决定了课堂教学质量。一个科学的教学设计要多方面反思,既要对自己以往的教学设计反思,也要结合其他教师的教学设计反思,还要针对教学对象反思,做到取长补短、合理创新。

2.教学方式方法反思。地理教学方式的创新是地理课程改革的基本要求。选择合适的教学方式和方法,可以起到事半功倍的作用。教学方法最大的特点就是"教无定法",要在教学中根据教学内容、学生年龄特征及其他实际情况,采取多样化的教学方式帮助学生掌握地理基本知识和基本技能,提高学生的学习能力,树立正确的情感、态度和价值观。同时由于地理学科是文理交叉的综合学科,其中很多知识比较抽象,所以必须采取积极引导学生独立思考探索的方式方法,让学生通过学习创造性地解决问题,获取知识和发展的能力。教师应该在方法多样性、目标发展性、形式新颖性、过程自主性的前提下进行教学方法的反思。

3.教学过程反思。教学过程的反思是教学反思的重点内容,尤其是教学过程中对重

---

[1] 李建民.新课程背景下地理开放性作业设计的案例研究[J].课程教育研究.2014,(19):178.
[2] 李华.新课标下地理课堂教学反思[J].课程教育研究.2016,(13):97-98.

点内容的把握是否正确和对难点内容的解释是否恰当。通过回忆教学环节及其学生的具体反响,确定哪些知识是能够顺利接受的,哪些是大部分学生接受的,还有哪些是学生疑惑的?哪些启发性问题设计得比较好?哪些设计得并不是非常理想?症结在哪里,又怎么解决?通过一系列的分析和思考,会逐步提高教学能力。因此在教学设计中要设计学生自由发挥的空间,教师要注意进行观察,逐步了解学生的个性和特点,在教学中充分体现"育人为本""立德树人"的现代教育价值取向。

二、教学设计能力训练

(一)确定教学目标

训练:第一节 位置、面积和疆域

课程标准要求:

1.运用地图,说出我国的地理位置及其特点;通过读图及资料,认识我国的地理位置及特点,我国的陆地面积,我国的邻国及濒临的海洋,我国既是陆地大国,也是海洋大国。

2.运用地图,了解我国的地理位置及特点、陆地面积、邻国、临海,记住我国的陆地面积,在地图上指出我国的邻国和濒临的海洋,了解我国既是陆地大国,也是海洋大国等知识,培养学生运用地图的习惯和技能,掌握认知中国地理位置及特点的方法,培养学生的观察、分析、比较等思维能力。

3.了解我国在地理位置、面积、疆域等方面的国情,使学生更加深切地热爱社会主义祖国,树立建设祖国、保卫祖国的信心和决心。

通过描述"课程标准"的动词来判断其学习水平要求;针对不同的学习领域及不同层次的学习目标,采用不同的动词。

(1)知识:说出、列举、选择、背诵、辨认、描述、说明等;

(2)领会:分类、叙述、解释、归纳、举例说明等;

(3)应用:运用、计算、改变、解答、证明、利用等;

(4)分析:分类、比较、对照、区别、指出、评论等;

(5)综合:设计、提出、组合、形成、总结等;

(6)评价:讨论、比较、判断等。

(二)地理教材的分析、组织

地理教材的分析和组织主要包括教材阐释与教学策略两个方面,具体要求:

1.能够依据课标,认真分析地理教材的整体结构、编者意图;

2.能够准确区分地理教学不同章节的知识构成与层次,分析地理教材的知识结构、智力价值与思想教育价值,准确把握教材中的重点、难点;

3.能够根据学生的认知水平、教材内容特点,灵活处理教材,注意弥合学习内容与学生认知水平之间的差距;

4.能对教材做必要的补充或修正。

对教材进行二次开发、重组是课堂教学实效性的需求,是教的需要,也是学的需要,是教师把握教材,驾驭教材的体现。要注意研究和探讨教材结构,合理组建教学内容框架,对教材内容进行合理化编排。使前后知识紧密联系,以符合学生的认知规律。

地理教学应强调加强教学内容与现代社会、科技发展、学生生活的联系,运用所学地理知识解释现实生活中的一些现象,让学生感到地理有用。

注意教材知识之间的逻辑联系(可用结构图的形式表示出来)。如关于黔南州(黔南布依族苗族自治州,简称黔南州)的地形的讲述,可将课程要求安排为:在地图上识别黔南州的主要地形类型,用自己的语言描述黔南州的地形特征;运用地形图和地形剖面图,描述黔南州地势变化及地形分布特点;以黔南州为例,说明地形、气候、河流等自然地理要素的相互作用和相互影响;以黔南州为例,说出地形对人们生产活动的影响。

(三)设计地理教学过程和编写地理教案

教学设计是以学习理论、教学理论和传播理论为基础,应用系统科学理论的观点和方法,调查、分析教学中的问题和需求,确定目标,建立解决问题的步骤,选择相应的教学活动和教学资源,评价其结果,使教学效果达到优化的一种系统研究方法。

地理教学设计是应用系统科学的观点和方法,按照教学目标和学生的特点,合理地选择和设计地理教学手段,并在系统中有机结合,形成优化的系统结构,是一个动态的过程。教学设计的依据是对学习需求的分析。教学设计的任务是提出解决问题的最佳设计方案。教学设计的内涵包括:第一,调查、分析教学中的问题和需求;第二,确定目标,建立解决问题的步骤;第三,选择相应的教学活动和教学资源;第四,评价其结果。教学设计的目的是优化教学效果。

从教学目的、方法、过程、依据、导向等方面,对教学设计与传统备课进行比较,具体区别如表3-1所示。

表3-1 教学设计与传统备课的区别

名称	教学设计	传统备课
目的	教学设计的目的在于优化教学系统	传统备课的目的在于完成教学过程
方法	教学设计强调运用系统方法	传统备课侧重教师的讲授方法
过程	教学设计是问题解决的过程	传统备课是教学的准备过程
依据	教学设计以教学理论和学习理论为依据	传统备课以如何解决课本问题为基础
导向	教学设计以学生的行为发展为导向	传统备课以教师的教学过程为导向

1.地理课堂教学设计理念

以知识建构为出发点。建构主义者认为,学习本质起源于主体的社会实践活动,是主体通过活动对体验的内化、知识意义的生成和人格精神的构建过程。按照建构主义的解释,教学不是将知识以成品的形式教给学生的过程,而是学生通过自己与外部环境的交互活动主动获得知识的过程。

按照建构主义理论,教学活动包括5个环节:创设情境、确定问题、自主学习、合作学习、效果评价。因此,在教学设计中要注意以下几点:第一,树立新的教材观。改"教教材"为"用教材",依据课程标准,利用教材和其他课程资源引导学生进行意义构建。第二,以促进学生发展为目标。地理教学应该使学生的个性得到充分发展,潜能得到充分发挥。教师是学生学习机会的创造者、学习方法的指导者和学习成果的评估者。第三,以调动学生的主体性为中心。教学过程是教师和学生以教学内容为中介的交流活动。第四,师生之间、生生之间沟通交流互动,学会交流、学会学习。第五,以多种方法、手段的优化组合为过程。

2.教学设计过程应注意的问题

(1)在复习旧课时,所拟的问题,最好是既能检查复习旧知识,又能为引入新课做准备。一是联系旧知识,在复习旧知识的基础上进行拓展,也可联系当前时事或当地实际情况引入新课。二是引入课题,激发学生的求知欲,说明学习的主要内容和方法。

(2)要紧扣教材,围绕课本内容来安排教学过程,使学生掌握课本知识,注意对教材进行适当"加工",即对教材进行必要的精简、调整或补充。

(3)根据教学内容,选取相应的教学方法。由于教材内容不同,采用的教学方法不同,因此,把教学内容与教学方法结合起来,充分展现出师生紧密围绕教学内容所进行的教与学的双边活动的情况和过程。

(4)重视对图表内容的分析。地理教学设计不能只关注文字而忽略图表,读懂图表可以"事半功倍"。应当认真分析各种图表,重视分析各种图表的科学内涵,采取科学的讲述方法,指导学生读图表。

(5)注意小结、总结与转承。在讲授新教材部分时,要注意对各部分进行小结,问题与问题之间要注意承转,新课内容结束时要进行归纳总结。

3.教学设计方案的制定

教学设计的主要任务是制定出一节课的教学设计方案,包括教学设计、备课、写教案。

(1)教学设计

教学设计就是根据课程标准的要求和教学对象的特点,将教学诸要素有序安排,确定合适的教学方案的设想和计划。一般包括教学目标、教学重点和难点、教学方法、教学步骤和时间分配等环节。根据教学方式分为基于课堂教学的教学过程设计和基于自主学习的教学过程设计。

(2)备课

课堂教学要求在限定的时间内取得满意的效果,优质高效地达到预定目的,完成预期设定的教学任务,需要进行细致的安排和周密的设计,因此,备好课是上好课的前提,认真备课是提高课堂教学质量的关键。备课是教师日常教学工作的重要组成部分,可以体现出一个教师的专业素养、教学理念与教学能力。备课是教师取得教学主动权的前提,备课质量决定上课的质量,精心备课是教师实现专业发展的重要支撑,是教师应用专业知识、基本技能和教学艺术所进行创造性劳动的重要步骤。

备课的主要任务是根据课程标准、教材和学情制定教学计划。教学内容和学生是备课需要重点关注的重要对象。要求教师既能从宏观上把握教材的结构体系、编排意图、教学策略,又要从微观角度入手有针对性地设计与选用具体的教学方法,制定详细的、全面的能力培养方案,落实到具体的基础知识。因此,要求备课达到宏观与微观的统一、教学方法与具体知识点的有机结合,而且需要进行长期的实践与探索。

按照层次进行:备教师、备教材和备学生。

1）备教师

按照课程教学目标的了解、熟悉、掌握三个层次,编制教学大纲;把握教学的知识点、重点、难点;选择合理的教学方法;编制教学进度表;撰写教案。

2）备教材

根据培养方案选择教材,熟悉、精读教材;选择教学参考书、教具、图片、视频;制作课件。首先要了解所选择地理教材的时代背景,包括党和国家的教育方针政策、工作部署;了解目前地理教育科学发展的水平,包括最新的理论观点,优秀教学成果和改革经验。其次为分析地理教材结构,指对教材的构成关系、逻辑顺序关系和组成方式等,进行教材结构分析有助于深入理解教材,为进一步组织教材、深度加工奠定基础。教材分析包括了整体分析和局部分析。整体分析包括体系分析和内容结构分析。局部具体分析是指某一章或某一节结构组成,教材表述系统,教学重点和难点等。体系结构就是进行教材组成部分的划分,分析各部分之间的关系与逻辑顺序,确定其排列组合方式。体系结构:分章、节、框题等部分内容,它们之间具有逐级从属关系。局部分析就是将教材的某一章或某一节划分若干知识点,然后分析其联系。联系方式主要包括:并列关系、因果关系、递进关系还是从属关系等,从而确定该章节的知识结构。如地理I教材由行星地球、地球上的大气、地球上的水、地表形态的塑造、自然地理环境的整体性与差异性五个部分。

如地球运动一节可以划分出三个教学知识点:①地球运动的一般特点;②地球自转与时差;③地球公转与季节。通过分析发现,②③是并列关系,①与它们既是从属关系也是因果关系。内容结构中要找出具体包含的知识点:地理教材I中的"营造地表形态的力量"一节。通过分析找出以下知识点:内力作用的能量来源、表现形式和对地表形态的影响;地壳运动的分类、对岩层及地表形态的影响、相互关系;外力作用的能量来源、表现形式及对地表的影响;内外力之间的关系;岩石圈的物质循环。

知识点中最基本、最核心的概念性知识就是教材的重点。具有共性、概括太阳辐射对地球的影响性和理论性等特征,是其他知识的基础。如地理I教材中关于地球运动的地理意义、地球的圈层结构、地表形态变化的原因、大气受热过程、天气系统特点、全球气候变化等基本原理;还包括气压带、风带的全球分布和移动规律、洋流分布规律、地理环境地域分异等基本规律。

难点主要是学生学习过程中可能遇到学习障碍的知识点。教材难点一般带有一定的主观性和相对性,是相对于大多数学生来说比较难以理解的知识点。地理I教材中的主要难点体现在知识点比较抽象,如黄赤交角及其引起的太阳直射点的移动、正午太阳高度角、昼夜长短变化等,需要学生有高度的空间想象力和对生活现象观察和思考的能力。气压带和风带知识点要求学生掌握大气受热过程、热力环流、大气的水平运动等背景知识。如果基础知识不牢,理解起来难度就较大,对学生来说就是难点知识。对成对出现的知识点的理解具有难度,如低压(气旋)和高压(反气旋),需要一定的物理知识做铺垫。只有学会了基本的受力分析,才能对气流的运动状况进行掌握,不然就认为是难点知识。

教材知识的能力分析指运用地图(或图表、资料)的能力,如运用示意图说明地壳内部物质循环过程、运用图表说明大气受热过程。举例说明或分析各要素之间的相互关系等方面的能力。促使学生树立正确的地理观念是培养学生正确的情感态度与价值观的重要途径,也是公民素质教育的最高层次。地理 I 主要围绕一些基本的地理观念来设计,这些基本的地理观念包括:自然环境是人类赖以生存和发展的基础;地理环境各要素之间是相互联系、相互作用的有机整体;差异性是地理环境的显著特征;在人地关系中,人是具有主观能动性的因素;因地制宜、因时制宜;人类应合理利用自然资源;自然现象或自然过程对人类活动产生危害或损失就成为自然灾害。

新的课程观把地理教材定义为"一种育人的媒体和手段",教材是为教师完成教学目标而提供的范例。教师可以进行选择、补充或调整,课程标准也建议教师要善于结合实际需要,灵活和有创造性地使用教材,对教材的内容、编排顺序、教学方法等方面进行适当调整。要适应当前的教学,要"跳出教材看教材、跳出教材用教材"。

进行教学结构分析具有重要意义。第一,有助于提高地理课堂教学质量和效率。新课程标准要求,把握地理教材结构、理出一条清晰的主线,围绕主线上的核心问题展开一堂课,主题明确,既体现教学重点,也便于学生理解和掌握。第二,有助于地理教学的一堂课的顺畅、衔接紧凑。增加内容,充实教材、开阔学生视野。如人教版"地球的圈层结构"教学内容较少且简单,需要补充新的内容开阔学生视野,提高学生能力。调整教材结构的原有顺序,使结构体系更连贯有序。如人教版"不同等级城市的服务功能",逻辑性不强,不够连贯。适当调节更合乎逻辑。第三,有助于提高地理教师的教学科研水平。如人教版"自然地理环境的整体性"根据层次性和逻辑性分析教材结构。

首先,系统的结构与功能。

其次,自然地理环境是一个系统。

引入问题:地理环境是不是一个系统?

引导学生思考:外界环境包括宇宙环境、地球内部环境、人类社会;子系统包括大气圈、水圈、岩石圈、生物圈;要素有大气、水、地形、土壤、生物等;物质循环、能量流动、信息传递等。举例说明自然地理环境是一个"自组织"的系统。

那么系统隐含着什么观点？用整体、普遍联系观点分析和解决问题。

最后，自然地理环境的整体性表现。

从功能看，整体大于部分之和，如光合作用的生产功能；从演变看，部分服从整体，具有统一演化的特征，如沧海桑田；从要素看，有动态平衡调节和牵一发而动全身之分，如藏羚羊数量的动态平衡、东北森林变化导致环境的整体恶化等。

提出问题：为什么要素的变化会导致不同的结果？

归纳原因：是否主要因素，系统所处的状态，作用的程度（主要注意分析人类的影响）。

3）备学生

了解学生的基本知识储备；了解学生学习态度、能力水平；兴趣爱好及其他等等。

第一，了解学生地理学习的基础。主要对学生已具备的知识基础和生活中的地理知识体验进行调查分析，已具备的基础和经验对学习新知起着积极的促进作用或干扰作用。在教学中要充分利用那些对学习新知识有促进作用的知识和生活体验，相关程度越高，促进作用越强。学生已有的生活体验中的某些错误认识或者学生所在的环境中存在的不合理现象，给学生构建地理知识带来了困难，就要纠正学生的认知错误，用实际中的合理现象解释相关问题，或者去参观学习符合地理规律的区域，建立正确的知识架构。

第二，分析学生学习地理的基本方法。如通过问卷调查法，主要调查学生学习地理的态度，对地理学习有什么看法和具体认识；谈话法，通过座谈交流，观察学生的神态和反映；小测验，用于对学生的专业素养和基本能力进行摸底调查。

第三，结合学生知识基础，培养学生正确的思维方式、拓展学生的思维空间。准确掌握学生的思想状态和情感态度，提高学生学习知识的兴奋度和学习气氛的融洽度。新的课程标准要求：现代地理教育要摆脱学科中心知识本位的束缚，立足全面育人、育全面的人，地理教育中的情感领域不仅仅是单纯的爱国主义情感，也包括学习兴趣、学习热情、学习动机、内心体验和情操陶冶。

(3) 写教案

认真准备、编写教学方案有助于养成严谨的工作作风和办事认真的习惯；提高教师的理论与实践教学能力，在编写教案过程中发现并及时解决问题；促进充分备课，上起课来有条不紊，时间分配得当；使课程教学有案可循，课后自查有据可依；避免信口开河，将题扯远，或丢三落四，或时间上前紧后松造成冷场，或前松后紧造成拖堂；可使教师增强授课信心，讲起课来胸有成竹、从容不迫，不致因准备不周而心中无底，讲课时少这忘那；

可使授课内容层次清楚、重点突出、难点分散,有助于明确授课目的,多方面培养学生能力;有利于教学的前后呼应。

编制教案前,要钻研课程标准,阅读、分析教材,确定教学目标,了解学生,准备教具和实验观察材料,阅读有关的教学资料等方面。切不可在钻研大纲、分析教材之前先忙于寻找资料,更不能利用资料去拼抄教案,应将主要精力用在吃透教材、熟悉学生和设计教法上。

完整的地理教案主要包括课题名称、教学目标、教学重点和难点、教学方法,以及教学用具、教学过程、教学提纲(板书)、教学后记等。

①教学过程是主体部分,一般包括以下几个步骤:

导入新课。要求:目标明确,自然入题;引起兴趣,与教学方法密切。方法:直接导课、故事导课、创设情境导课、悬念导课、新旧知识联系导课、解释题目导课、演练导课、设疑导课等。设计导课要新颖、活泼、精当、简洁。

讲授新课。要求:准确性、科学性、生动性;启发性、感染性;灵活性、逻辑性。要针对不同教学内容,选择不同的教学方法。考虑好怎样提出问题,如何逐步启发、诱导?教师怎样教学生学习?要有详细步骤和时间安排。

巩固拓展。要求:时机恰当、自然;真诚、灵活、有效;方式多样。

结课。要求:体现教学目标;注意首尾呼应;做到适可而止;注意形式多样。怎样进行结课?如何设计结课语?技能:教学过程的升华;突出要点;产生成功感、引起期待。

作业。要求:深化教学内容;重在能力培养;方法掌握。

②教学提纲(教学板书)。是教师教学思路、教学内容的高度浓缩和集中体现,也是整个课堂教学的重要组成部分。要注意板书设计是否合理、科学、新颖、有创意,是否能较好地帮助学生理清教学思路、把握学习重点、获得美感享受。

③教学后记(教学反思)。看教学内容的完成程度,看学生对知识的掌握程度,看学生能力的形成程度,看学生思维的发展程度,看教学设计是否恰当,看课堂教学流程是否简化,看教学内容是否进行提炼和整合,看多媒体运用是否形象、直观和恰当,看是否激发学生的情感和发展学生的智力,看是否正面积极中肯评价、激励学生。

地理教案的基本格式主要有文字式、表格式、程序式三大类,有详案和简案两种。详案:要求教师把上课的整个过程安排都写下来,包括教师说的每一句话、每一个动作、每一个环节、板书内容。优点是详细、周到、严密,不易出差错;缺点是可能不符合课堂教学中动态的变化,比较呆板、缺乏灵动。适宜于新教师。简案:要求教师把上课的过程简略地写下来,写出要点,突出重点。适宜于有经验的教师。地理教案的编写方法有:详案编写,要求以详尽的文字形式表达备课结果的方法;流程式编写要求把复杂的教学过程分解为相对简单的几个环节,并体现教学过程各要素之间的关系;电子教案的编写要求多媒体地理授课方案。

教案编写的创新。第一,教案可以在课堂教学中随时完成。教案不完全在上课之前设计好,真正的教案是在教学之后,也就是说要根据学生在课堂中的实际状况调整原先设计好的教案。尤其是对教平行班的教师,第一次上课后的新发现要在教案中及时修正,下次上课时加以改进。第二,"隐性教案"是课堂教学成功的关键。课堂教学成功的关键更多的应该是蕴含在教师思想和情感深处的,即教师的教育理念、专业知识水平、情绪和情感、教育机制、口语表达水平以及教态。这也是为何许多教师照搬名师公开课的教案却时常收不到预期教学效果的原因。可见,保证好的教学效果教师需要不断充电,内外兼修,并非教案因素单独决定的。第三,"0"教案释放教师教学实践的智慧。不是否定一切教案,只是不再工工整整写在备课本上、填在机械繁琐的表格中,而是提倡教案形式的多样化。教师可根据实际情况和教学内容的特点,自行选择教案表达方式,可在教材、教参上画批注,在以前的教案本上圈点修改,或是制作提纲卡片等。不等于不备课,该做的工作仍要做。只是不再用那些机械僵化的检查办法束缚教师,不再用毫无意义的重复加重教师的工作负担。第四,用"学案"代替"教案"。学案代替教案的探索,体现了新课改的理念,适应教学中教师中心、教材中心、课堂中心向学生为中心和主体的改变,避免了教与学两张皮现象,教师备研结合,充分发挥优秀教师和集体的作用,减轻了学生的负担,收到了较好的教学效果。

四、教学设计案例

(一)案例一

新课标人教版初中七年级地理上册第二章 第二节"海陆的变迁"备课设计与反思。

1.备课主题

第二章　第二节　海陆的变迁(2课时)

2. 备教学目标

1)知识与技能

举例或通过实验说明地球表面海洋和陆地处在不断的运动和变化之中。

2)过程与方法

教学过程中应该层层递进,引起学生探究、激发学生思考。(1)通过模拟板块运动实验,理解板块构造学说的基本观点,培养求真务实的科学探究精神和创新实践能力。(2)通过模拟实验,理解火山地震的发生原理,说出世界著名山系及火山、地震分布与板块运动的关系,养成科学探究的良好习惯,培养创新精神和实践能力。

备教法与学法,其中教法主要包括创设情境法、读图分析法、模拟实验法、总结归纳法、启发引导法、交流谈话法,学法主要包括情境感受法、地图观察法、实验探究法、问题探究法、自主学习法、合作探究法。

3)情感与价值观

了解板块构造学说的形成过程,培养尊重科学、不畏权威的科学精神和品质。

3. 备教学重点和难点

(1)教学重点

1)举例或通过实验说明地球表面海洋和陆地处在不断的运动和变化之中。

2)通过模拟板块运动实验,理解板块构造学说的基本观点。

3)通过模拟实验,理解火山地震的发生原理,说出世界著名山系及火山、地震分布与板块运动的关系。

4)充分利用地图,培养学生的读图能力,从地图中学习知识,发现问题。抓住海陆变迁的突出特点,用解疑的方式,把自然地理知识融入特有现象中,让学生不仅知其然,更要知其所以然。

(2)教学难点

1)通过模拟实验,理解地壳变动的发生原理;

2)通过模拟实验,理解火山地震的发生原理;

3)利用多媒体辅助教学、学生思考等方式充分调动并发挥学生学习积极性和思维的活跃性,引导学生初步养成运用基本原理综合评价地理事物的能力,使教学难点得以突破。

4. 备教学过程

新课导入:从"沧海桑田"的成语故事引入,激发学生的学习兴趣。

讲授新课:围绕"设置情境,激发学生学习兴趣"这一主题,在课堂教学中,充分利用教材、多媒体课件等教学手段,通过图片展示、问题设疑,为学生设置不同问题情境,由浅入深、由易到难、由局部到整体,通过设疑让学生思考,逐步使学生对海陆变迁的原因、大陆漂移学说、板块构造学说的基本观点有初步了解。展示相关图片资料并提问。

5.教学反思

包括反思教学设计理念、反思教学思路、反思教学方法的选取等。

(二)案例二:地理微格教学设计

要设计好一堂微格教学课,需要从课堂导入、教学过程设计、练习设计、课件制作等方面下功夫[①]。

1.课堂导入

课堂导入犹如音乐前奏,起着承上启下的作用,同时也是对知识的前引后连,激发学生的学习兴趣。一个好的导入可以引导学生快速进入学习状态。以学生为本,根据学生的生活背景和生活经验、已有的知识储备、兴趣爱好等,结合丰富多彩的教学资料导入新课。

2.教学过程设计

结合教学新课标要求,深度挖掘教材知识,设计引入恰当的问题启发学生思考;借助问题延伸构建完整的知识体系。

3.练习设计

立足新课程标准要求,遵循学科教学特点,结合学生认知水平,设计具有层次性的练习,由浅入深,启发学生思考。练习设计既要贯通重点、难点,又要紧密结合高考题型,密切关注教育改革和权威信息,预测高考热点。通过练习既要训练学生基本的解题能力,又培养学生综合的学科素养。通过练习可以帮助学生掌握基础知识、基本技能、基本方法和基本应用。

4.课件制作

课件是很好的辅助教学工具,课件的制作要求体现在内容简洁、文字和图像清晰、整体色调平和、画面设计平衡合理、声音优美等。

---

① 黄岭.地理微格教学设计[J].好家长.2017,(59):191.

以"大规模的海水运动"为例,设计微格教学:

利用图片导入,让学生思考和分析:哥伦布第一次航行用了37天,第二次航行用了20天。第二次的航线比第一次长,为什么用的天数反而较少?

将教学内容引到洋流的相关知识,接着详细讲解表层大洋环流的分布规律。可以引入洋流的成因,设置问题"北赤道暖流是怎样形成的""西风漂流是怎样形成的",板书"大洋环流模式图",引导学生深度思考洋流分布规律及其形成过程。引导学生动手画出南半球大洋环流图。

分析世界表层洋流的分布规律后,引导学生探究南北半球西风漂流的不同性质,为什么南半球的西风漂流是寒流?引导学生分析海陆分布,得出结论:一是南半球的西风漂流是环绕南极大陆流动的,而南极大陆是一个冰雪覆盖的大陆,气温极低,这必然会影响其周围水域的温度;二是从南极大陆延伸出来的冰舌,进入海面后形成了漂浮的冰山,这些浮冰融化时吸收大量的热能,使海水温度降低;三是南极大陆强劲而干冷的极地东风加剧了海水的降温。

在分析出北半球表层大洋环流的分布规律后,引导学生根据全球洋流模式图,画出全球大洋环流的简图,进而画出太平洋、大西洋的大洋环流图。

第三节 说课技能训练

一、说课技能训练目的

通过训练使学生理解说课技能的概念,了解说课技能的类型。掌握说课技能的程序和要求,能根据教学任务和中学生的特点把说课技能应用于教学实践。

(一)什么是说课

"说课"是教师以教育学理论为指导在精心准备的基础上,面对教研人员(或评委)、同行教师和其他听众,在规定的时间内(一般为15-20分钟)系统地阐述自己的教学设计及理论依据,然后由听者共同讨论评价,达到相互交流共同提高目的的一种教研活动形式,主要围绕"教什么""怎么教"以及"为什么这样教"来进行[①]。一般在上课之前进行。说课是口头表达针对某一教学内容的教学设想及其理论依据,能够较为全面地反映说课者的专业知识、教育理论和示范技能水平。说课把个人备课、集体备课和备课研究有机地结合起来,提高了备课的指导性、规范性,有利于提高备课研究效益。说课可以有效地调动学习教育理论、钻研教学技能的积极性,是提高教师备课质量、提高课堂效率、提高教师综合素质的重要方式,是培养研究型教师和提升师范生教学技能的重要途径。

说课始于20世纪80年代,是当时的一种新型教研方式,是教师深化教材理解、探索新的教学方式的重要途径[②],主要用于同行间的讨论交流,是提高教学水平的重要教学手段。说课是教师在备课的基础上,对同行教师、教学专家或教研人员系统阐述自己的教学设计及其理论依据,然后由听课人员给出评价分析,达到提高教学能力的目的。说课教师必须说明如何根据教学内容、围绕教学目标指导学生学习,激发学生学习兴趣、调动学生积极思维、强化学生主动学习的意识。同时阐述说课者怎样根据学生的年级、年龄、心理等特征,运用哪些教学规律指导学生学习。说明所教的学习方法,能够培养学生哪些方面的能力等。说课最重要的是说理,即说为什么这样教。突出重点,详略得当。前后呼应,体现说课的系统性。活用理论,不要生搬硬套。

说课一般由"说"和"评议"两部分组成。说课的目的主要是为了研究课堂教学和进行教育科研的基本训练。说课能够将教育教学理论与教学实际相结合,有利于促进教师专业化成长和综合素质提高。说课可以优化课堂教学结构设计,提高课堂教学效果;促进教师由经验型教师向教育科研型教师转变。当前,说课已成为教学评比、教师职称评定的重要方式。

(二)说课的基本特点

(1)简易性与操作性。说课不受时间、空间、人数限制,又不牵涉学生,简便易行。

(2)参与合作性。能很好地解决教学与研究、理论与实践相脱节的矛盾。

(3)理论性与科学性。说课不仅要说明怎么教,还要说明为什么这样教。这迫使我们去学习教学理论,认真思考问题。这是教师从理论上认识教学规律的过程。说课还需要写讲稿和演讲,这也是提高教师写作能力和语言表达能力的过程。

[①] 徐振华."说课"——地理教研的新形式[J].地理教学.1996,(6):16-17.
[②] 郭金铭,袁天凤,甄英.新课程标准下地理高师生说课能力培养探讨[J].内江师范学院学报,2011,26(10):100-103.

(4)交流性与示范性。说课是一种集思广益的活动,在评议说课中切磋教艺,在交流教学经验中获益,尤其是对说课者是最实际最贴切的指导。

(5)局限性。说课评价要与课堂教学评价结合。

(三)说课的类型

根据不同的标准说课类型有不同的分类方式。如按照学科分类、按照用途分类等。一般来说,说课主要包括以下几种基本类型:

(1)研究型。一般以教学团队、教研组或年级组为单位,以集体备课的形式进行,用集体的智慧丰富教学内容、完善教学方式和方法。每个教师轮流说课,是大面积提高教师业务素质和教学研究能力的有效途径。

(2)示范型。一般选择专业素质好、教学水平高的优秀教师做示范性说课,由教师或教研人员对说课内容及教学效果做客观评价。可以从听说课、看上课、听评析中开阔视野,促进青年教师迅速提高教学水平,这种方式是培养教学能手的重要途径。

(3)评比型。是带有竞赛性质的说课形式。通常要求参赛教师按照指定教材,在规定时间内写出说课内容,然后进行说课展示,由学科教学专家和教研人员根据各项指标要求进行打分,按照分数高低排列说课名次。参加说课的人员一般是通过层层选拔出来的优秀教师,因此这种说课方式有利于培养年轻的骨干教师,促进学科带头人的产生。

(四)说课的具体程序

主要包括:

(1)课题选择。自选课题或指定课题。

(2)做好准备工作。包括钻研教材、分析学情;确定目标、选择教学方法;设计教学过程、弄清教学的理论依据。

(3)形成说课稿。

二、说课技能训练的内容

说课内容一般包括说教材、说教法、说学法、说教学过程、说板书设计五大部分。

（一）说教材

首先是在认真研读教材和课程标准的基础上,重点阐述要说内容在本节、本单元及整个教材体系中的地位和作用,教材编排的意图和特点,要说的内容与前后知识的联系;然后确定教学重点和难点,以及具体的课时安排;最后在分析学情的基础上,在符合课程标准的情况下,制定合适的三维目标,明确说出各知识点的不同层次的具体要求。

(1)说教材分析。在认真阅读教材的基础上,根据教学标准分析本节教材的知识内容及编写特点,说明该段教学内容在节、单元、年级及整套教材中的地位、作用和意义,甚至在后续学习中的地位。

(2)说教学目标。依据课标要求、教材特点、学生情况,说出教学目标,包括知识与技能目标、过程与方法目标、情感态度价值观目标。

(3)说教学重点和难点。说明本课的重点、难点是什么,这些重、难点提出的根据是什么,解决重难点的关键是什么,教材重点是教材内容表现出来的地理事物的内在联系或本质,是教师认为教学中需要着力讲解或讨论部分。其确定的依据要从教材内容、教学目标、学生的基础和年龄等方面来说明。教学难点的依据,要从造成学生难懂的原因来说明。一种是教材内容较深或概念比较抽象,另一种是学生缺乏这方面的感性认识或基础知识。有时难点和教学重点重合,如果难点属于教材内容的次要部分,则要说出教学时对难点的突破办法,占用时间等。

(4)说教材处理。表明教材内容的取舍和重点的选择,说出如何依据教学目的和要求、教材特点和学生实际,确定哪些内容应总结概括,哪些内容需解释发挥,哪些内容需详讲,哪些需略讲,以及这样处理的理由等。体现教师驾驭教材的能力,要有创造性。既不要迷信教材,又要符合教学各方面的具体要求。

（二）说教法

就是计划说课内容、教学目标和学情分析,具体阐述计划采用的教学方法及其理论依据。主要在于说明教学的具体策略,采取何种教学方法和技术手段解决教学问题。教学方法多种多样,根据具体情况选择不同的教学方法,正所谓"教无定法"。教法的选择,一要考虑能否取得最佳效果,二要考虑师生是否付出最少的劳动。

说教法选择及其依据。遵循教学有法、教无定法、贵在得法的原则。主要说清楚教学过程设计的总体框架和设想,说出教学过程的整体结构、教学内容的详略安排和教学板块的时间分配。一般一节课以一、二种教法为主，穿插渗透其他教法。应介绍为什么采用这种方法，在具体的课堂教学中，通过什么途径有效运用这些教学方法，预计达到什么效果。运用此教法应注意哪些问题，自己的改进意见和创新是什么等。说出主要环节的教学设计，导入新课、课堂提问设计、例题设计、重点突破和难点化解设计、课后小结和作业设计等。结合学生的实际实行分层教学，使每个学生在每节课都达到相应目标。在教学技术手段中可以说明具体使用的教具、投影或其他教学媒体等，教具和教学媒体的使用有利于突出重点。如在说课涉及"大洋环流"一节时，可以采用图片展示、分组讨论、化简笔画等多种教学方法，同时采用多媒体通过动画、视频等方式辅助教学，可以让听课者直观接受教学内容。

说课者要从教育学、心理学的角度去阐述选择教法的理由。(1)根据教学目的选择与之相适合的教法。教学目的不同，使用的教法就会不一样。如果一堂课的教学目的主要是传授新知识，就要相应地选用讲授法为主，结合运用谈话法、讨论法和演示法等；如果一堂课的教学目的主要是帮助学生形成技能、技巧，就要相应地选用以练习法为主，结合运用实验法等。(2)根据教材的内容特点、学生的认知水平和教师自身特长选择相适合的教学方法。

(三)说学法

学法就是学生学习地理知识与技能的方法。学法指导就是通过教学，指导学生学会什么样的学习方法，培养哪种能力，主要说明学生"怎样学"及解释清楚"为什么这样学"。根据课程标准和教学内容的重点难点，分析学生学习过程中可能遇到的障碍及其原因，指出通过什么方式(如培养学生的学习习惯和学习方法)帮助学生克服学习障碍，说出通过哪些途径培养学生哪些能力(如实践能力、观察能力、思考能力、表达能力等)，说出通过因材施教培养学生掌握重点、突破难点的措施。可以从说课的职能发展目标、学生基础和年龄特征、教学选择与教学手段等方面进行说明。

地理课的学法主要包括学习地理感性知识的观察方法，掌握地理理性知识的逻辑方法，再现与保持的记忆方法，学习地理图表技能的方法，运用地理知识解决问题的方法，搜集、整合资料的方法等。由于地理知识具有地域性和综合性的特点，地理事物具有时空变化的特征；因此，根据教学内容和学情分析，加上教学经验，选择合适的教学方法，指导学生掌握基本知识和基本规律，掌握基本的解题、应用及使用课本的能力等，目的在促进学生理解和掌握所学知识。

（四）说教学过程

教学过程主要指教学中的设计安排，就是教学活动是如何发起，接着又是怎样展开，怎样结束的。这是说课的重点，它体现了说课者独具匠心的教学安排，反映着教师的教学思想、教学个性与风格；也是最体现说课者的专业知识素养、教学技能和教学综合水平。说课者要把自己对教材的理解与处理，针对学生实际的考虑，借助哪些方法来组织教学的基本教学思想说明白。

按照教学活动的顺序安排新课导入、讲解、课堂反馈、总结、布置作业等，论述各环节设计的理论依据。主要阐述教学思路与教学环节安排，教与学的具体安排，重点与难点的处理方法，采取哪些教学手段辅助教学，板书的设计和依据，课堂练习的设计及意图，课后作业布置和训练意图等。

把教学过程所设计的基本环节说清楚。具体内容只需概括介绍，只要听讲人能听清楚教的是什么、怎么教就行。不能像给学生上课那样按教案讲。不仅要讲教学内容的安排，还要讲清为什么这样教的理论依据：课程标准依据、教学方法依据、教育学和心理学依据等。要讲清说与教的双边活动安排。怎样运用教学思想指导教学，怎样体现教师主导作用和学生主体活动的和谐统一、教法与学法的和谐统一、知识传授与智能开发和谐统一、德育和智育的和谐统一。

说重点与难点的处理。说明在教学过程中，怎样解决重点和突破难点，突破难点运用什么方法。

说明采取哪些手段辅助教学。什么时候用，什么地方用，以及这样做的道理是什么。

说时间预测：要注意说明各个大环节课堂教学中所需时间。如一节课按45分钟计算，导入新课大约需要2分钟，讲授新课大约需要30分钟，课堂小结大约需要3分钟，巩固练习大约需要8分钟，布置作业大约需要2分钟。

说板书设计。将设计完整的板书进行投影展示或边说课边板书均可。要说明这样设计的理由。

（五）说板书设计

根据教学内容和教学目标设计具体的适合每节课的板书。板书内容设计要简洁明确、层次分明，帮助学生准确理解本节课的教学内容。说课过程中可以借助多媒体展示。

三、说课技能培养

通过说课可以综合反映专业素养和教学技能,高校师范生的说课能力是其未来教学研究能力的重要体现。说课作为重要的教学实践环节,已经成为教师资格证考试和教师招聘考试的重要环节,也是各省、市招教考试面试采用的主要形式,是提高学生就业竞争力的重要技能,是培养师范生适应新课改的任务。因此,应该从多角度培养和提高师范生的说课能力。

(一)研读课程标准,根据地理学科特点设计

课程标准本身既是重要的说课内容,又是说明为什么这样教的重要依据。在说课准备之前首先要研读课程标准,要关注说课的具体课程内容,对学生能力的要求,应该贯彻的教学原则和应该采用的教学方法。

地理学是文理交叉的学科,其研究对象涉及自然、人文、经济等领域的复合系统,综合性是其主要特征;同时地理学揭示的是地球表层的空间分布、空间结构、空间联系及其随时间而演化的规律,具有区域性的特征。新课程标准改革确定了初中地理主要是学习对生活和终身发展有用的地理知识,高中地理主要是满足不同层次水平的地理学习需要,重视对地理问题的探索和信息技术在地理课程中的应用,注重学习过程评价和学习结果评价相结合[①]。初中地理课程以区域地理为主线,贯穿主体学习和范例学习;而高中地理课程要求运用基本原理、基本方法分析和解决问题。因此,在说课时要将新课程理念贯穿其中,才能达到培养人才的目的,也才能提高说课水平。

(二)熟悉中学地理课本,提高教材分析能力

师范生毕业后的主要就业方向是到中小学任教,经常翻阅中小学课本有助于巩固专业知识,也助于提前熟悉将来的教学内容。目前,中小学教师招聘面试说课内容主要选自中小学课本教材,经常翻阅中小学课本有助于就业应聘顺利过关。但是由于社会发展速度加快,教材也在随时代发展更新较多;因此要经常翻阅最新教材,了解最新的教学标准,增加说课的时代特征。

[①]《走进新课程》丛书编委会地理课程标准研究制组.普通高中地理课程标准解读(实验)[M].南京:江苏教育出版社,2004:78-296.

说课的目的在体现说课者对教材分析及处理能力。授课者在熟悉课本知识的基础上,根据学情状况去处理教材。

(三)提高驾驭语言的能力

说课的听众是专业同行,应该以讲述性语言为主,单独依靠"独白式"的语言活动,同时综合运用课堂教学语言来阐明事理,目的是让听者处在一种课堂教学的氛围中。因此要求说课时使用语言要用词恰当、通俗易懂,确切规范、合乎逻辑,语调变换适中,合理运用语言幽默艺术,从而达到良好的说课效果。

四、说课技能训练

掌握说课设计技能是地理教师需要掌握的重要技能之一。在注重核心素养提升背景下,基于教学案例的说课设计成为一种重要的教学模式,是教学过程中培养学生地理核心素养的方法和途径[①]。

借鉴河南省鹤壁市高中宋海学的教学案例作为说课技能训练的案例。

(一)案例选取与分析

1.案例选取

选取"自然地理环境的差异性"作为说课案例。该案例属于高中地理(湘教版)必修1第三单元第三节。该案例所在单元的第一节是本单元的一个知识总纲,第二节(整体性)和第三节差异性是对第一节的分类解读。由于自然地理环境对人类活动的影响主要是由自然地理环境的差异性造成的,因此,对必修1而言,该案例是对第二单元的一种提升和整合,同时是对第四单元的一个铺垫。

2.主要内容

结合世界气候分布图和自然带分布图,分析自然地理环境差异性的三种表现方式,重点是让学生明白"地域差异是普遍存在的,在不同范围和方向上的分异原因又是不同的"。

---

① 宋海学.基于地理核心素养培养的高中地理说课设计——以"自然地理环境的差异性"为例[J].文教资料.2018,(22):192-193.

3.三维目标

该案例的《高中地理课程标准》是"应用地理图解读地理环境的地域分异规律",因此,制定本案例三维目标如下:

(1)知识与技能

让学生知道地域差异在自然界中是普遍存在的;培养学生运用地图分析不同空间尺度的陆地自然带;使学生理解并掌握地域分异规律的形成过程。

(2)过程与方法

分小组合作学习,在合作学习中发现并解决问题;鼓励每位学生去总结并反思自己学习过程中的心得与体会。

(3)情感态度和价值观

让学生体验地理知识在生活中处处存在;鼓励学生研讨地理问题,培养学生科学、求真、务实的价值观[①]。

4.重点和难点

该案例着手分析的是自然地理要素的差异性,在高中时期学生接触的都是小尺度的地方,对大尺度的地域分异规律较难理解。

(1)重点:自然地理要素的差异性;地域分异的基本规律。

(2)难点:地域分异的基本规律。

5.课时安排

该案例课时安排为2课时。主要包括三部分:差异性是绝对的;地域分异的基本规律;主要陆地植被带及因地制宜。

该案例教材内容较多,因此,教师做了适当调整,只讲地域分异基本规律的前三大规律,其他内容下节课再讲。教师调整课时之后,使学生每节课的时间都可以高效利用,同时又让学生的学习张弛有度。

(二)学法和学情分析

根据学校招收学生的整体素质水平决定具体的教学方式和教学策略。如对于整体素质较高的学生,由于学生对课本上的基础知识掌握较快,可以将教学重点放在提高学

---

① 刘鑫.地理核心素养的解读——以2016年江苏地理学业水平测试为例[J].地理教育.2017,(1):35-36.

生的理解分析能力上。如果是整体素质一般的学生,要将教学重点适当侧重基础知识,在掌握了基础知识之后再提高学生的理解分析能力。

该案例的主要内容是地域分异的基本规律,前三大规律又是学习的重点。因此,在教学过程中强调抓基础、提高读图分析能力,通过强化推理,获取结论。

(三)案例教法分析

1.指导思想

地理核心素养包括区域认知、人地协调观、综合思维和地理实践力。区域认知是学生对一个区域的认识,包括对该区域的经纬度位置和相邻关系的认识。人地协调观是教师通过日常教学和学生通过对社会知识的认知,使每位学生都形成一种良好的、持续的、生态的观念。综合思维是学生深入地研究某个地理问题,探讨影响该地理问题的因素,以及影响因素是如何影响的,以此培养学生多因素分析问题的能力[①]。

基于对地理核心素养的认识和相关案例分析,制定以图导引、依据现象获取地理规律,达到培养学生地理核心素养学法的目地。利用经典风景区图、世界植被带图、中国主要的景观图等图片提高学生学习兴趣。

具体方法是:(1)教学活动。教师在黑板上写出经典风景区的名字,同时展示相关景观图片,让学生分析景观所在的位置,每个景观有什么特征,这些特征是如何形成的。通过一环扣一环的学习,既可以培养学生的区域认知能力又可以培养学生的综合思维能力。(2)挑选景观图片中差别较大的几组,让学生分析产生差异的主要原因,培养学生的地理实践力和综合思维能力。(3)把景观图片依据地域差异原因分类,归纳地域差异形成规律(教师指导学生在植被带图中查找这些规律)。在这部分教学中教师要让学生树立正确的人地协调观,同时培养学生的地理实践力。总之,教师要围绕学生地理核心素养的培养展开教学。

自然地理环境的两个基本特征是整体性与差异性。一个区域的内部各要素是高度统一的,而区域之间是不同的,即具有差异性。教师可以借此对前面整体性知识进行巩固,又可以着重解读"自然地理环境的差异性"是多种要素的差异性,其中植被带差异就是其中一个最重要的方面。

---

① 盛春雳.基于地理核心素养视域下的高中地理课堂教学策略[J].课程教育研究.2017,(8):182.

2.教材处理

考虑到协调前后知识点的需要,教师应该将"地球表层差异性的表现"这部分知识贯穿地域分异基本规律内,把基本规律与差异性的表现融为一体。三个知识点围绕几幅经典景观图展开。"主要陆地自然带"部分是讲解"地域分异的基本规律"的基础,可以调整到前面讲解,也为本案例安排打下基础。

3.教学方法

采用多媒体教学、问题引导教学和案例教学方法。借助多媒体展示地理景观图片,利用问题激发学生思考,提高学生的综合思维能力。"地域分异的基本规律"是说课的重点和难点。教师主要让学生在景观图上直接查找信息,依据信息得出结论,利用世界植被分布图找出例子论证结论。可以充分体现教师培养学生地理核心素养的教学思想。

(四)教学过程设计

1.导入

必修1的封面图是香格里拉的雪山、森林和草地。用它做导入,图片容易获取,也可以激发出学生对祖国壮丽山河的热爱,还可以激发学生自觉探讨和研究图中反映的地理信息的热情。

2.新课讲解

第一,教师通过导入引导学生自然而然地去分析我国经典植被景观图,促使学生达到以下目标:判定景观图的位置;指出景观图的典型特征;解析形成每张景观图片特征差异的重要因素。这样做的目的在于:让学生清楚各个自然地理环境要素都是相互影响的;重点理解自然地理环境具有整体性;为学习"地域分异规律的普遍存在"打下坚实的基础。此部分以学生探究为主,教师指导为辅,达到培养学生区域认知能力和地理实践力的目的。

第二,学生学完前面景观活动之后,教师板书写出五个问题开展活动总结,引导学生分析出下面结论:差异性在自然自理环境中普遍存在;差异性主要表现在气候、地形、水文、植被和土壤等方面;区域内最典型的差异是"植被";影响地域差异的因素很多,但最主要是气候,为学习后面知识做准备;采用景观图位置识别活动,让学生分析差异性的特点、影响因素、分布规律,再到世界植被带分布图中查找例子论证。此部分重在循序渐进地引导,让学生自己归纳分析。这样设计教师可以达到培养学生的综合思维能力和人地协调观的目的。

第三,让学生把总结的规律填在表格内,目的是强化学生对地域分异规律的理解和掌握,同时完成教材所写的活动。在这部分设计中教师可以达到培养学生地理实践力和综合思维能力的目的。

3.教学实践

安排学生查阅本地资料,分析当地自然地理环境特征及与附近地区的差异,让学生了解自然地理环境差异是多方面的,同时进一步提高学生的地理实践力。

4.教学活动

国庆节假期,许多家庭会外出旅游。请同学们设计三条旅游路线,每条路线需反映学习的一个地域分异规律,结合地图,采用新闻报道的形式写出设计方案,下节课与大家分享。

5.板书设计

具体板书设计可参照下图,如图7所示。

```
           ┌ 自然带:地理环境各要素具有一定的宽度,呈带状分布
           │      ┌ 1.纬度地带性分异规律:自然带沿纬度变化
地                │    方向有规律的更替,以热量为基础
理         │      │
环         │      │ 2.干湿度地带性分异规律:自然带大致沿经度
境  ┤ 分异规律 ┤    变化的方向有规律的更替,以水分为基础
的         │      │
差         │      │ 3.垂直分异规律:自然带从山麓到山顶有规律
异         │      │    的更替,水热状况随海拔变化
性         │
           └ 特征——地理环境的整体性是相对的,差异性是绝对的
```

图7 地理环境的差异性板书设计

(五)教学反思

以上教学设计:第一有利于培养学生的地理核心素养,让学生提高区域认知力、地理实践力和综合思维的能力,并树立正确的人地协调观;第二景观图活动加上知识合理穿

插教学有利于教师强化重点帮助学生突破难点,第二教师可以通过合理的板书设计帮助学生记忆案例知识要点,让板书为记忆服务。

第四节　课堂教学技能训练

一、课堂教学技能训练目的

使学生了解课堂教学中基本教学技能的类型,理解各项基本教学技能的概念,掌握各项教学技能的执行程序和要求。通过训练能根据教学任务和中学生的特点把教学技能应用于教学实践。

课堂教学是教育教学中普遍使用的一种手段,它是教师给学生传授知识和技能的全过程,它主要包括教师讲解、学生问答、教学活动以及教学过程中使用的所有教具,也称"班级上课制"。与"个别教学"相对。课堂教学把年龄和知识程度相同或相近的学生,编成固定人数的班级集体;按各门学科教学大纲规定的内容,组织教材和选择适当的教学方法;并根据固定的时间表,向全班学生进行授课的教学组织形式。

课堂教学是教学的基本组织形式之一,是学生获取知识的主要渠道。教师教学技能是表现在教学活动中的教学行为方式,目的在于促进学生学习、实现教学目标、完成教学任务,是教师所掌握的教学理论转向教学实践的中介环节,是一种富有灵活性、开放性和创造性的高级技能,是教师专业素养的外化形式。教师对课堂教学的组织、驾驭能力是完成教学任务、实现教育目的的根本保证。课堂是育人的主要场所。因此,课堂教学能力在教师能力结构中处于核心地位,提高教师的课堂教学能力是提高教学质量的关键。

二、课堂教学技能训练内容

由于部分内容在其他章节有所涉及,本部分内容主要从课堂导入、讲授方法、课堂提问、课堂学习活动组织、教学结课等几个方面分析课堂教学能力,达到提高教学能力的目的。

（一）导入技能

1.课堂导入

导入是在新的教学内容或教学活动开始前，教师引导学生进入学习的行为方式。

(1)新课导入问题的设计

新课导入是否新颖有趣，能否在短时间内吸引学生的注意力，直接关系教学目标能否达成。因此，在课堂导入问题时可以从以下几方面设计：1)目的性。无论教师设计什么样的导入方式，都要紧密结合课程标准、教学目标、教学内容。根据学生年龄特征、教学环境、学校的设施等实际情况，在学生的已知与未知之间架设起一座桥梁。2)趣味性。兴趣是最好的老师。如果学生对所学的内容感兴趣，就会表现出主动、积极和自觉，学习效率就高。因此，不是每一次，但在每一个学期中，教师要精心设计几个引人入胜的导入，使学习内容以鲜活的形式出现，最大限度地激发学生学习地理的兴趣。3)启发性。关键在于启发学生的地理思维。地理课堂导入设计的目的，是通过学生已知或未知的地理事物或现象，启发学生的思维，激发学生解决问题的渴望，促进学生对新知识的理解与掌握，以帮助学生实现知识的迁移和运用。4)艺术性。要实现导入的艺术性。首先，导入的设计要自然，不能生搬硬套、牵强附会。其次，导入的语言要有艺术性，在科学、准确和学生可接受的前提下，语言的生动、幽默、有趣，能像磁石一样把学生深深吸引。同时还可以结合新颖性、时效性等角度设计导入问题。

(2)新课导入要注意的问题

避免堆砌材料，导入冗长。避免引导问题量多质差，缺乏启发性；避免新瓶装陈酒，缺乏连贯性。准备充分，设计学生回答的几个模式，要怎么引导到课堂上来。充分调动学生参与课堂，如果只是教师独自的表演，那导入就失去了意义。在导入中，事实上也是做学生情感价值观的培养，因此尽量用正面的例子，要积极向上。

(3)地理课堂教学过程的承转和过渡

地理课堂教学过程中的承转，是指教师在地理课堂教学中遵循教育学、心理学、美学原理，创造性、艺术性地采取各种措施，把不同的课堂教学内容、教学环节衔接起来，使教学过程浑然一体，呈现出自然、节律的美感，同时开启学生心智潜能的教学活动。承转与过渡在教学过程中起着承上启下、穿针引线的作用。过渡得好，能使课堂教学结构严谨，层次清楚，脉络贯通，浑然一体，使课堂教学成为一个完美的艺术整体。

承转与过渡的时候要注意设计问题的逻辑性，在承转时要注意前后之间的内在联系和逻辑关系,过渡要自然,顺理成章,这样才有助于厘清学生的听课思路,对后面的学习内容有思想准备,从而顺利地过渡到下一个环节的学习。要注意设计问题的巧妙性,一个巧妙的过渡不仅能起到承上启下的作用,还能引人入胜地设置悬念,含而不露地积蓄语势,画龙点睛地议论,感情充沛地诱导,让课堂有活力。还要注意设计问题的简明性,课堂教学的过渡是各教学环节承转的关节处,虽重要但不是教学法的重点。因此,过渡时不能拖泥带水,把本来很短的衔接弄得很长。

过渡语的设置应由一个知识点过渡到另一个知识点、由一个框题过渡到下一个框题、由旧课过渡到新课、由旧知识过渡到新知识、借教师创设的问题实现承转等方式实现。

2. 导入的类型

课堂教学导入一般按照教学方法结合学生认识活动特点,选择恰当的导入方式。

(1)直接导入

以语言传递信息为主,一般采取讲授法、讲解法等进行新课导入。

讲授法:教师主要运用语言方式,系统地向学生传授科学知识,传播思想观念,发展学生的思维能力,发展学生的智力。教师用形象的语言向学生叙述或描述地理事象的方法。一般在叙述地理事物、现象、特征和分布时运用讲述法。经常采用试讲、讲演、讲读、谈话、讨论等教学方法。

讲解法:教师运用富于理性的语言向学生说明、解释或论证地理概念和地理规律的方法。教师一般在说明各种自然或人文地理事象的形成原因、布局原理、相互联系或阐述地理、区域的综合性和差异性,解释和推导天文、气候、水文等一些公式和原理时,常运用讲解法。注意在讲解时语言要条理分明、措辞准确。讲解时运用的语言要有严格的科学性,措辞要准确、精炼,说理要有逻辑性、结构严谨,要注意学生的年龄特征。经常采用比较法、综合分析法以及其他逻辑思维方法,尽可能采用直观的方法辅助讲解。

(2)旧知识导入

一般以谈话法为主。借助学生已有的地理知识和生活、学习经验,通过问答的方式传授地理知识、启迪智力。问答式谈话法一般在检查学生对已学知识是否遗忘采用,比较简单。启发式谈话法,教师提出问题通常需要学生开动脑筋积极思考,通过创立问题情境,使学生处于一种智力上的困窘状态,或者把复杂问题分成几个小问题,启发、诱导学生一步一步地利用已有知识和技能,寻求问题的正确答案。

(3)直观教具导入

演示法:是教师展示各种实物、直观教具,或者进行示范实验,使学生获得地理事物感性认识的方法。必须与以语言传递信息为主的方法一起使用。

参观法：是教师根据教学任务要求，组织学生到自然界或社会场所，通过对自然、人文地理事象的直接观察而获得知识的方法。

(4) 抽象符号导入

一般采用以象征符号认知为主的方法。指教师通过地图、地球仪、剖面图、示意图等以象征符号表征的图像，使学生获取地理知识的方法。如地图法、纲要信号图示法。

(5) 问题导入

一般采用自主探究式教学方法。自主探究式教学方法是指教师组织学生自学或引导，让学生比较独立地进行探究和参与研究活动，探求问题的答案而获得知识的方法，主要采取自学辅导法和发现法完成。

"自学辅导法"是一种以学生自学为主，结合教师指导和检查的教学方法。"先学后教，当堂训练"程序：出示这堂课的学习目标——出示这堂课的自学要求——学生根据自学要求自学、教师检查发现学生自学中的问题——学生汇报自学结果——纠正、讨论、指导自学结果——学生完成当堂作业、教师当堂批改作业。

"读议讲练法"是一种在教师指导下，由学生自学为主的，融阅读、讨论、讲授、练习于一体的教学方法。

"发现法"是以培养学生探究性思维方法为目标，在教师未讲述的情况下，利用基本教材，使学生通过一定的发现步骤进行学习的一种教学方法。步骤：创设问题的情境，使学生产生问题，并提出要求和需要解决的问题；学生利用教师提供的材料，对提出的问题作出假设、解答；从理论上和实践上检验假设，不同观点可以争辩；对争论作出总结，得出必要的结论。

(6) 实验导入

一般采取以实际训练为主的教学方法。主要是指通过练习、实习等活动，巩固和完善对地理知识的理解，形成地理基本技能，发展智力的方法。如练习法和游戏法。

3. 导入程序

一般按照"集中注意——引起兴趣、激发思维——明确目的——进入学习课题"的程序导入新课。

4. 导入的要求

针对教学内容和学生的特点，导入目的明确；能引起学生兴趣，有启发性；导入应与新知识联系紧密,进入课题自然合理。

(1)根据教学目的选择。

假如教学目的主要是传授新的地理知识,就可以选择以语言传递信息为主的方法、以直接感知为主的方法和以象征符号为主的方法等,以利于学生建立形象的地理表象,从而进一步形成正确的地理概念和理解地理原理。

假如教学目的主要是培养学生的地理基本技能,除了选择以语言传递信息为主的方法来阐明相关知识、掌握要领和基本要求外,还应大量采用以实际训练为主的方法,加强操作和训练。

假如教学目的主要旨在发展学生的智力,则可选用启发式的谈话和讲解等以语言为主传递信息的方法、以直接感知为主的方法和以自学为主的方法,以利于启迪学生智力,发展学生的思维能力、观察能力、想象能力和记忆能力。

(2)根据教学内容选择。

有关系统地理知识内容,多数为一般概念。涉及抽象概念,多规律、原理,应选择讲解、启发式谈话、演示、发现法等方法,有利于理解地理概念的内涵及外延,弄清规律、原理的内在和外部联系。

区域地理知识,多地名、数据,可选择地图法、练习法、以比较为基础的讲述法和谈话法,以及演示法、纲要信号图示法等,有利于学生建立丰富的地理表象,掌握地理事物的空间观念。乡土地理则应采用课堂教学和野外参观实习相结合的方法。

(3)根据学生的年龄心理特征及实际情况选择。

初中阶段的学生处于少年期,直观的方法如谈话法、讲读法等可占较多的比重。

高中阶段的学生处于青年初期,可较多采用讲解法、探索发现法、实现法等。

应当根据具体教学的实际,选择与运用教学方法。依据教学目标选择教学方法、依据教学内容特点选择教学方法;依据学生实际特点选择教学方法;依据教师的自身素质选择教学方法;依据教学环境条件选择教学方法。对所选择的教学方法进行优化组合和综合运用;无论选择或采用哪种教学方法,要以启发式教学思想作为运用各种教学方法的指导思想;在运用各种教学方法的过程中,还必须充分关注学生的参与度。

(二)板书板画技能

板书板画技能是教师利用黑板以凝练的文字语言和图表等形式,传递教学信息的行为方式。板书是课堂教学的重要表达形式之一,是教师在教学过程中为了帮助学生理解知识,书写和绘制在黑板上的文字、符号、表格、图形和色彩的总称[①],是教师配合教学用最凝练的文字、最简明的符号和图形展示教学结构和教学内容的教学手段,是课堂教学不可缺少的组成部分,师范生掌握必要的板书和板画技能是将来从教所必需的教学基本功[②]。板书板画是课堂教学的重要表达手段之一。设计和运用好板书板画,能大大提高课堂教学质量。

板书的功能主要体现:揭示教学内容,加强教学系统性,突出重点;加强直观性,激发兴趣、启发思考;强化记忆,减轻负担;板书布局有序,可为教学增色。板书设计要遵循科学性、针对性、启发性和美感性原则[③]。

常见板书的形式有纲目式板书、表解式板书、比较式板书、图解式板书、复合式板书等。最为方便、使用较多的板书形式是纲目式板书,它是指教学内容按照一定的顺序列成简明扼要的提纲,可以达到配合讲解、突出重点的效果。当然板书形式没有固定的标准,只要能够将某一教学内容清晰完整地表达出来就可以。为了更好地实现教学目标,可以采用几种板书的组合形式进行讲解。

地理课堂教学板画的主要类型包括:1)采用轮廓图、几何略图、形态画等表示地理事物的大致轮廓和形状。几何略图是用三角形、矩形、梯形、圆等几何图形表示某一地区的轮廓,是最简单的表现地区范围和位置的方法,这种方法适宜呈现地理事物的相对位置和面积比例关系。注意一般用赤道、南北回归线等重要纬线来控制相对位置。2)用过程图显示地理事物和现象发展变化过程的各个阶段,一般按照一定的讲解顺序边讲边画,如水循环示意图、地壳物质循环示意图等。3)一般采用剖面图的板画形式用于显示地理事物和现象的内部结构图。

板书板画的基本作用在于能够呈现一堂课的精髓,因此,从突出教学重点、便于学生记忆出发,在课堂教学中要合理采用板书板画形式。板书板画还可以展示教师的个人魅力,有助于树立教师形象。一手漂亮的粉笔字和一幅比例适当的世界地图,都可以展现教师的基本功,提高学生学习的兴趣。

板书板画注意事项:1)要简明正确,具有启发性、简洁性,形象直观,提纲挈领。2)要注意布局,注重质量,板书的字或板画的图要大小适宜。教师在板书、板画时,应该注意自己站立的位置,尽量不要挡住学生的视线,保证全班学生特别是前排两边和后排的学生都能看清楚。3)要主次分明,体现教学程序、展现知识之间的逻辑关系,能够揭示知识

---

① 邓璐瑶.浅谈板书板画在自然地理教学中运用的重要性[J].课程教育研究(学法教法研究).2017,(34):114.
② 陈计兵.高师地理科学专业学生板书板画技能培养研究[J].教育教学论坛.2014,(06):70-71.
③ 白文新.地理课堂教学"三板"技能应用策略探析[J].中学地理教学参考.2009,(9):9-11.

的来龙去脉。4)板书板画尽量要又好又快,扩大容量。5)板书板画中恰当使用彩色粉笔可以增加直观性和鲜明性,达到提高教学效果的作用[1]。

1. 板书板画的类型

提纲式,语词式,表格式,线索式,图示式,示意图,简笔画等。

2. 板书板画的要求

书写规范迅速,示范性强;条理清晰,布局合理;形式多样,启发思维;文字、图表科学准确;板画简单明了,形象生动。

(三)演示技能

演示技能是教师根据教学内容特点和学生学习的需要,运用各种教学媒体把事物的形态、结构或变化过程等内容展示出来,指导学生理解和掌握知识、传递教学信息的行为方式。

演示技能是教师进行实际表演和示范操作,运用实物、样品、标本、模型、图画、图表、幻灯片、影片和录像带等直观材料,指导学生进行观察、分析和归纳的方式[2],为学生提供感性材料,使其获得知识,训练操作技能,培养观察、思维能力的教学行为[3]。良好地运用演示技能有助于促进学生对学科知识的理解和掌握,能提高学生的观察、思维和动手操作能力,可以激发学生学习兴趣和科学探索精神,教师的演示技能直接影响教育和教学效果,对课堂教学具有很好的辅助作用。

1. 演示的类型

实物、标本、模型的演示;挂图的演示,幻灯片、投影的演示;电视的演示和课堂实验的演示。目前使用频率最高的教学演示技能有:范例演示、实物演示、图片演示、实验演示等[4]。

2. 演示的要求

对演示物精心选择;演示前提出问题和观察重点;演示时要指导学生观察,充分感知;多种媒体相互配合,综合利用;演示后及时总结,明确观察结果。

---

[1] 吴晓群.重视教学板书与板画的设计和使用[J].职业技能培训教学.1999,(2):22.
[2] 程敏,蒋合涛,罗充,等.试论教学技能中的演示技能[J].考试周刊.2016,(A1):164 - 165.
[3] 裘大彭,任平.课堂教学中的演示技能[J].人民教育.1994,(5):36-37.
[4] 林月姣,姚蕊,王芹磊,等.微格教学中提高师范生演示技能的研究[J].西部素质教育.2017,3(14):111-112.

(四)讲授技能

讲授技能是教师利用语言及各种教学媒体引导学生理解重要事实,形成概念、原理、规律、法则等行为方式。讲授教学是以教师的语言为载体,向学生传输知识信息、表达思想感情、启迪学生心智、指导学生学习的一种教学方法。讲授教学是一种最常用、最古老的教学方法,曾经是最重要的课堂教学技能之一。随着教育教学改革的不断推进,许多新的教学方法不断涌现,如探究法、多媒体教学法等,这些新的教学方法在地理教学中体现出越来越大的优势。但讲授法仍然是教师教学过程中最为基础和重要的一种教学方法,不应该随着教育教学方法的改革而被抛弃或忽略,如果教师能够领会讲授法的精髓所在,能够在教学中恰当地应用这种教学方法,将此方法与其他教学方法结合起来使用,依然能够取得很好的教学效果。

1.讲授技能运用的基本要求

基本要求在于目标明确、重点突出;运用丰富的实例(正、反例),联系已学过知识,引导学生分析概括,培养学习方法;及时巩固、应用,理论联系实际。

(1)讲授要科学、规范。讲授技能最基本的要求是要注重讲的科学性,讲的科学性是地理教师的教学基本功。在学生自主、合作、探究的背景下,特别是面对学生课堂所生成的信息时,教师讲的科学性显得尤其重要。

案例:山岳对交通运输方式的影响

教师在学生分析"修建公路和铁路的最大限制坡度"和"在山岳地区与在平原和丘陵地区修建普通铁路的工程量与造价比"后,提出问题:在山区如何选择交通运输方式?学生思考后,一位学生回答:丘陵平原地区选择修建铁路。教师进一步追问:那么在山区呢,应该选择什么样的交通运输方式?一位学生说:选择公路。

(2)建立知识间的联系。对关键内容提出环环相扣的系列化问题。例如在讲中国的地形对气候的影响时,教师可以通过不断提问的方式来引起学生的关注和思考。我们可以问:中国的降水主要是由谁带来的?为什么东南季风对我国的影响范围如此之大?假设我国的地形是东高西低,我国的季风气候会受到怎样的影响?我国北方的高大地形对冬季风有什么影响?假如青藏高原变成平原,我国的气候会有怎样的变化?这一系列的提问会让学生的思维活跃起来,同时也使学生对教师的讲授内容充满兴趣。在知识联系之间设置串联知识的承转和过渡,改变"以教为中心"的现象,引导学生自主构建知识联系。

（3）让讲授法出现在学生需要的时候。现代技术为地理教学提供了很多途径，在这种形势下，用讲授法来满堂灌的做法显然是不可取的。那么，教师应该在什么时候使用讲授法呢？地理是一个综合学科，包含了图片、文字、概念、规律和案例等很多内容，其中在概念和规律的教学中，讲授法有很大的优势。应讲在学生对概念不明晰时，讲在学生思维出现障碍时，讲在活动后的总结提升时，等等。例如，在教学"山地的形成"一节时，教师提出地形倒置的原因，即向斜成山，背斜成谷。

例如，地球公转运动的地理意义这一部分是学生学习的重点和难点，很多教师在教学过程中喜欢利用多媒体演示的方法来处理这部分内容。多媒体演示的优势是直观，空间感强，但是学生在观察的过程中，关于概念和规律却很难理解到位。此时应运用讲授法进行明确地讲析。

（4）运用直观方法，辅助讲解。运用讲解法时，要充分运用多媒体课件、各种地图、模型、地理图表及揭示地理事物之间联系的各种示意图帮助讲解，教师边讲解边引导学生观察，这样把教师语言的直观和学生视觉的直观有机结合起来，可以起到事半功倍的效果。

（5）讲授法与其他教学方法的结合。多种多样的地理教学方法各有利弊，在一次课堂教学中，教师通常都会采用几种教学方法，以达到最佳的教学效果。讲授法可以适当地与其他教学方法相结合，以发挥出更大的作用。例如，在讲气候类型和特点的时候，我们可以让学生采用读图分析法阅读各种气候统计图，从中总结气候类型的特点。随后，引导学生总结出气候特点由气温和降水两个要素组成，研究气温时应该关注最高气温、最低气温、年温差，研究降水时要关注降水总量、多雨期、少雨期，以及降水与气温的搭配状况。

讲授法也可以与案例教学法相结合。例如，在学习影响工业的区位因素时，首先我们可以将我国的鞍钢和日本的福山钢铁做比较，让学生研究它们发展工业区位优势和区位不足。然后，教师引导学生总结影响工业的区位因素以及这些区位因素随时间的变化，以便学生遇到相似的案例时，能够举一反三，顺利分析解决问题，培养学生知识迁移的能力。

2.讲授的类型

主要有讲述、讲解、讲谈、讲读、讲演等几种形式。

（1）讲述技能。教师用形象的语言向学生叙述或描述地理事象的方法。一般在叙述地理事物、现象、特征和分布时运用讲述法。

案例：中国的行政区划

在讲述中国的行政区划的时候，必须包括以下内容：三级行政区划，省级行政区划作为重点。为了丰富课堂内容，教师可以对各省名字，轮廓形状及其简称的由来，做一个简单的介绍。

借助直观图像讲述地理名称、数据、分布、景观，如热带稀树草原明显干湿变化。地理景观图是表现自然地理和人文地理事象的地理图片。它形象逼真，蕴含着大量的地理信息。对于地理景观知识的教学更应采用直观方法，让学生观察地理景观图片是一个既经济又实用的方法，这就需要教师在平时要做一个有心人，注意图片的收集和积累。

讲述地理数据，如讲述世界水资源总量或水资源宝贵性时，使用具体数字教学效果较好。

（2）讲解技能

地理课堂讲解是一种在地理课堂教学中最常用的教学技能之一，它是利用语言对地理知识进行描述、分析以及揭示地理事物发生、发展过程的本质，从而使学生把握地理事物内在联系和规律的教学形式。

讲解的类型，一般分为事实性知识的讲解和抽象性知识的讲解。具体有分析综合讲解、归纳演绎讲解、列表比较讲解、案例分析讲解等类型。

（3）讲谈技能

讲谈教学是教师边讲边问，启发学生利用已有的地理知识和生活经验来回应教师的分析解释，达到理解和掌握知识、技能、方法、情感等的一种教学形式。体现"以学生为本"的教学理念。

（五）课堂提问技能

1.课堂提问技能的含义

德国教育家第斯多惠说："教学的艺术不在于传授本领，而在于激励、唤醒、鼓舞。"课堂提问设计是一项重要技能，也是一种高超的艺术。新课程理念重视学生发展，注重激发学生探究地理问题的兴趣，注重探究地理问题的过程[①]。提问是课堂中常用的一种教学技能，是通过师生相互交流、引起注意、促进思维、巩固知识、实现教学目标的一种教学

---

① 王国淑.浅析高中地理课堂提问策略研究[J].人文之友.2019,(11):237.

行为方式[①]。课堂教学提问,是在课堂教学过程中,根据教学内容、教学目的、教学要求设置问题进行教学的一种形式,是在课堂教学中教师提出问题并指导学生回答解决问题,以掌握知识、培养能力,形成良好技能和思想品德的活动过程。教师以提出问题的形式,通过师生的相互作用,检查学习、促进思维、巩固知识、运用知识、促进学生学习的行为方式。教学过程是不断提出问题、分析问题、解决问题的过程。高效率的课堂提问能引导学生思考,并探索要达到目标的途径,获得知识与智慧,养成善于思考的习惯;还可以使学生在获取知识过程中,促进师生之间的友好交流。

课堂提问是课堂教学组织的一种重要形式,是促使教学目标达成的一种必不可少的教学手段,是教师引导学生的重要方法。在地理教学中,科学的提问方法与技巧能够激发学生的学习兴趣,能引导学生去积极探索,促进学生在探究过程中逐渐达成目标,获得知识构建与智慧提升[②],养成善于思考的习惯,从而提高教学效果。有效提问是地理教学中最重要的教学环节,教师在课堂中如何巧妙地提问是决定教学成功与否的关键。

课堂提问的基本类型主要包括:回忆提问、理解提问、运用提问、分析提问、综合提问、评价提问等,教师要根据不同课型和学情设置不同的课堂提问。

课堂提问要遵循"引入阶段——陈述阶段介入阶段——评价阶段"的程序进行。

2.课堂提问存在的常见问题和解决措施

有效的课堂提问要求设计多种水平的问题;问题重点突出,简明易懂,把握提问时机,给予启发和引导;给予分析和评价。但是教学中经常存在一些不可预测的问题会影响课堂提问的有效性,最终影响教学效果。下面就一些课堂提问的常见问题进行分析,并提出相应的解决措施。

(1)课堂提问的问题与本节课内容联系不密切。新课改背景下的地理教学提倡"探究式"教学,在课堂教学中引导学生探究;因此,课堂教学中的问题设计显得极为重要。如果教师在设计问题时没有考虑知识体系构建,与所讲内容联系不大甚至没有相关联系,提出的问题往往让学生一头雾水,无法回答。如果设计问题过于简单或者没有教学情境支撑,则无法激起学生兴趣或学生不知从何回答,就会影响问题设计的引导作用。提问问题设计不当,就不能促进学生与教师的有效沟通,也不能促进学生能力提升。

解决措施:提问要有针对性,体现目的性。教师设计的问题要从服务教学目标的需要、本着有利于解决该课堂教学任务出发,针对教学的重点、难点、热点、考点,结合学生

---

① 张天婵.地理教学中的提问技巧[J].教法实践.2015,(23):116.
② 季菊芳.高中地理课堂教学中的提问技巧分析[J].读写算.2015,(17):300.

的实际情况进行提问。在地理教学中,教师要根据教学目标设计课堂提问的问题,以问题促进学生通过探究达成目标。新课改背景下要求教师从讲授者的角色中解脱出来,发挥好组织和主导作用,引导学生在课堂中主动展开探究活动。如提问内容设置要密切结合讲述内容,结合本节课的重点和难点等关键点,帮助学生掌握重点,突破难点,走出认知误区,引导学生由浅入深地认识事物的发展变化规律。

(2)课堂提问与学生学情不相符。学生的认知能力是影响提问效果的重要因素。教师在设计问题时仅仅从注意扩大知识面或提高学习能力出发,往往设计的问题过难或过易。问题过难是忽略了学生认知能力的提升需要循序渐进,学生会因为没有基础知识的积淀,对新问题无法找到合理解释;问题过易则不能活跃学生思维,难以体现提问的价值。

解决措施:提问问题要把握难易程度。教师设计提问的问题要根据知识水平、学生认知心理等方面由浅入深、循序渐进,使复杂问题简单化,让学生易于接受。问题太难,容易使学生产生畏惧心理;问题太简单,容易使学生产生轻视的心理,都不利于教学的后续开展。设计课堂提问的问题时,既要考虑讲授内容,更要结合学生学情,明确发问的对象。设计问题要符合学生的认知规律,注意学生的整体与个体差异,不能揠苗助长,也不要没有难度,毫无意义。提问设计要有梯度,难易要有区分度。让学生"跳一跳才能摘到果子",享受探索的乐趣。

提问方法要巧妙。要注意面向全体,使不同程度、不同层次的学生都有表现的机会,从而调动所有学生的积极性;提问要因材施教,根据问题的难度提问不同水平的学生,让每一个学生都有成就感;引导学生成为发问主体。

(3)不能准确把握课堂提问时机。在课堂教学过程中的不同时间点提问,产生的效果不同。在重难点讲解之前或之后设置提问,有助于突破认知障碍,提升认知能力;在课堂教学结课时设置问题,有助于启迪学生扩展思维空间。教师要选择合适的时机进行提问。最佳时机进行提问可以达到事半功倍的效果。一般在导入新课时、过渡时、突出重点时以及复习时进行提问,有助于教学目标的达成。

解决措施:注重把握提问时机。教师要注意提出问题的情境设置,以情境引出问题,激发学生的好奇心,提高回答问题的积极性。在课堂教学设计中根据知识讲解过程,结合学生认知能力,合理设置问题,提高学生综合能力。

(4)给学生预留思考时间不充足。如果讲述完某个问题就直接发问,学生没有思考时间,会导致学生心理紧张或打断其正常思考。

解决措施:心理学家认为,课堂提问必须有两个停顿:问题提出之后3—5秒的停顿,是给学生提供思考时间;学生回答之后的3—5秒,是让学生有补充、修正的机会。因此,讲授完某个知识后,首先要在语速上有所体现,让学生有所觉悟,然后提出问题,让学生从自身思维的状态中出来,进入教师设计问题的场景中去。

(六)教学结课技能

随着新课程改革的不断深入,地理课堂教学中的教学课堂氛围、教学过程、教学评价等教学环节受到普遍重视,但是课堂教学的结课环节常常被忽略。一堂完美的课,犹如一首动听的交响乐,不仅有"序曲"——引人入胜的"开讲",还应有"终曲"——淋漓酣畅的"收尾"。表面上看结课是课堂教学的终结,但本质上看结课是课堂教学的总结、升华和延伸,是后续学习的基础和准备。因此,精心设计好结课这一教学环节,对于良好课堂教学成果的巩固,有着举足轻重的作用[1]。结课的好坏是衡量教师教学艺术水平高低的标志之一[2]。

课堂教学结课是在完成正常教学内容时,教师通过归纳、总结、练习、扩展等方法对学生所学知识进行归纳总结,使其形成系统并转化升华的行为方式。一节课的组织结构要完美,结课部分不容忽视。与精心设计导入新课一样,结课是每一节课的重要环节,恰到好处的结课技术通过对教学知识内容的归纳概括、规律揭示、画龙点睛、设置悬念等形式,把所学的知识完整而系统地教给学生,并给学生留下深刻印象[3]。课堂教学结课环节成效在一定程度上严重影响教师教学准备、实施的效果[4],直接影响当堂课教学任务的完成和下一节课教学的开展。一个充满艺术性的课堂结课,不仅能对教学内容起到提炼升华的作用,还能做到"课断思不断,语停意不停",拓展教学内容,激发学生的求知欲和学习兴趣,培养学生的创造性思维[5]。结课教学可以首尾呼应、整体优化,系统概括、提炼深化,幽默生动、巩固强化,激发潜能、迁移活化,让课堂教学更完美[6]。

结课要注重完整性与适度性的原则。明确教学重点,提示知识要点;形成知识系统,使学生理解升华;及时巩固,强化学习;结束形式多样,增强学生兴趣。

---

[1] 梁细家.浅谈地理课堂教学的结课艺术[J].地理教学.2014,(14):52.
[2] 赵梅.浅谈新课程背景下化学课堂教学中的结课技能[J].中国校外教育.2012,(11):79.
[3] 张子青.豹尾余响——浅谈高中地理结课出彩的技巧[J].试题与研究(教学论坛).2011,(16):18.
[4] 钟胜昔.高中地理高效教学,理应重视结课环节[J].中华少年.2017,(25):178-179.
[5] 靳淑梅.结课袅袅余音绕——名师课堂结课艺术[J].湖北教育(教育教学).2017,(09):13-14.
[6] 蔡建.优化·深化·强化·活化——例谈地理课堂结课的处理策略[J].中学课程辅导(教师通讯).2013,(11):8-9.

根据结课方式,可以将结课类型总结为以下几种:归纳总结式、悬疑式、练习反馈式、拓展延伸式、角色扮演式、表演激励式、对比总结式等。在日常教学中,要根据学生实际和课型、教材等内容,确定具体结课形式,达到言简意赅、概括和深化教学内容、完善教学结构的教学效果。

1.归纳总结式结课

是指教师在完成本节授课内容,以提纲挈领方式对本节课程内容进行归纳总结,是地理课堂教学中最常用的结课方式。对一节课的教学内容、教学任务,通过多种形式加以高度概括,使学生对本节课的知识框架和职能结构有清晰、完整的印象。一节课讲完,学生接收的信息过于庞杂,这就需要教师把当堂所讲的内容梳理一番,将课堂教学内容有条理地、简明扼要地归纳出来,强调重点,突出难点,给学生留下深刻的印象。

地理要素和地理知识之间的内在联系有很强的逻辑性和系统性,在课堂教学结束时,通过对本节课知识的归纳概括总结,教师要不失时机地将本节课所学内容纳入到已掌握的知识系统中,形成完整的知识体系结构。要求教师熟悉教材的知识结构,弄清知识之间的联系,明确所讲内容在知识体系中地位和作用。

结课时教师对学生已学内容进行精心归纳、概括、梳理、串连等艺术处理,用精炼、巧妙的语言,生动、有趣的形式,有重点、有目的地重现新授内容,使其条理清晰。帮助学生在头脑中构建完整的知识体系,加深学生对所学内容和学法的理解和感悟,培养其综合概括能力。如在"日本"一课结课时,有教师用顺口溜来结课[1]:"日本四大岛,本州最重要;火山地震多,海洋影响大;人多地方小,矿产资源少;经济发展快,原料靠进口;铁路速度快,四岛都畅通;农业单产高,捕鱼北海道;文化东西兼,樱花是国花。"

2.悬念式结课

地理教学内容有严密的逻辑体系,前面的知识为后面的知识做好铺垫、打好基础,后面的知识是前面知识的扩展和深化。因此,可以在完成本节授课后,进行课堂小结,除概括本节课的主要内容外,还可以巧设悬念,提出有趣的、有难度的问题,让学生带着问题结束本节课。比如,在讲完"大气环流"一节的内容后,结课时强调本节课是在假设地表性质均一的前提下来研究大气运动特点的,但是实际上地球表面性质并不均一,那么在这种情况下大气怎样运动呢?进一步引出了下一节课"海陆分布对大气环流的影响"。

课堂教学结束仅仅是一节课的结束,最忌的是"真的结束"。因此,在结课时使用设

---

[1] 梁细家.浅谈地理课堂教学的结课艺术[J].地理教学.2014,(14):52.

置悬念的方法,故意卖个关子"欲知后事如何,请听下回分解",激发学生学习新知识的强烈期待。比如,在讲"全球性大气环流"时,一般第一课时讲授"三圈环流",第二课时讲授"海陆分布对大气环流的影响及季风环流"。在第一课时结束时,可以采用第二课时的开头一段作为悬念,为下一节课的教学做好铺垫。

3.拓展延伸式结课

教师在教学中的主导作用体现在通过设置疑问,调动学生主体的求知欲望和学习热情。在课堂教学结束的时候,教师应将学生的思维活动引向纵深,设置几个有思考价值的问题,激发学生的学习兴趣,加深对讲授知识的理解。还可以将课内学习延伸到课外,扩大学生的知识面,有利于知识的深化和发展学生的探究能力。如在讲授完"大气的热力状况"之后,可布置学生思考:晴朗的天空呈现蔚蓝色是由于大气的散射作用,那么阴霾的天空呈现灰白色是为什么呢?其目的在于让学生将知识探究延伸到课外,课堂教学虽然结束,但是学生的学习还在继续。在课堂教学最终"收中寓展",留下课后独立思考的广阔天地,使学生的知识得以升华[①]。

4.练习反馈式结课

是指在新课结束后,可根据教学实际,借助各种形式的目标测试,利用课堂结束前的3—5分钟,精心设计一些口头或书面作业作为课堂小结,促进学生动脑、动口、动手,既巩固了本节课知识,又能活跃学习气氛,激发学生再研究的情感。设计的练习内容要突出重点难点,从易到难,层层深入,一般不超过本节课的知识范围。恰如其分的小结练习,一方面可以促使学生强化所学知识,另一方又可以培养和提高学生独立思考、分析问题的能力,养成学以致用的良好学风。

目前借助电化技术等现代化教学手段成为结课的重要方式,恰当借助电化技术辅助教学能够收到事半功倍的教学效果[②]。在课堂教学总结时,借助幻灯片、视频等现代化教学手段再现课文内容,可以突出教学重点,使学生加深对教学内容的理解和感悟,实现教学内容的迁移和延伸,达到发展思维、培养能力的教学目标。

(七)教学组织技能

教学组织形式是地理教学活动一定的结构方式,是地理教学实施中的一个基本要

---

① 李莉萍.地理课的结课艺术[J].现代教育科学·中学教师.2011,(9):110.
② 王竞.借助电化教学提升结课艺术的探究[J].基础教育论坛.2019,(9):73-74.

素。课堂组织能力是指在课堂教学中,教师通过管理课堂秩序,集中学生注意力,激发学生学习兴趣,调动学生学习积极性,建立和谐的教学环境,提高教学效率,达到教学目标的一种行为方式。地理教学任务的完成、教学过程的实现、教学原则的体现、教学方法的运用等等,都需要落实到一定的教学组织形式[①]。

课堂组织能力是一种综合能力,需要教师灵活、恰当地运用各种教学技巧,组织课堂、调控课堂。课堂组织能力的好坏事关教学质量的高低和教学效果的好坏。善于组织教学的教师,在课堂上能根据教育规律和学生心理特点,巧妙地运用各种教学手段,对教学内容作出合理安排,形成适宜的教学情景。如果教师不善于组织教学,学生在课堂上就会秩序混乱、注意力分散、兴趣不高、被动听课、这种状态势必影响教学效果。

在新课标下组织课堂教学,管理课堂秩序,建立良好的行为标准是有效教学的基础。著名教育学家赫尔巴特曾经说过:"如果不坚强而温和地抓住管理的缰绳,任何功课的教学都是不可能的。"因此,组织课堂教学首先要管理课堂秩序。正常的课堂秩序,不仅可以保证教学的有效进行,而且还可能训练学生养成良好的思想品质和行为习惯。因此,要管理课堂秩序,就要促使学生有良好的行为习惯。在建立秩序井然的教学情景后,需要集中学生注意力,保证学生学习精力的有效投入。其次通过随机应变、灵活使用各种教学方法、语调的变化等方式控制教学节奏,保证学生学习精力的有效投入。而要让学生保证学习精力的有效投入就必须激发学生的学习兴趣,产生学习动机。苏霍姆林斯基曾指出:"如果学生没有学习的愿望,那我们所有的计划,所有的探索和理论都会变成泡影。"兴趣是最好的老师。激发学生的兴趣可以收到事半功倍的效果。

对组织教学技能的要求达到:明确目的,教书育人;了解学生,尊重学生;重视集体,形成风气;灵活应变,因势利导。

根据不同的教学组织形式,将教学组织形式的类型分为:管理性组织、指导性组织、诱导性组织等基本教学组织形式。

(八)教学反馈和强化技能

教学反馈是指学生呈现出从教师所传授的教学信息中获得知识的行为方式,教学强化是教师通过各种方法促进和增强学生吸收知识的行为方式。教学反馈与教学强化一般通过布置作业来实现。地理教师掌握地理作业的设计技能,在控制难易度与容量的前提下,合理安排地理作业,是在新课改背景下保证课程教学质量与教学效率的重要方式。

[①] 李树民.普通高中地理教学组织形式选择性的实现[J].地理教学.2019,(11):11-16.

作业在地理教学中具有重要作用,是检查学生学习和掌握地理知识、技能的重要手段,能够培养学生的综合思维能力,提升学生的实践应用能力。在布置作业时要注重与实际相结合,实现作业生活化、多元化;同时保证作业的趣味性与灵活性[①]。

在作业讲评时,对共性化的问题进行集中讲评,而对于某些个性化问题,要积极开展面批面评,有助于及时发现学生个体的不足和缺陷并进行及时纠正[②]。

三、课堂教学技能训练

加强教学实践训练,自我实现、自我提高。通过熟练掌握专业素养知识和基本技能,敢于探索创新教学方式方法,才有可能成长为教学能力很强的教师。

借鉴他人经验是提高教师教学能力的重要途径。借鉴是从他人教学的成功经验中"悟"出有效教学的道理。

加强教学理论学习是快速提高教学能力重要方式。教学理论是很多教学专家和学者通过多年的潜心研究获得的宝贵经验知识,学习这些经验会少走很多的弯路。同时教学理论是一种教育体系,掌握教学理论有助于对教学体系整合,促进教学的可持续发展。

及时教学反思促进教学能力提升。通过反思可以取得扬长避短的效果,也可以做到教学中兼顾不同知识水平的学生,也可以促进教学能力的进一步提高。

(一)课堂导入技能

良好的开端是成功的一半,教学一开始就给学生留下最鲜明、最有感染力的印象,将影响着整个教学过程中师生交流。地理课堂导入技能是指地理教师针对教学目标,在一项新的学习内容和学习过程开始之时,采用恰当的教学媒体和教学方式,阐明学习目的和要求,集中学生注意力、激发学生学习兴趣、开启学生思维,引发学习动机,引入新教学内容的教学行为方式。

课堂教学导入和过渡语的教育功能,表现在激发学生的认识兴趣和情感,启发和引导学生的思维,让学生用最短的时间进入到课堂学习最佳状态中。好的语言如同桥梁,联系着旧课和新课;如同序幕,预示着后面的高潮和结局;如同路标,引导着学生的思维方向。

---

① 朱梅琼.高三地理作业布置的有效性研究[J].当代教研论丛.2019,(01):077.
② 张孝伟.创新思维指引下高中地理作业的设计与处理[J].教师博览.2019,(4):92-94.

地理课堂导入类型:复习导入、直接导入、故事导入、地图导入、设问导入、诗歌导入、谜语导入、漫画导入、事例导入、练习导入、时事导入、演示导入、音乐导入、视频导入、悬念导入等。

1. 复习导入

复习是地理学习中的重要环节。复习导入不仅是复习巩固旧知识,而且主要目的还在于自然引出新知识。复习的内容一般是与上课和后面课程内容密切相关的知识,可采用练习、提问、讲述等方式进行。

"气压带与风带"导入

上节课我们学习了大气运动最简单的一种形式——热力环流,分析了大气水平运动——风的产生及风向与等压线的关系。大气运动有不同的尺度,这节课我们来学习一种大尺度的大气运动类型,这种运动具有全球性并有一定的规律性,人们通常称之为大气环流,这节课我们一起来学习第二节"气压带与风带"。

2. 直接导入

开门见山、单刀直入、不做多余的渲染,一开始就概略地讲述新课的内容,学习目的等,其特点是简洁明快,教学针对性强。

"人口与人种"导入

人口问题已成为举世瞩目的全球性问题,中学生必须了解世界人口的数量、增长、分布和人种等知识,树立正确的人口观。现在我们一起来学习第一节:人口与人种。

3. 悬念导入

是指采用悬而未决的问题导入。地理教学中根据"好奇之心,人皆有之"的特点,利用悬念激发起学生的好奇心,使学生的求知欲由潜伏状态转入活跃状态,开动脑筋、积极思考,往往收到事半功倍的效果。

"自转与时差"导入

今天我们一起来寻找大航海家麦哲伦丢掉的一天。麦哲伦船队完成第一次环球旅行后,回到西班牙,船员们惊奇地发现航海日记上明明写着这一天是1522年9月5日,而西班牙的日历上却是9月6日,这到底是怎么回事?在学生产生了强烈寻求答案的愿望后,教师因势利导、顺水推舟,进入教学内容环节,使学生最终得到释疑。

"大规模的海水运动"导入

有人在新西兰海边放下一只漂流瓶,若干年后,漂流瓶出现在英国附近海域,这是为什么?这时学生会回答漂流瓶是随着海水的运动到达的。教师总结这个有趣的实验说明了世界大洋是一个连续运动的整体。

4.事例导入

地理教学内容多以书本知识为主,对学生来说比较抽象难懂,因此教师可从生活中选取一些典型事例(如自然灾害、生活经验、科学报道、英雄事迹、探索过程等)或是教师、学生各自的亲身经历,对讲授的知识进行阐释和佐证,使教材上的知识具体化,抽象的道理通俗化,可激发学生的兴趣,并使学生感觉自然、亲切。同时也体现了地理教学中"理论联系实际"的具体要求。

"常见的天气系统"导入

先设计导入问题。"这几天的天气如何?有什么变化?为什么有这样的变化?"接着开始引入正题。"什么是天气现象?它的形成受什么控制?"

5.故事导入

故事喜闻乐见,生动形象,对学生有很强的吸引力,能唤起他们强烈的求知欲望和学习兴趣,而且富有启发性,活跃学生的思维。以和地理知识有关的历史故事、寓言故事、探险故事等为线索将学生的思维引入到学习主题,开展教学,是非常有效的导入法。

(1)"星座"导入

讲星空图时,根据牛郎织女的民间传说,织女下凡与牛郎过着男耕女织的自由生活,王母闻讯后强行将织女带回天宫,牛郎挑着孩子追上天,狠心的王母又用金钗划出一道天河(银河)把他们隔开。仰望夜空,天琴座的织女星与邻近两颗较暗的恒星组成三角形,很像织布的梭子;天鹰座的牛郎星与两颗暗星组成"一"字状,像是牛郎用扁担挑着两个孩子。银河的走向与牛郎织女星的连线相垂直,就像把他们分隔在"河"两岸。通过这个故事,学生再去观察星空,就容易辨认这两颗恒星和相关星座了。

(2)"季风气候"导入

赤壁之战前夕,周瑜调兵遣将,打黄盖。献连环计,为火烧曹军精心准备。突然间,他想起自己竟然疏忽了一件大事,一下子急出病来。诸葛亮借探病之机,挑明周瑜的病根是"只欠东风",并应允借东风相助。周瑜为什么"欠"东风呢?因为赤壁古战场地处我国东部季风区。当时正值隆冬,盛行西北风,极少刮东南风。曹营在江北,东吴在江南,用火攻反会烧了自家。周瑜焦急是有道理的,它符合气候规律性。而所谓"借东风",其实是诸葛亮预测到冬至前后短时间天气反常现象,故弄玄虚而已。由这则故事能自然地引出季风、气候、天气等概念。

(3)"流水侵蚀作用"导入

清代学者纪昀在《阅微草堂笔记》中记载,某土地庙前石兽因河岸崩塌掉入河中。十多年后重修山门,寻找石兽,它却不在原落水处,也不在下游。一位老兵说,应该在上游寻找,依他的话,果然捞出了石兽。石兽为什么会向上游"跑"呢?原因在于,石兽落水后对水流形成阻力,使周围水速更快,冲刷能力更强,其下面迎水流一侧的泥沙逐渐被水冲走,成为空穴。久之,石兽因重力作用朝着迎水流的方向倾倒,如此再三,便向上游移动了一截。可见,老兵的判断是正确的,流水的侵蚀和搬运作用,使石兽能"逆水而行"。

(4)"气旋"导入

三国后期,诸葛亮北伐中原、六出祁山。一次将司马懿父子及所率魏军困在葫芦峪。遍山燃起大火,欲将敌方全部烧死。司马父子自度难逃此劫,抱头痛哭等死。不料突然一场大雨浇灭了山火,司马氏得以死里逃生。这场雨其实不是什么"天意",恰恰是诸葛亮自己制造的。熊熊的大火使此山区的近地面空气受热上升,气压降低。低气压区形成气旋,其中心因空气上升冷却凝结而降雨。就是说,葫芦峪里下了一场气旋雨。诸葛亮虽然通晓天文地理,但毕竟缺乏现代科学知识,不识"气旋"是怎么回事,否则,他可能会用另外的战术来歼灭魏军。

(5)"自然带"导入

在侵越战争和海湾战争中,美国都拿出了空军王牌,但结果截然相反。除政治原因外,两地自然环境不同是很重要的原因。越南地处热带季雨林带,在"胡志明小道"沿线,森林遮天蔽日,加上崎岖的山地地形,在空中很难观察到地面的军事动态。美军用电子监听等高科技手段来确定轰炸目标,也收效甚微。而伊拉克与科威特大部分地区是热带沙漠,地表平坦,植被极少,面对多国部队"地毯式"轰炸,伊军毫无隐藏而言,只有挨打的份,战斗力严重损伤,注定了吃败仗的结局。由此可见,自然带与地形,对于空袭战,起了不可小觑的客观影响。

(6)"密度流"导入

第二次世界大战期间,德军潜艇经常从地中海出入直布罗陀海峡,在大西洋袭击盟军。盟军吃了几次亏,便派战舰驻守海峡,用声呐监听,计划一听到潜艇的马达声便用深水炸弹将其炸毁。监听多日,毫无声响,德军潜艇竟神不知鬼不觉地溜出海峡,出现在大西洋中。原来,直布罗陀海峡表层海水由大西洋流入地中海,底层海水由地中海流入大西洋。德军利用这一点,过直布罗陀海峡时,关闭所有的机器,借助海流而行,盟军守株待兔却让"兔子"在眼皮底下溜了。这股海流属于密度流,究其成因可引入课本要学的内容。

故事导入是最常用的方法,也是素材最丰富的导入方式。如关于"地球年龄",可以从盘古开天辟地、上帝创造地球,到当前利用同位素测定地质年龄导入;关于"地球的形状",可以从古代的"天圆地方"到麦哲伦环球航行、到人造地球卫星拍摄地球的影像导入;关于"洋流的航海意义",可以从1492年和1493年哥伦布两次航行于欧洲与北美洲之间所用时间不一样导入;关于"环境保护",可以从"水荒"的形成及其对策、物体污染及其危害(水俣病)、大气污染及其危害(洛杉矶光化学污染事件)导入;关于"城市发展",可以从深圳崛起的故事导入;关于"月球",可以结合美国阿波罗计划、目前中国的月面照片导入;关于"风蚀地貌的形成及其特征",可以结合20世纪20年代俄罗斯探险队进入我国新疆乌尔禾地区"魔鬼城"的经历导入;关于"土地资源的破坏、生态环境恶化对策"等课程,导入时可以结合1934年5月9日—11日间美国的黑风暴和我国2000年春季北方沙尘暴等进行讲解。

6. 地图导入

地图是地理的第二语言,直观形象,能帮助我们建立正确的空间观念。利用地图教学是地理课突出的特点,并且采用地图导入新课易于理解,与学习新知识联系密切,过渡自然,而且可有效地集中和吸引学生的注意力,尽快进入地理学习情境。因而,教师在讲授地理知识时,可让学生先查阅有关地图,建立起有关的空间地域观念。

"印度"导入

学生先读印度地图,并在图上查找:印度位于亚洲和印度洋的什么位置?其领土主要由哪三部分组成?和印度陆上相邻的国家有哪几个?

7. 设问导入

学起于思,思源于疑,疑是学习的起点,有疑才有问、有思、有究,才有所得。教师在导课时把学生需要了解的内容用自问自答的方式告诉大家,能使学生产生疑问,激发思维,也是一种较好的方法。

"全球气候变化"导入

据报道,南极地区的阿德利亚企鹅数目从1975年的1.5万对减少到目前的9000对左右,到底是什么因素在作怪?经过科学家的考察终于弄清了原因,原来南极的平均温度近50年来升高了2.5℃,导致浮动冰山顶部大量的积雪融化,淹没了企鹅赖以产卵和孵化幼仔的地方,导致企鹅数量剧减。这就是我们这节课研究的主题:全球气候变化。

8.漫画导入

漫画具有幽默风趣、形象生动、针对性强等特点,在适当的时候用漫画来导入新课,新颖而独到,能收到意想不到的效果。它能活跃课堂气氛,调动学生积极性,并令人经久难忘。

讲"世界的人口问题"时,可展示"苦难的母亲"这幅漫画并讲述其含义,由此引出世界的人口问题。讲"森林资源"时,可采用漫画"大难临头"和"小鸟的悲哀"来导入。

9.时事导入

用国际、国内外的时事新闻导入新课,能开拓学生的视野,密切联系当前的社会形势,而且可自然地进行思想教育。

讲"时差和日界线"时,可结合重大国际事件比如体育赛事的实况直播的时间,让学生清楚地方时与区时的差别。我国地域辽阔,最东端和最西端存在时差。每年高考期间,新疆考生赶往考场的时候天色未明,而那时我国东部地区已经天色大亮了。

10.视频导入

利用多媒体进行教学是现代教学的一种趋势,这种以数字化技术与网络技术为核心的现代教育技术为师生构建了有效的教与学的扩展平台。它具有形象直观、图文并茂、内容丰富等很多优点,能创造出浓烈的学习氛围。如学习初一地理(下册)"撒哈拉以南的非洲"一节时,可先播放用电脑制作的多媒体短片《走进非洲》影像,背景音乐为雄壮、优美的非洲战鼓曲,让学生用眼和心去感受非洲这片神奇而又充满生机的土地,再进入新课内容的讲授,效果就很好。

(二)课堂讲授技能训练

1.讲解技能训练

(1)由"理"析"地"分析法

地理概念的分析综合讲解,如纬度地带性的讲解;地理原理(特征、成因、规律)的分析综合讲解,如河流的水文特征、大气环流。

案例:"非洲的乞力马扎罗山的景观图"的讲解要点

对于非洲的乞力马扎罗山的景观图的讲解,教师要指导学生观察获取以下信息:位于赤道地区,远处的乞力马扎罗山上白雪皑皑,说明了什么？位于赤道地区,但是从景观图上看到的地面动植物判断是热带草原的景观,而非热带雨林景观。为什么？

教师可以结合非洲地形图、气候图分析讲解。

(2)由"地"探"理"的归纳讲解

归纳讲解是由感性认识到理性认识,从特殊到一般的认识,从生动直观到抽象思维的过程。是学习地理概念、掌握地理规律的重要途径。归纳法是在学生有了丰富的地理表象知识的基础上,进一步运用地图,或者借助实物标本模型等,通过具体的分析、比较、归纳、总结等手段,帮助学生探明地理事物和地理现象的演变及分布的规律,以及形成这些规律的原因。

运用归纳法时应注意:首先提供感性材料,让学生获得丰富的感性认识;然后教师要善于诱导学生积极思考,指导学生通过具体的分析、比较、归纳、总结等手段,抓住主要特征,明确基本属性,再引导学生总结归纳得出结论。在这期间,教师还可以设计练习题让学生对所学习的知识进行巩固,这些环节要配合各种直观手段,做到深入浅出,这样才便于学生接受。

归纳法和演绎法的区别在于教学的顺序。从教学内容的组织看,演绎法更具有结构性;从教学花费的时间看,演绎法更节省时间;但从学生的参与程度看,演绎法不如归纳法。另外,从学生的年龄特征看,对低年级的学生用演绎法效果好,对高年级的学生用归纳法效果好。

(3)列表比较讲解:比较是认识地理事物整体性与差异性的重要思维方式,常用的有类比、对比、借比、并比等。

(4)案例分析讲解:是理论联系实际教学的有效方式,如案例分析东亚的产业转移。

2.适时运用民间谚语、歌谣、俗语

在生产生活中,我们的先辈在实践中获得了很多经验,并对其进行了概括和总结,有些浅显通俗的谚语和俗语蕴含了深刻的哲理。在地理课堂教学语言中,适时、恰到好处地引入能起到事半功倍的效果。

区域水污染及其影响:"五十年代淘米洗菜,六十年代水质变坏,七十年代鱼虾绝代,八十年代不洗马桶盖",描述了我国苏南运河水环境恶化的进程,也反映了我国水体污染的迅速程度。

粮食重要性、农业的地位:"民以食为天""人是铁、饭是钢,一顿不吃饿得慌"。

光化学污染:"眼难睁,雾茫茫,人不伤心泪长淌"。

调整畜牧业靠天养畜、生产效率低:"夏饱、秋肥、冬瘦、春死"。

中华人民共和国成立前长江中游洪灾:"沙湖沔阳州,十年九不收,年年淹大水,村镇良田变荒洲"。

食物链上生物之间的食物关系:"大鱼吃小鱼,小鱼吃毛虾,毛虾吃硅藻,硅藻吃淤泥""螳螂捕蝉黄雀在后"。

人地关系:"智者爱山,仁者爱水""靠山吃山,靠水吃水""南甜北咸、东辣西酸"。

我国土地资源特点:"七山二水一分田"。

贵州土地资源特点:"全国唯一没有平原支撑的省份"。

我国锋面活动规律及其天气变化:"一场春雨一场暖,一场秋雨一场寒"。

温带大陆性气候特征:新疆的气温日较差大,"早穿棉袄午穿纱,围着火炉吃西瓜"。

利用适当的语言技巧,如采用拟人或比喻等修辞手法,可以提高学生学习地理的兴趣,取得很好的效果。如讲准静止锋时,可以把它比喻成两个势均力敌的小孩在摔跤,你退我就前进,你前进几步我后退几步,一直在某一位置附近来回折腾,没有显著的位置变化。又比如三圈环流中的副极地低气压带,实际是来自极地的冷而重的冷空气与来自副热带暖而轻的暖空气相遇后,冷空气下沉,暖空气被迫抬升而形成。可以把准静止锋的运动想象成篮球和气球相撞,气球飞上去,篮球就落下来。

启发式语言要恰到好处。如"大气层有什么作用?""没有大气层地球会出现什么状况?"中华人民共和国成立前,云贵川的交通条件极其不便,可用"蜀道难,难于上青天"来形容。

3.巧妙运用教学幽默技能

(1)教学幽默技巧

"善于将教学搞得生动有趣,才是一个善于教学的人。"教学幽默集机智性与趣味性于一体,具有极强的感染力,能有效活跃课堂气氛,使学生保持浓厚的学习兴趣。如何在教学中做到趣味性与教育性的和谐统一,需要地理教师加强自身修养,提升自身教学幽默的艺术品位。

教学幽默首先要与教学内容和教学目标一致,目的是使学生在轻松愉快的氛围中获得知识、增长才智。其次要与学生的心理年龄一致,根据学生的生活阅历、文化背景等接受程度针对不同思维层次的学生设计不同的幽默内容。最重要的是教学幽默要把握好分寸,不能为了幽默而幽默,甚至选用具有低级趣味的内容,那就失去了教学幽默的初衷。

要想在教学中熟练运用幽默教学,需要不断地琢磨和练习,要养成不断积累幽默材料的习惯,如格言、警句、谚语、风趣的小故事等等。在地理教学中,要善于挖掘地理教材内容中的幽默因素,构思创造幽默;提高教学机制和创新意识。

幽默是突破语言、文字、词汇、语法和形式逻辑的一般规律,对语言材料进行变化运用,并适应学生的心理活动和理解能力,从而形成幽默氛围。

(2)教学幽默培养

幽默是自信的表现,闪耀着智慧的光芒。地理教师可以通过训练逐渐提升地理教学幽默语言的艺术品位。可以通过以下途径提升地理教学幽默能力。

首先,努力培养自信、乐观的性格,这是教学幽默的前提和基础。教师自信乐观,容易让学生产生亲切感和信赖,可以营造良好的课堂氛围。

其次,养成积累幽默素材的习惯。生活中的幽默素材处处皆是,如格言、警句、谚语、风趣的小故事等等,平时要不断收集、整理。我们中华民族有悠久的历史,农业的发展促进了社会的进步,因此我们的祖先有注意观察自然环境变化的优良传统,通过对自然环境变化观察,总结了许多充满哲理的谚语。在地理教学中偶尔用上一两句会增加风趣,提高教学幽默。如讲到西北干旱区的胡杨树时,可以用"三个三千年"来引起学生的兴趣,也就是"生而不死一千年,死而不倒一千年,倒而不朽一千年"。讲到夏季渔业休渔时,可以用"三天打鱼,两天晒网"来幽默一下。讲到食物链时,可以用"螳螂捕蝉,黄雀在后"等。只要平时注意积累,多练习、多琢磨,连续几年之后就会在课堂上妙语连珠,自然就会达到幽默教学的效果。

结合教材内容、借助教学机制来创造幽默是一个优秀的地理教师擅长的教学技能。敏锐的教师具有教学机制,能够不断在课堂上创造出教学幽默。

(3)教学幽默方法

巧用比喻、拟人、借代、双关、反语等修辞手法,可以创造幽默意境。如上课遇到学生打瞌睡或走神,可以问"神游到哪里去啦?见到什么现象啦?和我们这节课的内容有哪些联系吗?"通过轻松幽默的话语,既解除了学生的尴尬,又教育了学生,同时也维持了课堂秩序。

地理教学内容接近社会、接近生活,因此,只要用心联系,大多数知识点都可以用幽默的表达方式达到良好的教学效果。如讲到洋流中的"风海流"时,可以借用"风流"强调一下"风海流不风流",让学生一下子就记住了,在复习的时候只要稍微提示就可以让学生想起来。

如讲到月球的月相变化时,可以结合小笑话进行讲解:

一次,地理老师讲述月球上的情况。老师说:"月亮大得很,上面十分宽敞,可以住几百万人。"马克突然大笑起来。"你笑什么?"老师问他。"我在想当月球变成月牙的时候,住在上面的人那得多拥挤啊!"马克说。

如讲到关于"节气"和"天气"时,可以先讲下面这则小故事:

一天,儿子告诉父亲:"您买的日历不准。"爸爸说:"不会吧?!"儿子指着日历说:"日历上明明写着今天小雪,可是没有下雪呀!"

讲到"太阳"那一节的时候,可以用以下的小笑话调节一下:

弟弟说:"哥哥,太阳一定怕月亮吧?"哥哥一脸不解,问弟弟:"为什么呢?"弟弟说:"因为太阳只敢在白天出来,晚上月亮一出来,它就躲起来了。"

讲到"昼夜长短的季节变化"时,可以用下面的小笑话:

地理老师问学生:"夏天白昼长,冬天白昼短,为什么?"一个聪明的学生回答道:"因为太阳在夏天怕热,不敢走太快;冬天怕冷,就要赶快跑,所以夏天白天长,冬天白天短。"

(三)结课技能训练

课堂结课的教学功能体现在总结全课内容,帮助学生构建知识脉络;激发未知兴趣,帮助学生搭建学习"通路";反馈教学效果,帮助学生清除知识"盲区"[①]。但是结课方式多种多样,正所谓"结课有法,然无定法,贵在得法,妙于巧法"。因此,师范生学会设计和运用课堂结课处理策略,对学生学习成长有重要的促进作用。

以下根据蔡建老师课堂结课处理策略和案例分析,进行结课技巧训练。

案例一:"中国的河流——滚滚长江"的教学设计(该设计获"2012年全国中学生地理新课程教研成果评比"特等奖)

导课:

上联:阎锡山去无锡登锡山,锡山无锡

下联:潘长江到天长游长江,长江天长

横批:浓缩就是精华

结课:

上联:盲目开发,长江必山穷水尽

下联:人地协调,江河定柳暗花明

---

① 蔡建.优化·深化·强化·活化——例谈地理课堂结课的处理策略[J].教师通讯.2013,(11):8-9.

横批:善待长江

通过对联形式进行导课和结课,首尾呼应,相得益彰,达到了整体优化课堂结构的效果。

案例二:"自然地理环境的差异性"(湘教版必修一第三章第三节)

课堂活动设计:开展模拟旅游,将全班同学分成A、B、C三个组,A组由赤道出发,沿亚欧大陆西岸一直到北极;B组由亚欧大陆东岸(中纬度)沿纬线到亚欧大陆西岸;C组由珠穆朗玛峰山麓到山顶。每组学生采取研读地图、阅读课本、个体分析和小组讨论相结合的方法。

在课堂结束时,教师引导学生分组展示、归纳概括、梳理知识框架,并形成图表,如表3-2所示。

表3-2 自然地理环境的差异性

小组	A组	B组	C组
地域分异规律	纬度地带性分异规律	干湿度地带性分异规律	垂直分异规律
表现	从赤道向两极的地域分异	从沿海到内陆的地域分异	从山麓到山顶的地域分异
简易图示	3/2/1	1 2 3 2 1	1/2/3
成因	太阳辐射能带来的热量在地球表面由低纬度向高纬度逐渐减少	降水量从沿海到内陆逐步降低	在一定高度的山区,水热状况从山麓到山顶随高度的垂直方向变化
自然带更替方向	南北方向(纬度方向)	东西方向(经度方向)	垂直方向
影响因素	太阳辐射	海陆分布	海拔
形成基础	热量	水分	水热
典型地区	低纬和高纬地区	中纬地区	低纬高山地区

案例三:时区和日界线(湘教版必修一第一章第三节)

知识点:自东向西过日界线(180°经线)日期加一天;自西向东过日界线(180°经线)日期减一天。

结课设计:从上海向东横渡太平洋驶向美国洛杉矶的轮船上,生了一对双胞胎,在日界线的西侧时,生了一个男婴,过了日界线后又生了一个女婴,请问究竟男孩是哥哥,还是女孩是姐姐?

采用幽默的结课方式,让学生在笑声中将课堂知识牢牢掌握,提高了学生学习的兴趣和积极性。

案例四:"田纳西河流域的综合治理与开发"(湘教版必修三第三节)

请同学们利用本节课学到的知识进行角色扮演:水利开发商、企业家、当地农民、环保工作者、政府官员,在流域综合开发过程中可以做哪些事情?

学生通过角色演讲,不仅锻炼了他们的语言表达能力、逻辑思维能力、归纳总结能力,还激发了他们的智慧、灵感和潜能,使所学知识得到内化、活化。

(四)组织教学技能训练

地理教师一直在探索如何组织教学才能促进、提升地理科学的核心素养,"翻转课堂"教学方式有利于充分发挥学生学习主观能动性,改变传统的说教方式,教师以导师的角色引导学生主动学习,学生和教师教学相长、共同成长,有助于培养学生的综合思维[1]。

科学合理的翻转课堂可以充分发挥学生学习的主观能动性,学生按照自己的需求自主学习,有助于提升地理教学效率和学生的学习积极性。借鉴周维老师的教学案例"常见的天气系统——锋与天气",分析"翻转课堂"在组织教学中的有效运用。

翻转课堂教学模型(如图8所示)基本符合以下模式:

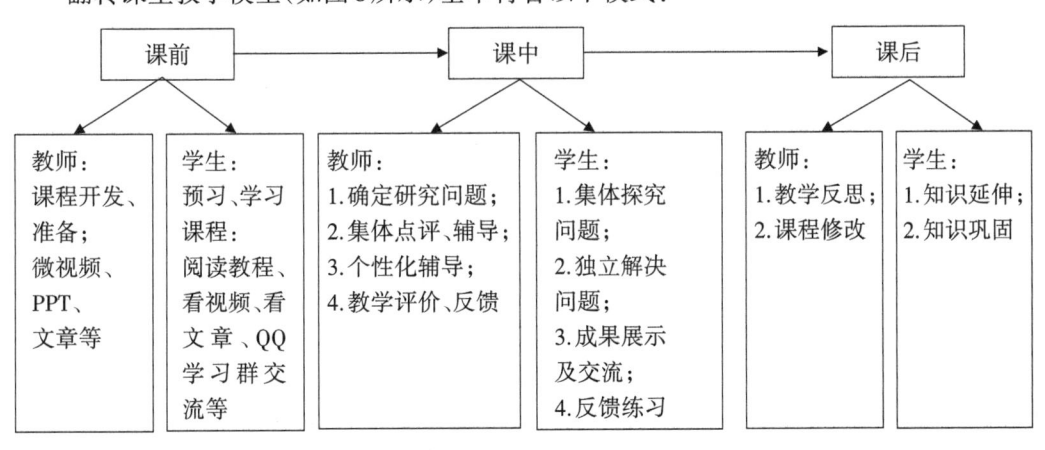

```
课前 → 课中 → 课后

课前:
教师:课程开发、准备;微视频、PPT、文章等
学生:预习、学习课程;阅读教程、看视频、看文章、QQ学习群交流等

课中:
教师:1.确定研究问题;2.集体点评、辅导;3.个性化辅导;4.教学评价、反馈
学生:1.集体探究问题;2.独立解决问题;3.成果展示及交流;4.反馈练习

课后:
教师:1.教学反思;2.课程修改
学生:1.知识延伸;2.知识巩固
```

图8 翻转课堂教学模型

---

[1] 周维.高中地理"翻转课堂"组织教学初探——以"常见的天气系统——锋与天气"的教学为例[J].中学地理教学参考.2019,(8):92-93.

在翻转课堂中最重要的是引导学生做好课前的预习、学习,完成课中的探索,加强课后知识延伸与巩固。教师做好"翻转导学案"是引导学生完成课前、课中、课后三个环节的重要前提和保障。科学的"翻转导学案"应包含学习目标、学习任务、探究案例、微课资源、知识目标、能力目标和学习感悟等,是教师根据学生的特点,明确自主学习的内容、目标和方法,提供微课、阅读资料等辅助学习资源,以清单方式做好学习路径的文件包。

1.课前阶段

教师制定学习指南,确定教学主题、达成目标、学习方法和计划课堂教学形式。本节课的学习主题是"分析锋(冷锋、暖锋、准静止锋)的特点";达成目标为"以某种自然灾害(如寒潮)为例,简述其发生的主要原因及危害";学习方法为"研读相关案例(2014年美国东部沿海、日本北海道的雪灾),分组讨论,归纳阅读和简单分析";课堂教学形式为"探究学习为主,合作学习为辅"。

学生的学习任务为"创造知识结构图、落实知识点、创设探究情境"。其中创造知识结构图的具体内容是指"由学生根据教材、微视频、教师准备的资料创造";落实知识点的具体内容是指"冷、暖锋的形成及其在移动过程中对天气的影响";创设探究情境的具体内容是指"根据教师提供的微视频及材料创设课堂探究情境"。

学生进行问题设计,主要是将重难点转化为问题,具体内容为"什么原因导致2014年美国东部沿海、日本北海道的雪灾?"

2.课中阶段

学生要完成的目标为合作探究和学习测试。"合作探究"采用的方法为"小组交换问题探究",具体内容为"不同的小组交换问题探究,加强学生对知识点的了解广度"。"学习测试"采用的主要方法为"测试题和课外知识拓展题",其中"测试题"的具体内容为"基础题和能力题进行课堂学习检测","课外知识拓展题"的具体内容为"查阅资料,分析我国长江中下游城市(如长沙)不同季节受什么锋的影响"。

教师的目标是"问题收集":采用的方法是"收集本堂课问题";具体内容为"根据学生的反馈,总结本堂课学生疑惑或未掌握的问题"。

3.课后阶段

教师的目标是进行"教学反思",采用"本堂课解决问题的过程、感悟和理解、教学效果反思"。其中"本堂课解决问题的过程"的具体内容是"学生课前准备的效果反思、学生探究过程反思";"感悟和理解"的具体内容为"本堂课教师教学的感悟";"教学效果反思"的具体内容为"根据课堂测试的结果数据进行统计分析"。

学生的目标是进行"巩固延伸",采用"完成课外知识拓展题和交流心得"的方法实现,其中"完成课外知识拓展题"的具体内容是"通过互联网等途径完成知识拓展题,分小组进行微课题研究","交流心得"的具体内容是"通过班级QQ群进行学习交流"。

本章小结

首先对教学技能的基本内涵进行了分析,论述了掌握基本教学技能的重要意义以及针对目前存在的问题提出了建议,提出了地理教师教学技能培养的重要性和紧迫性,地理教学技能培养存在的问题以及提升地理教学技能培养水平的对策。

详细讨论了地理教学设计技能的内容,结合具体教学案例分析,有助于教师进行教学设计能力训练,结合中学地理教学内容做出具体的教学案例设计;论述了说课技能训练的目的、说课技能训练的内容、说课技能的培养,结合具体案例进行了说课技能训练。

分析了课堂教学技能训练目的,课堂教学技能训练内容主要包括导入技能、板书板画技能、演示机能、讲授技能、课堂提问技能、教学结课技能、教学组织技能、教学反馈和强化技能等,借助中学教学实际内容分析了课堂教学技能训练的基本方式,达到促进提升的作用。

第四章　地理教学技术融合

教育技术的发展对现代教学起着重要的支撑作用,提升现代教育技术是师范生教学技能的重要内容[1]。随着信息化和大数据时代的到来,现代教育技术发展迅速,使得现代教育信息化教学方式越来越丰富,技术是用来帮助提高教与学的一种手段和媒体,没有技术的支撑,教与学只能停留在传统的面对面、"黑板+粉笔"的教学环境[2]。因此,在师范生教学过程中需要利用现代教育技术如慕课、微格教学系统、教育媒体等来充实师范生教学技能的学习训练方式,教学方式的转变会促使学生提高学习兴趣。

第一节　CAI地理教学

一、CAI地理教学概述

CAI(Computer-Assited Instruction)即计算机辅助教学,它是指利用计算机作为教学媒体,对学习者进行的一种教学活动方式[3]。对于那些用传统教学方法,如语言文学、静态图形难以表达,学生难以理解的抽象内容、复杂的变化过程、细微的结构等,CAI通过动画模拟、局部放大、过程演示等手段予以解决,不但在教学中起到事半功倍的效果,而且有利于提高学生的学习兴趣和分析问题的能力。

地理是一门知识广度和深度都较强的学科,而CAI教学的交互性、可控制性、大容量性、快速灵活性等特点恰恰符合了地理教学的要求;同时,地理更是集人地关系知识于一身的学科。传统地理教学方法多为灌输式或填鸭式等,而CAI教学手段的应用,突破了

---

[1] 颜茹.地方高校师范生教学技能培养问题与对策研究——以S大学中文专业师范生为例[J].佳木斯职业学院学报.2018,(9):214-215.
[2] 来凤琪.论教学设计和学习理论对教育技术研究的关照[J].现代远程教育研究.2015,(2):39.
[3] 甘国成.试论CAI在中学地理教学中的有效运用[J].科海故事博览(科教论坛).2010,(3):118.

传统教学手段,增加了学生学习地理的兴趣,注重了学生的主体性特征,强调了学习的主动性和创造性,而且在内容上大大突破了地理知识仅仅局限在课本上,对学生地理素质的提高起了非常大的作用(陈桂芳《计算机辅助教学与课件制作技术》,人民邮电出版社,2011)。

二、CAI地理教学的基本模式

CAI课件应用于教学可以分为两大类型,一种是辅助式,一种是主体式。目前,地理教学中普遍运用的是辅助式CAI课件,即计算机用在教学过程中的某一个或几个环节,如在模拟演示、辅导、练习、复习、测试中发挥作用,主要是针对教学某一部分内容的需要而设计的。它是教师优化课堂教学过程选择的教学媒体之一[①]。而主体式CAI教学则主要是新今出现的网络教学,它可以代替地理教师的全部或大部分工作,学生主要通过和计算机的"对话"获得地理知识,通过人机交互来巩固知识,增长能力;同时,地理教师也是通过计算机了解学生的学习情况,及时对个别学生进行指导,获得学生的反馈信息,调整教学进度。主体式CAI课件在设计上要求比辅助式CAI课件更加周密、细致、全面,教学中对硬件的要求也更高。地理CAI教学中,主要有以下几种基本的教学模式:

(一)形象展示教学模式

由于多媒体计算机集动画、声音于一体,因此,地理教师在教学中借助计算机,演示各种静态和动态的地理过程,通过声形刺激学生的大脑皮层,增加学生对知识的感性认识,更加理解抽象的地理概念,通过提问,师生共同归纳总结,进而巩固知识。

(二)人机会话教学模式

教师是教育者,学生是学习者。现代教学提倡的教师的主导作用与学生的主体作用这一关系,要求学生是一个主动的学习者。因此,学生通过和计算机的对话获得知识,是一种新型的教学模式。计算机既是教材,也是教师,在CAI地理教学课件中体现了地理教师的教学指导思想,对教学目标的理解,对教材的认识,以及在此基础上采取的教学思路和教学方法的运用。同时,地理教师还要对学生通过多媒体计算机反馈的信息加以针

[①] 潘维奕.应用CAI手段,提升地理课堂教学效果[J].读写算(教育教学研究).2011,(49):154.

对性的处理。因地理是一门综合较强的学科,它要求学生除掌握地理课本知识外,还要了解相关的其他地理知识。因此,这种CAI地理课件容量大、交互性强,且课件的设计要求更周密,更能全面地体现地理教师的教学意图。这种CAI地理课件比较适用于网络教学。如果计算机之间实现联网,就能够实现资源共享和信息交流。地理教师也能通过计算机及时了解学生的学习地理知识的情况,获得反馈信息。这种CAI地理课件在程序结构设计上的指导思想是"刺激—反应—强化":先展示地理教学内容并提出问题(刺激),然后要求学生回答(反应),确认学生回答是否正确,展示正确内容(强化)。如果学生没有达到规定的要求,计算机会重新演示原有的地理教学内容并出示和前面水平相当的题目,检测学生。如果学生已经达到了规定的要求,计算机将进入下一单元的内容。

(三)复习与练习教学模式

讲授完某段地理教学内容后,采取CAI教学方式让学生对所学地理知识进行复习与练习,以巩固所学知识,形成技能。这类CAI地理课件,一般先呈现教学内容的重点、难点,通过图形、文字、声音的刺激,强化学生对所学内容的理解,然后进入练习状态,通过大量的习题使学生掌握所学知识和技能。除以上几种基本教学模式外,CAI地理课件还可以用于地理教学的其他环节,如在地理课外小组活动中,通过计算机游戏,增强学生学习地理的兴趣和参与竞争的意识;利用计算机,研究工厂选址和乡镇规划等,提高学生分析问题解决问题的能力。另外,利用计算机大容量的存储处理信息的功能,地理教师可以分析课堂教学过程,建立地理题库、资料库、备课、编制练习题等。

三、CAI地理教学软、硬件需求

CAI地理教学系统由硬件系统和软件系统组成。

(一)CAI地理教学硬件系统

硬件系统的构成包括:CPU(控制器和运算器)、存储器、输入设备和输出设备。常用的输入设备有:磁盘机、光盘机、磁带机、数字照相机、扫描仪、视频采集卡、声卡、MIDI合成器、话筒、键盘、鼠标、笔式输入器等。常用的输出设备有:磁盘机、光盘刻录机、磁带机、打印机、胶片记录仪、高亮度投影仪、显示器、声卡及放大器和扬声器、MIDI合成器等。

(二)CAI地理教学常用软件

软件系统包括:操作系统、各种形式的课件、题库、教学管理系统及其开发与支持环境软件。目前较为常用的计算机辅助地理教学软件有:

(1)PowerPoint。美国微软公司办公自动化软件Office家族中的一员,是专门用来制作演示文稿的工具软件。它主要用于学术交流、产品展示、工作汇报、情况介绍等场合的幻灯片制作和演示,可以通过计算机播放文字、图形、图像、声音等多媒体信息。是教师讲课的首选课件制作工具。

(2)Authorware。它是美国Adobe公司开发的一种功能强大的交互式多媒体工具软件,该软件应用范围涉及教育、娱乐、科学等各个领域。一直是众多多媒体开发工具中的佼佼者。使用Authorware制作课件非常直观、明了,使用者无须掌握高深的编程技巧,就能制作出包含文字、声音、图像、动画等多种元素在内的,界面华丽、交互性强、控制灵活的教学课件。

(3)Flash。它是美国Adobe公司设计的优秀的动画设计制作软件,是使用广泛的多媒体课件制作软件之一。它是一种交互式动画设计工具,用它可以将音乐、声效、动画以及富有新意的界面融合在一起,以制作出高品质的动态效果。不仅可以单独播放使用,更可以用在网页中播放。(2020年底,Adobe公司已经宣布结束对Flash的支持,目前仅中国版本能够继续使用)

第二节　地理课件制作

一、地理课件的作用

课件(Courseware)指具有一定教育教学功能的计算机软件。课件的作用主要是直观显示教学内容,通过人机交互式的教学形式辅助课堂教学。在教学过程中,课件有助于突出教学重点,突破教学难点,激发学习兴趣,跨越时空的局限,拓宽学生的知识视野。

课件制作应该遵循五个原则:1)兴趣性原则,课件能激发学生的学习兴趣,树立学习的信心;2)实用性原则,课件的制作要结合教材内容和学生的实际需要,有利于学生获取语言信息并理解语言材料;3)针对性原则,课件的设计应具有明确的针对性,或化难为易,或传递知识,或训练技能,或引发思考等;4)交互性原则,课件设计要体现人机之间的双向交流;5)辅助性原则,课件的作用永远居次要地位,它不会动摇学生在教学过程中的中心地位和老师的主体作用。

制作教学课件需借助相关的软件,如 PowerPoint 是专门用于制作电子幻灯片演示文稿的软件,Authorware 是基于图标的多媒体创作工具。易于学习和掌握的软件是 PowerPoint。PowerPoint 是 Microsoft Office 软件包的组成部分。PowerPoint 演示文稿的内容包括文字、图片、动画、声音和视频电影。用它制作的课件不仅可以在多媒体教室的大屏幕投影仪上直接演示,使教学生动、活泼和形象化,还可作为网上教材,实现教学资源的共享。

多媒体课件是教师为辅助课堂教学精心设计的教学软件,对于传统教学中,难以表达、学生难以理解的抽象内容、复杂的变化过程、细微的结构等,多媒体通过动画模拟、局部放大、过程演示等手段都能予以解决。它打破了"粉笔加黑板,教师一言堂"的传统教学方法,不但在教学中起到事半功倍的效果,而且有利于提高学生的学习兴趣和分析、解决问题的能力,大大提高了教学效率和质量。本文就多媒体课件在地理教学中的作用进行浅析[①]。

(一)运用多媒体技术,可以创设情境,引发学生学习的兴趣和思考

著名教育家苏霍姆林斯基说:"所有智力方面的工作都要依赖兴趣。"学生的学习兴趣对鼓舞和巩固他们的学习动机、激发学习积极性起决定作用,一旦激发了学生的学习兴趣,就能唤起他们的探索精神、求知欲望[②]。计算机多媒体的屏幕显示内容动感强,相对其他媒体更富吸引力和渗透力。因此我们在制作课件时,要充分利用计算机的这一优势,力图使画面内容生动,即要尽可能地用一些动画、音乐,将教学的内容有机地融合在这些动画和音乐中,使学生爱听、爱看,从而调动学生的学习积极性。在初中地理的总论部分,有的教材内容比较抽象,对初一的学生来讲难度较大。若采用多媒体辅助教学,将抽象的地理概念变得直观,将遥远的地理事物呈现在眼前,通过对视觉、听觉等器官的不断刺激,激发学生的学习欲望,能有效地促进学生认知的发展。如在学习"地球的运动与气候"时,课件展示如下:伴随着悦耳的音乐,茫茫宇宙中一颗蓝色的星球由远及近向我们"走"来,一下就吸引了学生的目光。随着地球的旋转,地轴及地轴倾斜的方向和角度的出现,太阳在中心位置放射出光芒,昼半球和夜半球的交替闪现等一幅幅动画的展开,

---

[①] 王海军.浅谈多媒体技术在中学地理教学中的有效运用[J].当代教育实践与教学研究(电子刊).2018,(8):259.
[②] 潘信国.浅谈信息技术与地理教学的整合与创新[J].中学地理教学参考.2004,(3):53-54.

学生的注意力被集中到感兴趣的画面上,此时出现了字幕"由于地球自转,产生了___现象"。学生的兴趣立刻高涨,积极思考,踊跃发言。之后,教师鼠标一点,马上出现一卡通人物有节奏的送入正确答案在这部分教学设计中通过恰当利用多媒体动画、结合有趣的图像和绝妙的声音辅助教学,激发了学生的学习兴趣,吸引了注意力,使他们产生学习的动机,从而自觉、主动、积极地去获取知识。教师在轻松、愉快的教学情境中教给了学生地理知识,培养了空间想象能力,优化了课堂教学目标。

(二)运用多媒体技术,可以突出重点、突破难点,提高课堂教学的质量

紧紧抓住教材的重点和难点是课堂教学中的最基本要求。多媒体计算机可以展示一些与教学内容有关的场景,设置一些与教学内容有关的问题,以启发学生思考、调动学生思维[①]。

"地球的运动"这一内容远离生活实际,抽象难理解,学生无法感知地球之"动感",因此给教学设置了障碍,形成教学过程中的难点。在教学中,光凭教师一张嘴、一本书、一支笔显然无法解决问题,有些难点借助一般教学手段依然无济于事,而利用多媒体课件,可以从人们认识发展的一般规律(即直观—抽象—实践)入手,有效地突破难点,使学生获得更多的知识。

在上述"地球的运动与气候"中演示完"地球自转"后,马上演示"地球公转",即地球在自转的同时,绕太阳公转:画面上地球总是"斜着身子"绕太阳转动,太阳在中心位置源源不断放射出光芒并以平行光束照射至地球表面,故公转时可观察到公转的方向、太阳直射点的移动、昼夜长短的变化,公转一周为一年并留下轨迹为椭圆形;当地球依次公转到四个特殊位置[春分(3月21日前后)、夏至(6月22日前后)、秋分(9月23日前后)、冬至(12月22日前后)]时,画面出现闪烁,此时鼠标一点,锁定画面,出现字幕,停留片刻,教师讲解,之后地球继续运行至下一个特殊位置直至公转一周。教师利用这生动的画面,适时提出问题,引导学生思考并着手解决难点问题。这些教学中的难点内容,无需教师耗费太多口舌,都非常清楚地呈现在学生眼前。又如模拟演示板块的运动、地震火山的发生、泥石流、等高线地形图的判读、经纬网等。利用多媒体技术能有效的突破教材的难点,能帮助学生理解、掌握所学知识,有助于培养学生的空间想象能力及观察、想象、记忆、思维等能力。而这些课件的制作和获取都离不开多媒体和网络。

---

① 苗逢春.信息技术与中小学教学整合[J].北京师范大学学报(社会科学版).2003,(4):87-96.

(三)运用多媒体技术,可以培养学生的思维能力

素质教育要求教师要培养学生的各方面能力,充分发挥学生的潜能。多媒体课件可大大促进学生思维能力的发展,培养学生对地理真挚而深厚的情感,使学生的形象思维与抽象思维协调发展。在学习我国气候特征时,需了解冬季风和夏季风的成因,如果教师采用传统的教学方法,是很难讲清楚的。若利用课件,通过动画效果,把季风的形成,运动路径,移动方向,影响的范围,按顺序播放出来,关键时段闪烁出现,直至到达目的地。通过动态的画面,把抽象的知识转化成可观察、可观赏的形象画面,从而培养学生的思维能力。

(四)运用多媒体技术,可以培养和提高学生读图能力[①]

地理教学中,读图能力的培养是学生贯于始终的基本技能。读图能力不仅能帮助学生理解、记忆地理知识,而且能帮助学生建立形象思维,提高解决问题的能力;同时教会学生通过阅读地图进行分析、综合、概括、判断、推理,也是对学生能力的培养。在多媒体地理教学中,它可帮助学生形成正确的、全面的读图、用图乃至制图的重要本领。例如:在介绍京杭运河时,用重新着色、闪亮来突出京杭运河北起通县,南至杭州,经北京、天津两市及河北、山东、江苏、浙江四省,沟通了海河、黄河、淮河、长江、钱塘江五大水系(配以闪烁五大水系),这样就可以克服传统地图内容繁多,重点不突出的弊病。在介绍长江流域有哪些主要支流时,用闪烁来突出岷江、嘉陵江、乌江、湘江、汉江、赣江等位置。介绍长江上、中、下游的划分时也可以闪烁出宜昌和湖口所在的位置。这样学生可以形成正确的地理事物空间分布特征的概念。

(五)有助于培养学生的探究能力

计算机多媒体课件表现内容丰富多彩,能给学生展示一些非传统意义上的问题,提供便于探究的环境,创设一些富于启发性的问题情境,给学生留下思考的空间。让学生学会主动学习、主动思考、主动创造。多媒体课件是教学内容、教学方法、多媒体技术三者在计算机上的有机结合。多媒体技术的介入丰富了教学手段,改进了教学方法,充分发挥了教师的主导作用;多媒体课件内容与形式的多样化、大容量,为学生感知事物提供了更宽阔的思维领域,充分发挥了学生的主体作用。可见,多媒体课件在教学中对提高

[①] 王广周.浅谈多媒体教学在地理学科中的应用[J].中学政史地:教学指导.2017,(05):57.

学生学习兴趣,培养自学能力、实践能力起着至关重要的作用。在学习我国"西北地区"时,要理解其"干旱为主的自然特征",可利用计算机多媒体课件,把本区的地表景观中的风蚀蘑菇、风蚀城堡、新月形沙丘、塔克拉玛干沙漠一一展现出来。再利用动画、配上少数民族曲调,把地面植被按由东向西顺序,先后呈现出草原→荒漠草原→荒漠的景观,以及西北地区干旱缺水造成的生产生活不方便、经济水平提高不快的画面。然后出现一卡通人物,苦着脸问:为什么?让学生思考发言后,教师归纳讲解:点击鼠标,出现夏季风运动路径,含有水汽的云团哭丧着脸到达不了西北,引发学生思考:Why?再点出"中国年平均降水量分布图",观察分布规律,得出:由东向西,降水量由400毫米→200毫米→50毫米以下,故为半干旱、干旱地区。结合当前形势,提出问题:我国要开发大西部,如何解决水资源的问题?由此激发学习兴趣,引导他们学会思考问题,解决问题,从而培养他们辩证地看待事物,合理地解决问题,进一步培养他们的探究能力。当然,教学中教师应千方百计地为学生创造一切有利于创造活动的教学条件,对学生的创造性行为给予及时的激励和肯定,引导学生养成勤思考的习惯,在碰到问题时多问几个"为什么",解决问题后要进行反思,不断地在创造性活动中总结教训、吸取经验。

(六)有助于增强学生的情感

在地理课程目标中要求"使学生具有初步的地理科学素养和人文素养,养成爱国主义情感,形成初步的全球意识和可持续发展观念"。这就要求在地理课程学习中,要将学习知识、发展能力和培养情感有机地结合起来,寓思想教育于地理教育之中。多媒体课件能够渲染气氛、创设情境、增强学生的情感体验,能够根据教学需要采集和编辑录像、VCD(Video Compact Disc,简称VCD,指影音光碟)的内容在适当的时候播放,能够配以文字、旁白,使学生受到良好的思想教育。

如在学习"我国的旅游资源"时,教师利用多媒体课件播放我国著名的旅游胜地:北京的八达岭长城,西安的兵马俑,桂林山水,黄山"四绝"的奇松(迎客松、陪客松、送客松)、怪石、云海、温泉,井冈山革命纪念地等,不知不觉当中,学生已被祖国锦绣的大好河山所吸引,脸上洋溢着向往、陶醉、自豪的神情,激发出了他们的爱国之情。紧接着出现一组漫画镜头:在旅游区乱扔废弃物;某人在文物古迹刻上"×××到此一游!"配上小丑的画外音,学生们看了,无不表示愤怒、指责、痛恨的心情。从反面材料中,学生产生了强烈的情感体验。通过正反材料的对比增强了他们对环境、资源的保护意识和法治意识,增强了他们对社会的责任感,培养了学生美好的道德品质,同时收到了良好的教学效果。

古人云:"善学者,师逸而功倍,又从而庸之;不善学者,师勤劳而功半,又从而怨之。"教师在教学中如果善于利用计算机多媒体课件培养学生各种能力,教会学生掌握科学的思维和学习方法,就能使学生的智力和非智力得到锻炼、个性得到发展、能力得到培养,并通过"授之以渔"为他们终身学习打下坚实的基础,使他们成为21世纪具有竞争力和创造力的人才。

二、地理课件制作方法

CAI是一种高级程序教学,是以计算机为主要媒体来进行教学活动。硬件、软件和课件是它的三要素。如今许多学校在硬件设施和软件都具备的条件下,优秀地理课件的缺乏以及地理课件的自制有一定难度,成为影响许多学校发展地理多媒体教学的一个主要因素。因为地理课件需要地理教师自己、或和计算机教师合作共同设计与编制,需要具备专业知识和一定的计算机应用能力。地理课件制作的一般流程为:

(一)确定课题

地理教材中,有许多内容适合用多媒体,也有很多不适合多媒体教学。其选择的一般原则为:

(1)常规实际演示或教学方法所不能解决的问题;

(2)在现实实验中仪器设备太笨重、太昂贵时;

(3)常规真实情景不可能长时间稳定时;

(4)通过多媒体手段能很好解决而且有优势,并能使学习者有切身的体会,例如:四季的形成、地壳运动等抽象的内容,利用计算机的图形、动画、视频等功能,进行显示、模拟,使之直观、形象化,促进学生的理解和记忆。

(二)教学设计

以传播学和学习论的理论为基础,利用系统理论的原则和方法,研究教学系统、教学过程和制定教学实施的计划,以便使教学达到最优化。

(三)系统设计

按教学设计的要求来确定计算机课件的基本结构及实施的方案。

(1)要确定软件的类型。

课堂演示型软件:能针对某一课题内容,按一定顺序呈现教学信息,能按照学生的反应和请求而变化。既适应学生的能力和基础,又活跃课堂气氛,还调动学生的思维与学习的积极性。主要适用于地理知识难度偏小,地理表象陈述较多,地理规律含量不高,学生活动相对较小的课型。1)个别交互软件:它设计了多层次分支结构,同一课题的不同分支教学流程,能适应不同学生的需求,适合于学生自学,符合因材施教的原则。适于地理规律性强、难度较大,以单因素为动画演示、多因素为控制模拟方式表现教学内容,学生的主动性很强。2)测试题库型软件:它可以调动题库中大量静态、动态图像、音频模块进问题的设置,通过人机对话,及时作出客观反馈,能促进学生建立知识间的联系联想,有利于学生形成习惯性的技巧。3)游戏型软件:通过一种富有趣味性和竞争性的教学环境,激发学生的学习动机,并能训练学生的一定地理技能或智能,达到一举两得,寓教于乐的目的。4)工具资料型软件:此类型软件通过建设数据库,存储了大量的地理信息,便于学生查找和咨询。5)综合性软件:该类型软件编制较复杂,但软件内容种类多样,且功能强大,能灵活服务于地理教学。不管哪一种类型的软件,一个好的多媒体课件都须具有以下特征:知识的准确性;图、声、文的交互性;画面的生动、形象、趣味性;操作的灵活性(界面的友好性);网络性(能在网上发行)。

(2)要设计封面和界面。

界面是信息交换的通道,通过键盘、鼠标等物理设备对屏幕作出反应,体现人机的交互作用,好的界面除了交互性强之外,还应考虑到界面的美观程度。例如:颜色的搭配是否协调,背景是否合适,按钮是否美观等。笔者曾与微机教师合作共同制作一课件,技术上没遇太大阻力,倒是在背景的选择、颜色的协调性以及版面的设计上煞费苦心,绞尽脑汁,最终还是没有取得良好的效果,不得已搬来了"救兵"——一位美术教师,所有的问题迎刃而解,由此可见,课件的制作是多学科合作的共同结果。

(3)划定知识单元和知识点。

(四)脚本创作

由熟悉写作工具软件的专业人员根据教学和系统设计的内容结合创意进行脚本设计(即屏幕设计)。脚本是制作课件的直接依据,是一项繁琐而又细致的工作。

（1）交代该课件讲什么。先设计一个框架,要能体现屏幕界面的方向。

（2）根据内容描述对等信息:即设计媒体信息的一个呈现手段。如用文字、动画、声音等类型表现。对于文本,凡能标明字形、字色的都应尽量标明;图形要尽量注明线型、线色,对于动画,要绘制出动画的初始状态,包括背景在内,对每个动画要画出它的典型位置还要考虑课件界面、屏幕对象、风格等艺术性设计要求。

（3）多媒体信息关系的设计。即交互设计,交互性是多媒体课件的生命所在,交互的途径通过课件的"用户界面"得以实现。该界面必须告诉使用者它有什么以及它能干什么,通常有超文本和热点的形式。

超文本(Hypertext):一个以文本为主的课件经常会用到超文本。采用超文本时,每个词都是"活的"——选中它,你可以直接跳转到你想去的任何一页。

热点(Hot spot):热点通常是屏幕上的一个按钮、图片或热对象,当你选中它时,它会把你带入该课件的另一部分。

（五）多媒体素材的采集加工

这是多媒体信息合成前的最后一个准备阶段,工作量较大、且内容繁琐。

1.文本的制作

文本的输入虽然容易,但设计者还要在它怎样出现在屏幕上以及使用者怎样与它进行交互等方面费一番脑筋,在一些特定的环境里,如能做一些特效字,应用到标题或说明性的文字中,则效果更好。例如:在讲地震的内容时,可将"地震"二字做成破碎状的动画字;讲湖光山色等旅游风光时,可利用水面倒影字的特殊效果;讲火山喷发时,可将文字做成熊熊燃烧的燃烧字;等等。这些特效字可利用一些常用的软件如:Adobe Photoshop(PS)、Cool 3D或3D Max Studio等完成,凡是你能想到的特殊效果,它们几乎都能做到。

2.图像的收集与加工

地理学科的特性决定了它的许多内容用文字表达是远远不够的,必须使用大量的图像资料。图像素材的收集可来源于一些现成的只读光盘存储器、扫描的图片,或自制的图片,另外网上下载图片也是一种快捷有效的方法。有了图片,再利用一些图像处理软件如:PS、PaintShop、CorelDRAW等对图像进行特技处理,得到自己满意的效果,如图像的翻转、旋转、颜色的调整和一些特殊效果等。

3. 动画制作

动画适宜表现教学中比较抽象的内容,可分为二维动画和三维动画。利用 Animator Pro 软件可制作出许多令人满意的二维动画效果,如锋面雨带的移动,四季的形成,巴拿马运河船只出入的过程等。三维动画制作的软件有 3Dstudio,难度较大。

4. 视频制作

视频信息可以大大丰富课件的内容,利用影皇(Video King)视频捕获卡等硬件设备可方便地对视频信号数字化,并进行编辑处理。

5. 音频设置

多媒体课间一般都会用到大量的音频信息,如背景音乐、解说等,音频的使用不仅能起烘托视觉体验的作用,而且还能增强交互性,例如在测试题中用不同的声音来表示正确还是错误。

(六)多媒体信息的合成

将已准备好的文本、图形、视频信号、动画等多媒体素材或各个节点,根据课件设计的要求,进行链接,形成多媒体课件。在众多的多媒体创作工具中,笔者认为 Authorware 和 PowerPoint 比较好。PowerPoint 易学易用,适用一些小型课件。交互性要求强时用 Authorware 较好,它具有跨平台兼容性,可创作、编辑、发送并通过不同平台(Windows 95,Window NT 等)播放,这种兼容性在课件的制作过程中也十分重要。

(七)调试及教学测评

看已设计的每一个功能是否能达到目的,教学效果如何,并根据需要修改设计,重新调试,直到课件符合设计要求为止。

(八)形成教学产品(教学课件)

将修改好的课件,通过刻录机载入光盘,便于长时间的使用和保存。

由此可见,一个多媒体课件的形成往往凝聚了群体的智慧,这种富有现代教育思想、应用现代教育技术的创作活动艰苦而有卓效。随着计算机硬件、软件技术的不断完善,多媒体课件开发中的制作技术将会越来越简便。另外我们通过网络可方便地下载世界各地学校的优秀的课件,将其引用、修改,通过资源共享来缩短课件开发的周期,提高制作的效率。

三、基于PowerPoint软件的地理课件程序

基于PowerPoint软件的设计原理和设置,制作地理课件的基本程序为:

1.设计演示文稿时为了使课件的演示条理清晰、表述明白,在制作PowerPoint之前,要根据教学目标、教学内容、教学的重点或难点来设计演示文稿。

2.创建演示文稿。

(1)启动PowerPoint。

1)单击"开始"按钮,指向"程序",然后单击Microsoft PowerPoint,进入PowerPoint的界面。

2)单击"空演示文稿",然后单击"确定"。

3)单击"标题幻灯片",单击"确定"。

4)PowerPoint在浏览视图中显示空白的标题幻灯片。

(2)建立大纲。

1)单击"单击此处添加标题"文本框,然后输入演示文稿的标题。

2)单击"单击此处添加副标题"文本框,然后输入副标题。

3)在左边空白的地方单击,然后单击屏幕左下角的"大纲视图"按钮来建立大纲。

4)如果想新建一张幻灯片,而不是在第一张幻灯片上继续输入的话,将光标置于副标题文本的最后,按"回车键",再单击"常用"工具栏上的"升级"按钮(或按Shift+Tab)。

5)在大纲视图中,输入第二张幻灯片的标题,按"回车键"。

6)如果想在幻灯片的标题下输入内容而不是新建幻灯片的话,单击"降级"按钮(或Tab)。

7)添加适当的文本。每次按"回车键",都会创建一个新的项目符号。

(3)保存演示文稿在制作课件时,要注意经常存盘,以避免丢失文件内容。

1)单击"文件"菜单,单击"保存"。

2)将文件取一个便于理解和记忆的文件名。

3)单击"保存"。PowerPoint会自动将该文件保存成"ppt"或"pptx"格式。

(4)格式化演示文稿。

1)在幻灯片的背景中使用模板,单击"格式"菜单,单击"应用设计模板"。

2)单击某个设计式样,它就会在预览窗口中显示出来。

3)选中某个设计式样后,单击"应用",这种模板就会在所有的幻灯片中应用。

4)设置文字的字体、颜色、字号等。选择要改变的文字,使用"格式"工具栏或"格式"菜单中的"字体"选项来改变文字的格式。

(5)插入剪贴画。

1)单击"插入"菜单,鼠标指向"图片",然后单击"剪贴画"。

2)在"图片"标签中,单击一种类别。

3)单击要在演示文稿中插入的图片,弹出快捷菜单,单击顶部按钮插入图片。

4)单击"保存"。

5)在演示文稿的任意位置单击,使"插入剪贴画"对话框转入后台。不用关闭它,这样就可以在需要的时候将其调入前台工作。

3. 绘制教学图形举例。

(1)使用绘图工具绘制图形。

1)基本图形的绘制。单击"直线""箭头""矩形""椭圆"按钮,鼠标指针变为十字型,在幻灯片上拖动,即可画出相应的图形。拖动鼠标时,按住 Shift 键不放,可画水平线、垂直线、正方形或圆。单击"绘图"工具栏上的"线型""箭头样式"按钮,会出现一个相应的列表框,要改变被选择对象的线型粗细,在列表框中单击需要的线型即可。

2)"自选图形"的运用。单击"自选图形"按钮,会出现一个下拉菜单,其中有"线索""连接符""基本形状""箭头总汇""流程图""星与旗帜""标注""动作按钮"等多条选项。可在它们的子菜单中,选择一些图形,进行绘制。调节修改自选图形的形状:许多自选图形被选择后,在出现白色控点外,还会出现一些黄色菱形小块(调节块),拖动它可改变图形的某些特征形状。调节后,双击调节块,可恢复原来的状态。

3)图形的颜色与填充效果。利用"填充色""线条颜色""字体颜色"按钮及其下拉列表框中的颜色列表给图形、线条及图形中的文字上色。

单击有关颜色按钮右边的下拉箭头,打开颜色列表框,分别选择"其他颜色""填充效果""带图案线条"等,打开"颜色""图案""填充效果"等对话框,对图形填充的颜色、图案进行更多的选择变换。

4)图形的旋转。单击"自由旋转"按钮,在图形的一些角上会出现绿色小圆点,鼠标指针变为环型箭头状,将其放在圆点上拖动,便可使图形旋转。

5)图形的立体效果。在"绘图"工具栏的最右边有"阴影"和"三维效果"按钮,可用于图形的立体效果修饰。单击这两个按钮,将分别出现下拉菜单,其中提供了多种效果形式。利用里面的工具,可以对阴影和三维效果的各种要素进行细致的调整。

(2)对多个对象的选择、组合、分解、排列和叠放。

1)多个对象的选择。选择多个对象,可按住Shift键不放,分别单击各个待选对象。

2)多个对象的排列和旋转。单击"绘图"按钮,在打开的下拉菜单中选择"对齐或分布""旋转或翻转"项,再从打开的子菜单中选择相应的命令,可对选择的多个对象进行排列、旋转、翻转等操作。

3)多个对象的组合。要将被选择的多个对象组合成一个对象进行操作,可在"绘图"下拉菜单中选择"组合"命令。选择"组合"后,再选择"取消组合"命令,即可使组合对象分解。

4)多个对象的叠放次序。图形互相重叠,后面的不透明的对象会遮住先画的图形。要改变它们的叠放顺序,可先选择对象,然后在快捷菜单或"绘图"下拉菜单中选择"叠放次序"项,再在子菜单中选择适当的命令,进行相应的操作。

四、优秀地理课件赏析

案例:新编地图学教程(第三版)课件,网址 http://abook.hep.com.cn/1221088。

新编地图学教程(第三版)数字课程与纸质教材一体化设计,紧密配合。数字课程涵盖电子教案、拓展图和阅读材料三个板块。电子教案与各章节内容配套,使用大量清晰美观的插图;拓展图四色绘制,共计68幅,它们是纸质教材的补充插图,用于深入阐述地图学理念或者提供示例;阅读材料是纸质教材的补充内容。本数字课程充分运用图文资料,极大地丰富了教材内容,使教材获得更大的知识容量;在提升课程教学效果的同时,为学生深入了解地图学的理论和地图制图方法提供帮助。

第三节 地理微课制作

一、地理微课概述

微课(Micro Learning Resource),是指运用信息技术按照认知规律,呈现碎片化学习内容、过程及扩展素材的结构化数字资源。

微课是"互联网+"的特殊产物,是在"互联网+"新形势下的学与教资源新形式、新形态、新生态。微课是具有碎片化、结构化、可视化、非线性等"互联网+"的特征。随着"互联网+"的快速发展,微课已经成为支持"互联网+"学与教的重要支撑形式。

1."微课"的组成

"微课"的核心组成内容是课堂教学视频(课例片段),同时还包含与该教学主题相关的教学设计、素材课件、教学反思、练习测试及学生反馈、教师点评等辅助性教学资源,它们以一定的组织关系和呈现方式共同"营造"了一个半结构化、主题式的资源单元应用"小环境"。因此,"微课"既有别于传统单一资源类型的教学课例、教学课件、教学设计、教学反思等教学资源,又是在其基础上继承和发展起来的一种新型教学资源[①]。

2."微课"的主要特点

(1)教学时间较短:教学视频是微课的核心组成内容。根据中小学生的认知特点和学习规律,"微课"的时长一般为5—8分钟左右,最长不宜超过10分钟。因此,相对于传统的40分钟或45分钟一节课的教学课例来说,"微课"可以称之为"课例片段"或"微课例"。

(2)教学内容较少:相对于较宽泛的传统课堂,"微课"的问题聚集,主题突出,更适合教师的需要。"微课"主要是为了突出课堂教学中某个学科知识点(如教学中重点、难点、疑点内容)的教学,或是反映课堂中某个教学环节、教学主题的教与学活动,相对于传统一节课要完成的复杂众多的教学内容,"微课"的内容更加精简,因此又可以称为"微课堂"。

(3)资源容量较小:从大小上来说,"微课"视频及配套辅助资源的总容量一般在几十

---

① 胡铁生,周晓清.高校微课建设的现状分析与发展对策研究[J].现代教育技术.2014,24(2):5.

兆左右。视频格式须是支持网络在线播放的流媒体格式(如"rm""wmv""flv"等),师生可流畅地在线观摩课例,查看教案、课件等辅助资源;也可灵活方便地将其下载保存到终端设备(如笔记本电脑、手机、MP4等)上实现移动学习、"泛在学习",非常适合于教师的观摩、评课、反思和研究。

(4)资源组成/结构/构成"情景化":资源使用方便。"微课"选取的教学内容一般要求主题突出、指向明确、相对完整。它以教学视频片段为主线"统整"教学设计(包括教案或学案)、课堂教学时使用到的多媒体素材和课件、教师课后的教学反思、学生的反馈意见及学科专家的文字点评等相关教学资源,构成了一个主题鲜明、类型多样、结构紧凑的"主题单元资源包",营造了一个真实的"微教学资源环境"。这使得"微课"资源具有视频教学案例的特征。广大教师和学生在这种真实的、具体的、典型案例化的教与学情景中可易于实现"隐性知识""默会知识"等高阶思维能力的学习并实现教学观念、技能、风格的模仿、迁移和提升,从而迅速提升教师的课堂教学水平、促进教师的专业成长,提高学生学业水平。就学校教育而言,微课不仅成为教师和学生的重要教育资源,而且也构成了学校教育教学模式改革的基础。

(5)主题突出、内容具体。一个课程就是一个主题,或者说一个课程讲一个事;研究的问题来源于教育教学具体实践中的具体问题。或是生活思考、或是教学反思,或是难点突破,或是重点强调,或是学习策略、教学方法、教育教学观点,等等,具体的、真实的、自己或与同伴可以解决的问题。

(6)草根研究、趣味创作。因为课程内容的微小,所以,人人都可以成为课程的研发者。正因为课程的使用对象是教师和学生,课程研发的目的是将教学内容、教学目标、教学手段紧密地联系起来,是"为了教学、在教学中、通过教学",而不是去验证理论、推演理论,所以,决定了研发内容一定是教师自己熟悉的、感兴趣的、有能力解决的问题。

(7)成果简化、多样传播。因为内容具体、主题突出,所以,研究内容容易表达、研究成果容易转化;因为课程容量微小、用时较短,所以,传播形式多样(网上视频、手机传播、微博讨论)。

(8)反馈及时、针对性强。由于在较短的时间内集中开展"无生上课"活动,参加者能及时听到他人对自己教学行为的评价,获得反馈信息。较之常态的听课、评课活动,"现炒现卖",具有即时性。由于是课前的组内"预演",人人参与,互相学习,互相帮助,共同提高,在一定程度上减轻了教师的心理压力,不会担心教学的"失败",不会顾虑评价"得罪人",较之常态的评课就会更加客观。

张　春教授认为,"微课"是指使学习者自主学习获得最佳效果,经过精心的信息化教学设计,以流媒体形式展示的围绕某个知识点或教学环节开展的简短、完整的教学活动。它的形式是自主学习,目的是最佳效果,设计是精心的信息化教学设计,形式是流媒体,内容是某个知识点或教学环节,时间是简短的,本质是完整的教学活动。因此,对于老师而言,最关键的是要从学生的角度去制作微课,而不是在教师的角度去制作,要体现以学生为本的教学思想。

二、地理微课制作要求

微课主体内容是视频,视频格式采用支持PC、智能TV、移动终端等主流设备播放的媒体格式,并适应学习者便捷的使用方式与习惯。分为摄像拍摄(包括数码录制和录播室录制)、屏幕录制(采用录屏软件制作)、多媒体软件输出(采用各类流行的多媒体软件制作)、混合制作(采用多种录制方式混合制作)等类型。

(一)技术要求

1.摄像拍摄

1)压缩:H.264以上的格式编码,视频格式为MP4、WMV、FLV等。2)码流率:动态码流最高码率不高于2000Kbps,最低码率不得低于1024Kbps。3)分辨率:一般设定为720×576、1280×720、1920×1080;4)帧率:采用逐行扫描,25帧/秒。5)效果:构图合理、机位准确、图像稳定、对焦清晰、音像同步。

2.屏幕录制

1)分辨率:采用1024×768、1280×720或1920×1080;2)录制PPT时,将PPT调整为适合比例(1024×768录制时,用4:3;1280×720或1920×1080录制时,用16:9);3)输出:转成WMV或MP4等格式。

3.多媒体软件输出

1)输出:MP4或FLV等格式,每个多媒体软件使用单个文件输出;2)分辨率:采用800×600、1024×768、1280×720、1920×1080等;3)效果:动画清晰流畅、构图合理、图像稳定、音像同步。

4.混合制作

1)视频、屏幕录制或软件制作都均采用相同的分辨率制作,宽高比一致,合成后不变形;2)制作可参照摄像拍摄、屏幕录像制作、多媒体软件输出等技术要求;3)在跨平台时使用,制作输出格式应以使用平台视频格式为主。

(二)后期制作

(1)声音采用双声道,要求清晰、圆润、无杂音,音量适中饱满、解说与图像、背景音乐同步;

(2)如用视频混合制作,采用与视频一致的分辨率,保证合成效果良好流畅;

(3)微课片头与片尾均不能占用学习时间。

(4)字幕要求:

1)无错别字或语句错误;2)字幕在形式、陈述时与内容一致;3)字体大小适中,颜色与画面协调同步;4)字幕出现的时间要足够让学习者阅读;5)字幕应完整传达视频素材的内容和意图。

(三)封装

按照微课标准化结构,体现其碎片化、可视化、非线性、结构化的特征,运用信息技术将微课的主体(视频或软件)、配套课件、基础资源、延伸资源、学习路径等,按照学科的内在联系有机地封装在一起。

(四)设计原则

(1)科学性。按照学科特点与原理,实现抽象原理可视化,复杂过程具体化。同时,符合教学内容内在逻辑体系和认知结构。

(2)交互性。使用方式与内容可实现人机对话,实现个性化学习。

(3)非线性。支持碎片化、结构化的学习方式,以满足不同认知水平学习者或信息获取者的需要,实现差异化的服务。

(4)可控性。在科学的数学模型支持下,用技术还原科学原理或现象,通过变量配置获得科学可信的结果。

(5)操作性。界面友好,使用方便,导航准确,免安装。提示信息详细、准确、恰当。

(6)直观性。适合学习者或信息获取者的认知规律和需求,呈现知识、技能与信息的可视化,学习内容直观、形象。画面流畅,声音清楚,结构合理,符合学习者的视觉心理。

(7)兼容性。可运行在不同设备、不同平台与不同应用环境上。

(8)一致性。内容、外观、行为和操作具有内在的联系,并保持统一。

(五)常用技术手段

(1)常用工具软件:几何画板、Adobe flash Cs、HTML5制作工具等;

(2)常用设计语言:C#、JAVA、C4droid、Objective-C、LOGO、VB等。

三、微课案例分享

【案例1】:佛山教育局全国首创"微课堂"点击率破5万

记者从佛山市教育局信息网络中心获悉,该局推出"微课"模式,原本45分钟一节的网上公开课,被浓缩成5分钟至8分钟,砍去冗长的前奏后奏,仅保留课堂难点热点内容,短短1个月时间内,就有老师上传"微课"作品1621份,点击率就已突破5万人次。据悉,佛山"微课"模式在全省乃至全国均系首创。

该局信息网络中心胡老师介绍说,开通微课,主要是考虑到满足学生和老师自主学习的兴趣。据调查发现,在网络课堂过程中,学生的注意力集中最佳时间是在10分钟内。因此,为迎合学生的这一学习特点,佛山在全省乃至全国首创了"微课"模式,老师上传的"公开课"再不是长达40分钟的完整一节课,而是只有5分钟至8分钟的精华内容,且在播放过程中可随时暂停。据悉,在"微课程"讲授完毕之后,还伴随提供习题、测试等供学习者加固知识点。

【案例2】:名师"微课"学得好,不觉烦

点击"数码学习港"的智能学习图标,便可选择进入"微课"系统。在这里收集了全市教师提供的一千余节"微课"作品。

据市教育局信息网络中心胡铁生老师介绍,智能教育系统中的名师远程辅导项目所收集的全是佛山市高级、特级教师课程,这些课程资源可供全市学生、老师免费共享。与一节课40分钟左右相比,名师"微课"是浓缩的精华,一般只有5—8分钟,在播放过程中可随时暂停。而在课程讲授完毕之后,还提供习题、测试等供学习者加固知识点。"非常适合网上学习",胡铁生说。

"这个真的非常好!"带着女儿安静地看完演示后,来自湖南的外来务工者刘运娣掩不住心中的激动。她说,女儿上的是外来工子弟学校,相对公办学校师资差了点,但自己又碍于文化水平不高,无法在学习上给予女儿指导,有了名师远程教育就相当于免费把一个个好老师请了回家。

第四节　地理慕课制作

一、地理慕课概述

慕课(MOOC),即大规模开放在线课程,是"互联网+教育"的产物[1]。

所谓"慕课"(MOOC),顾名思义,"M"代表Massive(大规模),与传统课程只有几十个或几百个学生不同,一门MOOC课程动辄上万人,有些超过了10万人[2];第二个字母"O"代表Open(开放),以兴趣导向,凡是想学习的,都可以进来学,不分国籍,只需一个邮箱,就可注册参与;第三个字母"O"代表Online(在线),学习在网上完成,无需旅行,不受时空限制;第四个字母"C"代表Course,就是课程的意思[3]。

(一)课程范围

MOOC是以连通主义理论和网络化学习的开放教育学为基础的。这些课程跟传统的大学课程一样循序渐进地让学生从初学者成长为高级人才[4]。课程的范围不仅覆盖了广泛的自然学科,比如数学、统计、计算机科学、自然科学和工程学等,也包括了社会学科和人文学科。慕课课程并不提供学分,也不算在本科或研究生学位里。绝大多数课程都是免费的。

---

[1] 徐自立.中国慕课学习人次破7000万 高等教育如何借其变轨超车[N].人民日报.2018-04-26.
[2] 特里.安德森,王志军.希望/冒险:大规模开放网络课程(MOOCs)与开放远程教育[J].中国电化教育,2014,(1):46-51.
[3] 新浪网.什么是"慕课"[R/OL].新浪 http://news.sina.com.cn/o/2013-07-09/131927618337.shtml.
[4] 徐舜平.中国大学和教师参与MOOC的行为分析[J].中国远程教育,2014,6:33-39.

(二)授课形式

课程不是搜集,而是一种将分布于世界各地的授课者和学习者通过某一个共同的话题或主题联系起来的方式方法[①]。

尽管这些课程通常对学习者并没有特别的要求,但是所有的慕课会以每周研讨话题这样的形式,提供一种大体的时间表,其余的课程结构也是最小的,通常会包括每周一次的讲授、研讨问题,以及阅读建议,等等。

(三)测验

每门课都有频繁的小测验,有时还有期中和期末考试。考试通常由教师评分或同学评分(比如一门课的每份试卷由同班的五位同学评分,最后分数为平均数)。一些学生成立了网上学习小组,或跟附近的同学组成面对面的学习小组。

二、地理慕课课程开发方案

慕课就是通过线上教学而且真正能让学生感受到是在与教师进行面对面教与学的,因此慕课的制作要求是非常高的。地理慕课课程开发方案,从慕课制作的前期准备、录课过程、后期编辑三个方面来简单谈一谈如何制作高质量、好效果的慕课。

目前,慕课的基本构成元素包括:课程介绍视频(1—2分钟)、文字课程描述、课例视频、测验、周作业、在线考核、讨论论坛等,每门课程的录制周期在两到三个月的时间,有的也会达到半年到一年的时间。慕课制作的流程一般为:选题→规划→设计→拍摄→后期编辑→审核校正→课程上线。

(一)慕课制作的前期准备

"凡事预则立,不预则废。"在某一学校决定制作慕课到实际录制期间需要做很多的工作,前期的准备是必不可少的,包括:课程的选定、课程的规划、知识点设计、课程设计、制作拍摄提纲和拍摄脚本、PPT课件制作加工、录课室录制等工作。

---

① 王志军,陈丽,郑勤华.MOOCs的发展脉络及其三种实践形式[J].中国电化教育.2014,(7):25-33.

1.选定授课科目

授课科目的选定要结合市场现状及需求、本校教师情况综合考虑。所以在选课时要注意:网上已经有的课程最好不选,本校没有优秀教师的课程最好不选,要选择那些专业过硬的课程。幕课需要教师具有很强的责任心,因为它不像网络公开课,幕课的授课教师在制作完课程后,要每周定时上线解答学生的问题,包括课堂互动,还有批改作业等,所以在选择教师时,要选择很负责任的教师,每个学科选一到两人即可,一名教师作为主讲教师,也可主讲教师带一名助理。

2.课程的规划

选定科目和授课教师后,授课教师要规划授课内容、授课进度,准备教案和课件,确定知识点及知识点的呈现方式,也就是课程设计。教师要细致地规划出重难点等,要设计如何授课,要提前写出最少两周课程的详案,并反复斟酌修改,最后定稿。除了两周的详案外,整门课程的整体规划也是要有的,最好是将多年备课授课的积累加以整理,有一套丰富的教案。

3.制作拍摄提纲和拍摄脚本

教案准备完成后,授课教师要和信息技术教师商议如何拍摄,制定拍摄提纲,信息技术教师根据提纲编写脚本,之后交给授课教师审议更改。待敲定拍摄脚本后,方可进入实际的拍摄阶段。脚本的编写要注意考虑学生的听课喜好来制定,不能通篇都是老师讲的内容,不能全是操作的演示,但也不能通篇都是影片的播放,要注重知识的传授。

4.录课室的装修和设备安装调试

目前各大高校都已经具有自己的专业的录播教室,其具有使用灵活、操作简易、成像清晰、全自动课堂录播等特点优势,这大大提高了录播效果。没有录播教室的学校,可以着手建立或校外租赁。信息技术教师要在录课前对录播教室的各设备进行调试,保证录课的正常进行以及录课质量。录课室装修标准:1)墙面:墙面要采用木质吸音板覆盖,首先安装龙骨,并对龙骨进行调平处理,然后将吸音板覆盖其上。只有采用专业的吸音墙面,才能保证课堂音质的无干扰性。2)录课室要采用高清摄像头,最少要安装2个,一个录教师讲课,一个录学生发言。3)录课室要有一套录课系统,可以电脑屏幕录制、摄像头录制和摄像机录制之间互相切换。4)录课室的话筒安装地点要遵照分布均匀,拾音全面的要求布置。

5.外出拍摄的前期准备

慕课中有可能需要一些手头上没有的素材,需要我们外出拍摄采集,这就需要我们规划行程,和有关单位及人员沟通好后确定出行时间和随行人员、选择交通方式及做购票准备,提前通过通讯方式解决餐宿问题,相关人员准备相应设备等。要考虑素材的存放方式,是电子形式的,要准备充足可靠的记录存储卡,需要用电的设备要考虑电池充电或补给问题。

(二)每门学科慕课制作的人员配置及责任

慕课的人员配置与责任人员数量(人)、职责。授课教师1—2人负责备课、上课,及全程跟踪编辑指导校正;课程在线答疑、作业批改等。摄像师2名负责撰写拍摄提纲和脚本,以及课程的摄像和录制。后期制作人员1—2负责课程的后期集成编辑、修改、生成工作。如果是剧本形式的课,还要有参演人员;如果是外出拍摄某一特定影片,还会有一些工作人员。如果是课程形式的,有些时候有必要会有课堂学生的参与。所以,慕课的制作人员要根据实际情况而定。

(三)慕课的录制

(1)慕课录制中,要优先保证声音品质,全面、无失真的记录现场声音,主要是教师讲课声音、学生发言声音、课程里的有效声音等。

(2)其次要保证画面品质,清晰、稳定、构图合理,为后期制作做好铺垫。

(3)录制要根据脚本一幕一幕拍摄,保证课程环节不丢失,在一节课拍完后,要整理校对,对缺失镜头要及时进行补拍。

(4)对慕课制作的误解。

(5)慕课录制的技巧。"MOOC的视频和知识点必须要进行拆分,同时要想尽办法,让每个学习者感受到老师在给他上课,从而增强学生的代入感。"

所以我们在录制过程中,要运用一些技巧。例如适当录制几次教师出镜的视频,可以是教师全部出境,也可以是采用画中画的形式在视频的右下角出境;几分钟视频或一个知识点过后马上设置一个与之相关的小题目,可以采用选择题的方式设置;每次课后要布置作业且规定提交时间,过期不候……慕课这样做的原因是在网络环境中,致使学生溜号的诱惑太多,学生不容易长时间紧跟教师的授课思路,综合利用这些技巧进行课程的录制,才能制作高效的慕课内容。

(四)慕课的后期编辑制作

慕课的后期编辑流程。后期的编辑流程为:导入素材→声画对位→粗剪→镜头组接→精剪→特效及包装→字幕及校正→流媒体转码。

(五)生成发布

在制作完一课或几课后,就可以将其发布在网络的慕课平台上,但考虑网络学习的特点,课程内容要每周定期播放,类似于学生每周上课。慕课的制作要具有提前性,要比上传进度提前两周的时间将其制作完成。

有的人认为:MOOC不外乎就是老师该怎么上课就怎么上课,录制好授课视频后,经过精心地后期剪辑、加工即可。这种认识是错误的,它混淆了慕课与网络公开课这两个概念。"网络公开课是把一系列的教学视频上传到网上,没有与选课的学生进行互动,授课老师一劳永逸;而慕课需要授课教师与学生通过论坛、短信进行及时互动,获得学生的反馈,课件可以边准备边上传,需要老师有较强的责任心。"

三、国内外地理慕课资源平台

Coursera:目前发展最大的MOOC平台,拥有将近500门来自世界各地大学的课程,门类丰富,不过也良莠不齐。

edX:哈佛大学与麻省理工学院共同出资组建的非营利性组织,与全球顶级高校结盟,系统源代码开放,课程形式设计更自由灵活。

Udacity:成立时间最早,以计算机类课程为主,课程数量不多,却极为精致,许多细节专为在线授课而设计。

中国大学MOOC:有大量国家级精品课程。如:国家教学名师、教育部长江学者特聘教授李满春博士领衔开设"走进地理学",让大家感知地理学科的发展演变,了解大学地理学学习内容、专业设置和研究方法。九位南大地理老师的倾情奉献,帮助同学们从中学到大学,完成从地理知识到地理科学认知的转换,科学制定大学地理学学习计划,实现持续发展。

Stanford Online:斯坦福大学官方的在线课程平台,与"学堂在线"相同,也是基于Open edX开发,课程制作可圈可点。

NovoED：由斯坦福大学教师发起，以经济管理及创业类课程为主，重视实践环节。

FutureLearn：由英国12所高校联合发起，集合了全英许多优秀大学，不过课程要等到下一年才会大批量上线。

Open2Study：澳大利亚最大MOOC平台，课程丰富，在设计和制作上很下功夫，值得一看。

iversity：来自德国的MOOC平台，课程尚且不多，不过在课程的设计和制作上思路很开阔。

WEPS：由美国与芬兰多所高校合作开发，开设多门数学课程。授课对象包括开设院校的在校学生，课程内容符合教学大纲要求，考试合格者可获得开设院校所认可的该课程学分。

慕课学习社区如下：

（1）MOOC学院（mooc.guokr.com）

MOOC学院是最大的中文MOOC学习社区，收录了1500多门各大MOOC平台上的课程。有50万学习者在这里点评课程、分享笔记、讨论交流。

学堂在线（xuetangx.com）是清华大学于2013年10月10日推出的MOOC平台，面向全球提供在线课程。

（2）慕课网（imooc.com）

慕课网是由北京慕课科技中心成立的，是目前国内慕课的先驱者之一。现设有前端开发、PHP开发、JAVA开发、Android开发及职场计算机技能等课程。其中课程包含初级、中级、高级三个阶段。

慕课网是一个超酷的互联网、IT技术免费学习平台，创新的网络一站式学习、实践体验；服务及时贴心，内容专业、有趣易学。专注服务互联网工程师快速成为技术高手。

（3）酷学习（kuxuexi.com）

"酷学习"网是上海首个推出基础教育慕课的公益免费视频网站。在网站首页上，写着这么一句话："你有一个苹果分给别人一半，你还有一半。你有一门知识，教会别人，你和别人都拥有一门知识。"

"酷学习的价值观就是'免费、分享、合作'。"该网站创始人李旭辉表示，在做"酷学习"网站之前，他曾是优酷上海的总经理，对视频的热爱驱动他去无偿做这个公益慕课网站，"希望孩子们看了网站后能更加快乐地学习，尤其是边远地区教育资源贫乏的孩子也能得到优质的教学课程。"

第五节　地理移动教学

一、移动教学概述

(一)移动学习

移动学习(Mobile Learning)是一种在移动设备帮助下的能够在任何时间、任何地点发生的学习,移动学习所使用的移动计算设备必须能够有效地呈现学习内容并且提供教师与学习者之间的双向交流。

移动学习在数字化学习的基础上通过有效结合移动计算技术带给学习者随时随地学习的全新感受。移动学习被认为是一种未来的学习模式,或者说是未来学习不可缺少的一种学习模式。

正确理解移动学习的内涵应该从以下几个方面来把握:

首先,移动学习是在数字化学习的基础上发展起来的,是数字化学习的扩展,它有别于一般学习。Sun公司(美国太阳微系统公司,也译为升阳公司)的电子学习专家迈克尔温格(Michael Wenger)针对移动学习提出了他独到的见解,他认为移动学习并不是什么新鲜事物。因为在传统学习中印刷课本同样能够很好地支持学习者随时随地进行学习,可以说课本在很早以前就已经成为支持移动学习的工具,而移动学习也一直就在我们的身边。

其次,移动学习除具备了数字化学习的所有特征之外,还有它独一无二的特性,即学习者不再被限制在电脑桌前,可以自由自在、随时随地进行不同目的、不同方式的学习。学习环境是移动的,教师、研究人员、技术人员和学生都是移动的。

最后,从它的实现方式来看,移动学习实现的技术基础是移动计算技术和互联网技术,即移动互联技术。实现的工具是小型化的移动计算设备,或者如奎因(Quinn)所说的IA(Intel Architelture,英特尔架构)设备。萨里奥拉(Sariola)等人在对移动学习的概念进行讨论的过程中,对移动学习实现的设备从特征上做了这样的一个分析:可携带性(Portability),即设备形状小、重量轻,便于随身携带;无线性(Wireless),即设备无需连线;移动性(Mobility),指使用者在移动中也可以很好地使用。

(二)移动教学

移动教育是指在移动的学习场所或利用移动的学习工具所实施的教育,是依托目前比较成熟的无线移动网络、国际互联网以及多媒体技术,学生和教师使用移动设备(如手机等)通过移动教学服务器实现交互式教学活动。一个实用的移动教育系统必须同时兼顾学生、教师和教育资源这三个方面,将他们通过该系统有机地结合起来,如图9所示。

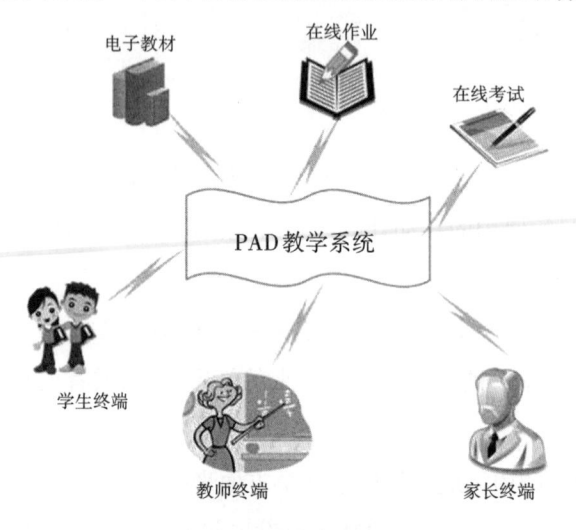

图9 移动教育系统构成

面对不断变化的学生,教师必须考虑怎样更好地因材施教,怎样为学生搭建更科学的学习环境[①]。想象一下,五年后、十年后,走进我们教室的学生可能会变成什么样?他们的需求是什么?如果我们用过去的方式教现在的孩子,我们可能会剥夺他们的未来。为了孩子的未来,我们应该看得更远一些。

把移动教学作为抓手,帮助学生提高学习能力和思维品质。科技将把人类的知识重新梳理一番,知识的呈现方式有了重大突破,学生获取知识的途径和过程也将随之改变。作为老师,我们应该有危机感。我们可以根据布鲁姆教育目标分类来审视一下,在我们的课堂里我们在哪一个层面上开展教学活动?尤其是当技术可以取代教师达到低维度的教育目标时,教师还能教给学生什么?教师的作用是什么?

在技术的支持下,记忆和理解层面的知识内容,学生课外也可以学得很好,教师应当把更多的时间和精力用在培养学生更高层次的学习能力上。我们可以利用各种应用程序为学生创造机会去运用、分析、评价,以及创作,还能促进合作的可能性和可行性。学

---

① 包晓明."移动教学"——教学的新起点[J].中国民族教育.2017,(Z1):91.

生在越高层面上的学习活动越多,就越有利于他们的批判性思维、创造性思维、设计思维的有效发展。

二、地理移动教学的发展

M-learning研究领域人数正在迅速增多,但没有形成完整的理论体系,所以没有多少经典的专著。其中比较著名的,要数爱尔兰教育技术专家"基更"(Desmond Keegan)了。他的《From d-learning, to e-learning, to m-learning》一文,得到众多学者的支持,我国著名远程教育专家丁兴富将此文翻译成中文《从远程学习到电子学习再到移动学习》。

Keegan根据学习的形式与手段的不同,把远程学习分为三个阶段。

(1)D-learning(Distance learning,远程学习)。特点是已经实现了教师与学生的时空分离,教与学的活动不再是同步的,为学生开发学习材料和提供学习支助服务的远程学习系统起到了举足轻重的作用。在技术上,主要是使用印刷材料、录音带、磁盘、实验箱等媒体技术。一般可以通过邮件、电话进行师生间的联系。

(2)E-learning(Electronic learning,电子学习)。特点是实现了远程的面授教学(Teaching face-to-face at a distance),这补偿了远程学习的一些天生不足。主要使用卫星电视、视频会议系统、计算机网络等技术。E-learning在世界上取得了令人瞩目的成就,英国的开放大学、中国的电视大学,在20世纪80—90年代,都采用了这些技术,并取得了很好的教学效果。

(3)M-learning(Mobile learning,移动学习)。这是远程教育的新的发展阶段。特点是可以随时、随地进行自由地学习。它采用的技术是移动通信装备和蓝牙(BlueTooth),EEE802.11等无线通信协议。

Keegan认为,远程教育的发展对"大学"的概念也形成了巨大冲击。从早期的住宿大学到非住宿大学、业余大学,到今天远程教学大学、网络大学,以及未来的移动大学。学生将能够在家中、甚至旅行的途中都可以接受教育、取得学位。

Keegan的三个阶段的理论比起丹麦的尼佩尔(Nipper),英国的贝茨(Bates),以及澳大利亚的泰勒(Taylor)的"远程教育的三个发展时代"的理论要更合理一些,因为它解决了D-learning,E-learning,M-learning在当前并存这一事实。

当然,Keegan的观点只是一家之言,认为Keegan夸大了M-learning意义的教育专家大有人在。不过,当今学者还是比较一致认为M-learning是一个不错的实现"终身学习"的方式。

三、地理移动教学的优势

(一)灵活多变的学习方式

无论在出差路上,还是在机场车站;无论是等候间歇,还是片断时间。随时随地,打开你的智能手机和平板电脑登录中信移动学习平台,都可以方便浏览最新资讯、阅读新书、学习地理课程。

(二)先进高效的学习理念

地理移动学习的课程可以采用最新的学习过程管理理念,将课程划分成精心提炼的章节,分段按时推送,辅以大量地理学习补充资料,并在过程中增加了许多分享互动环节,促使学生结合实际进行思考,加强记忆的同时更提升学习效果。

(三)学习效果完全掌握

通过对学生的学习资料下载、经验分享、登录次数等关键数据统计,可以了解到学生的学习习惯及学习主动性,教师可以凭借此对学生学习效果进行有效跟进和掌握。

第六节 地理线上线下结合教学

一、地理线上线下结合教学的意义

一般说来,传统的教学模式在知识传授中是以教师为中心的灌输式教学,注重学生个人学习,强调师生的互动而不考虑或很少考虑师生的集体的合作。在知识内化上,强调学生的记忆和复制,没有形成学生自己的知识生长点。在个性化教学中,教师只能一对一地个别辅导,教师也可以根据学生的情况而进行随机的选择性辅导。在师生定位上,教师为主角,是学生学习的发起者,也是学生知识的指导者、传授者和学生学习的终结者。这种传统落后的教学模式已经不能适应当今我国"互联网+"与教学相结合的发展需要,不能很好地适应学生个性化学习与信息技术教学改革发展的需要,培养出来的人才不容置疑地重理论,轻实践;重书本,轻素质;重复制,轻创造。随时网络技术的发展和互联网技术的广泛应用,当大学生已经完全融入这个互联网时代时,学校教学模式必须主动地利用网络技术和教育信息技术为学生提供更加丰富的教学内容,充分利用好高科技的载体积极去构建新型的"互联网+"线上线下相结合的教学模式①。

目前"教师课堂讲授"的教学模式影响了教学效果的提升,不利于教育质量的提高。"慕课"模式有它自身存在的缺陷,不能完全颠覆、取代传统教学。如何结合传统大学课堂教学和"慕课"模式的优势,利用"线上线下混合教学教育理念"来对课程教学模式进行改革成为我们关注的课题。

随时传统教学模式越来越受到现代信息技术特别是"互联网+"的影响②,传统教学模式受到了挑战和冲击,许多学者、专家把"互联网+"与教学相结合,从理论和实践两个方面进行了大量研究,提出了"互联网+"线上线下相结合的混合式教学模式。这种"互联网+"线上线下相结合的教学模式,就是将教学从课堂内扩展到课堂外,把课内与课外有机结合起来,也就是教师把网络教学平台与互联网中的教育资源结合在一起进行教学,教师在传授知识的同时,学生可以根据自己的需要,除了可以针对性地接受教师所传授的知识之外,还可以通过"互联网+"线上和线下相结合的方式进行自觉、主动、创造性地获取知识和教科书上所没有的知识。其目的就是充分利用网络技术与"互联网+"来提高学生学习兴趣与学习自觉性,从而提高学生的学习主动性和创造性。在课堂上,教师根据自己的经验与学生特点,将书本知识与互联网的教学资源进行有效结合,把传统教学方式和"互联网+"线上线下的教学方式有机结合进来;在课后,学生可以利用网络教学平台或互联网来跟教师和同学进行交流学习的问题,共同完成教师布置的作业。随着计算机多媒体和互联网技术的发展和应用,这种传统教学模式与"互联网+"线上线下的教学模式相结合的形式越来越得到广泛的应用。

线上线下混合教学模式是指在现代信息技术的支持下,教师在线上平台提供教学视频和知识点PPT等学习资源,学生课外自主完成对线上资源的学习,而在课堂上(线下)教师则对学生反映的重点难点内容进行讲解,解答学生的疑惑,促使学生更好地掌握知识。线上线下混合教学模式将授课内容移到课外(线上),学生通过在线视频学习重点知识,通过课堂时间(线下)完成知识的消化吸收,这样的教学模式使课堂内容安排和时间分配发生了改变,使师生角色发生了改变,明确了学生在教学活动中的主体地位,线上线

---

① 王林毅,于巧娥."互联网+"线上线下相结合的教学模式研究[J].教书育人(高教论坛).2017,(30):80-81.
② 荆全忠,邢鹏."互联网+"背景下高校教学模式创新研究[J].教育探索.2015(9):98-100.

下混合模式可以很好地促进学生自主学习能力、协作沟通能力和创新能力的提升,可以极大地提升教学的效果。所以线上线下混合教学模式很好地结合了传统课堂教学模式和"慕课"模式的互补优势,将促进我国高校大学教学改革的发展。

虽然"互联网+"线上线下相结合的教学模式的确给学校教学带来了变革,符合当代学生上网学习的需要,但是这些看似具有多样化的"便利"功能其实是碎片化的、不集中的。它必须为教学提供一个统一的教学平台才能达到变革传统教学模式的目的。这个统一的平台就是要建立一个将教学内容、教学资源、信息技术、教学管理、教学评价等功能相结合的互联网教学平台,并便于师生的学习接受和信息技术的操作,像超星学术视频网、爱奇艺教育、网易云课等,还有一些微课、慕课、翻转课堂、视频等。

二、线上线下相结合的教学模式特征

(一)从教学的统一性到教学的个性化

现代的"互联网+"教学,教学资源多样化与获取知识路径的多样化,让学生的学习路径变得多样化与个性化。每个学生对于知识的获取、完成的学习任务在不同的时间内都抱着不一样的需求,每个学生都可以根据自身的需要、兴趣爱好、能力,有针对性地去选择学习课程和教师布置的学习内容。"互联网+"线上线下相结合的教学模式,它是有针对性地设计每个教学环节,针对每个学生进行个性化学习设计,充分利用碎片化的时间来完成学习任务,综合匹配教学过程的多样化,逐步从"利用"教学资源阶段走向再"整合"教学资源阶段,进而构建多层次、多模式、全方位的产品和服务。只有从传统的教学统一性到现代的"互联网+"教学的个性化转化,才会满足不同层次的学生学习需要,符合当代学生个性化的学习心理特征。

(二)从"教教科书"到"互联网+"知识优化

随着教育内容的不断丰富,教师对学生的教育模式也随之"升级"[①]。从"教教科书"式教学到多媒体辅助教学,再到"互联网+"教学模式,互联网承载了太多碎片化的知识,使得学习内容变得愈发"泛滥"。教师的"教"从传统的"教教科书"到把教学资源的整合

---

① 王竹立.智能手机与"互联网+"课堂——信息技术与教学整合的新思维、新路径[J].远程教育杂志,2015,33(4):14-21.

与再创新,并利用信息技术将知识内容呈现给学生,学生再进行知识的探究与优化。所以,教师只有不断地优化教学资源,把教科书上的知识与"互联网+"知识相结合,建立多元化的教学资源,把互联网海量的知识信息进行筛选组合,再相应地把知识传授给学生;学生才能通过"互联网+"的形式,把教科书与网络信息知识和应有的教学资源相结合,将已经获得的知识重新加工、处理、归纳、整理,进而生成自己的作品与学习的内容,从而更好地形成了优化的"互联网+"知识体系。

(三)从单一的教学资源到多样化的教学资源

在这个知识内容呈现出"碎片化"的互联网时代,学生对知识资源也有更高与更新的要求(王晨等《互联网+教育:移动互联网时代的教育大变革》,中国经济出版社,2015)。以往,学生知识资源来源的主渠道是通过教科书、参考书等几个方面。随着"互联网+"日益盛行,上网已经成为学生学习生活的重要内容和生活组成部分。"教科书"不再是唯一的教学资源,它只是可以利用的学习内容之一。教师通过"互联网+"可以把多样化的教学资源和知识内容列入应用程序(APP)内,让学生通过互联网随时随地地不受时空限制地通过各种终端下载APP,在移动终端平台上随时随地学习。各种教学资源平台的建立,学生可以便捷地选择在多媒体平台上进行自学。平台化的教学资源,可以打破时空限制,会为学生带来学习的便捷与充分地运用。通过慕课、微课、课件等形式,把知识内容多层次多角度地展现给学生,学生也能充分利用碎片时间进行自学,创造一个"以学生为中心"的学习资源环境。

(四)从封闭教学环境到开放的智能化教学环境

"互联网+"为教学环境提供了开放的多彩的形式,构建了智能化的教学场所,由此产生了"智慧教室""智慧校园"教学环境。随着网络化的学习交流日益亲密,学生在获取知识的同时也与同班、与校外、与社会、与世界进行着广泛的交流。不同层次的学生,可以自由选择自己所需要的信息知识,结合虚拟与现实、在线与直播的混合式学习,感知快乐的学习环境。从传统课堂到智慧教室,再到智慧教学环境,发展过程不但是教学形态的变化,更是一种互联网与信息技术推动的教学理念的变化。在这种开放智慧的教学环境中,一切都是为"学"的便捷和利用而设立,教学资源由师生共建与使用,师生之间是一种平等的、交互的关系,智慧在教学中得到升华与应用。

二、线上线下混合教学模式实施方案

地理教学线上线下混合模式实施方案(见图10)具体步骤如下:

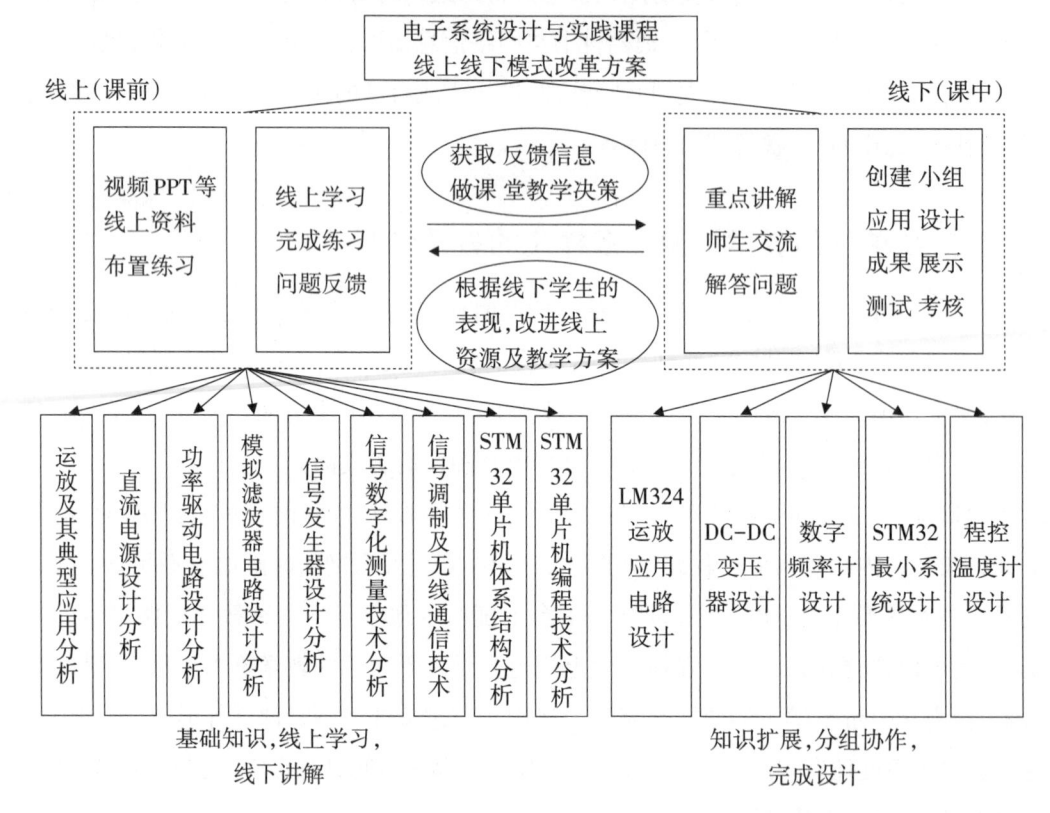

```
                    电子系统设计与实践课程
                    线上线下模式改革方案
线上(课前)                                              线下(课中)
```

基础知识,线上学习,　　　　　　　　　　　　　知识扩展,分组协作,
　　　　线下讲解　　　　　　　　　　　　　　　　　　完成设计

图10　线上线下混合模式实施方案

1.教师准备线上资源

教师需要在学生学习前将录制视频准备好并上传到网络,以备学生学习。需要完成两个工作:

(1)制作教学视频、PPT或教材等数字材料,明确知识要点和关键问题。另外在视频播放过程中设计一些练习作业题,促使学生产生疑问,激发学生的学习积极性。

(2)提供线上学习平台,学生可通过网络进行线上学习和问题反馈。

2.学生自主线上学习

学生自主安排课外时间进行课前线上学习,需要完成两个工作:

（1）观看视频、PPT等数字材料，安排时间自主学习和研究，解决视频和作业题中的问题。

（2）针对自己无法解决的问题，在学习平台上进行反馈，以便教师合理安排后面线下学习的内容和方式。

3. 师生互动线下教学

课堂活动设计的目标是最大化地提高教学效果，以促进知识的掌握。线上线下混合模式中课堂活动可按如下两种方式进行：

（1）课程基础知识部分的教学根据学生在线上学习中反馈的问题，教师在课堂上进行集中讲解，引导学生去掌握理解。

（2）课程应用性知识拓展部分的教学，教师根据课程内容设计出一些跟实际联系紧密的应用问题，对学生进行分组，分组内部进行分工协作，促使学生更好地掌握和运用课程所学的知识，训练学生的知识迁移和创新能力。

4. 教师课后教学反思

对学习者的考核和问卷等数据进行统计分析，评测新模式的教学效果：

(1)对学生进行测试和考核，评价线上线下混合模式教学的效果。

(2)通过问卷的形式了解学生对线上线下混合教学模式的满意度和看法。

(3)对线上线下混合教学模式实施过程中得出的成效和存在的问题进行教学反思，在后续实践中不断改进和优化教学方案，进一步提升后续教学的效果。

本章小结

教育技术的发展对现代教学起着重要的支撑作用，提升现代教育技术是师范生教学技能的重要内容。介绍了CAI地理教学内容、基本模式及其软、硬件需求；简述了地理课件的作用，详细介绍了地理课件制作的方法，基于PowerPoint软件讲述了制作地理课件的基本程序，并结合数字教学资源进行优秀地理课件赏析。

概述了地理微课的基本内容和特点，从技术要求、后期制作、封装、设计原则、常用技术手段等方面详细介绍了地理微课制作要求，并通过微课案例分享增强直观感受。

分析了地理慕课的基本内容；提出了地理慕课课程开发方案；并介绍了国内外地理慕课资源平台；比较了移动学习与移动教学的区别；介绍了地理移动教学的发展；了解地

理移动教学的基本进程;总结了地理移动教学的优势,如灵活多变的学习方式、先进高效的学习理念、学习效果完全掌握等。

通过总结地理线上线下结合教学的意义,总结了线上线下相结合的教学模式特征,如从教学的统一性到教学的个性化、从"教教科书"到"互联网+"知识优化、从单一的教学资源到多样化的教学资源、从封闭教学环境到开放的智能化教学环境等。介绍了线上线下混合教学模式实施方案及其具体步骤,有助于自主学习和操作。

第五章　综合育人能力与教学研究技能训练

教师育人能力训练是地理教师职业技能训练的重要内容,是教师教育教学能力的核心。习近平总书记在与北京师范大学师生座谈时深刻指出:"教师重要,就在于教师的工作是塑造灵魂、塑造生命、塑造人的工作。"教书育人是教师职业的根本任务,育人能力是教育教学能力的核心,需要对师范院校学生重点培养和提升的重要技能。

实践证明,教师积极的育人行为能显著提升中小学生的幸福感、安全感和对学习的兴趣,减少他们对社会的攻击性和违法行为等,因此教师育人能力水平直接关系到学生健康成长。提升教师育人能力能够促进学生全面健康发展,是促进教育公平和社会和谐发展的重要举措。

教师是学生成长的引路人,是学生健康成长的重要保护力量。在教育中要充分认识到以学生为中心的教育理念,全心全意帮助学生健康成长,使学生拥有积极向上的人生态度,健全独立的人格,成为能够造福社会的人。

第一节　综合育人内涵及培养方式

一、综合育人内涵解读

师范认证标准要求,师范生要具有全程育人、立体育人意识,理解学科育人价值,了解学校文化和教育活动的育人内涵和方法;能够在教育实践中将知识学习、能力发展与品德养成相结合,自觉在学科教学中有机进行育人活动,积极参与组织主题教育和社团活动,对学生进行有效的教育和引导。

综合育人是体现育人为本理念,适应中学综合育人工作需要的教师专业核心能力。该指标对应培养目标中育人能力定位,从育人环节综合化的角度,提出具体培养规格要求。专业应以"初步掌握综合育人路径和方法,具有综合育人实践体验"为目标,统筹设计养成体系,通过学科类、思政类和德育类课程的综合渗透,班级指导实践和学科教学实践等方式来综合养成。帮助师范生了解中学生身心发展的一般规律与世界观、人生观和价值观形成特点,了解中学生思想品德培育、人格塑造、行为习惯养成的过程与方法;理解学科独特的情感、态度和价值观;初步掌握在教书中育人的途径与方法,以及在校园文化活动中开展主题育德和社团育人原则和策略;能够在教育实践中,设计综合育人目标,整合学科育德、主题教育和社团活动,具有综合育人的积极体验。

二、综合育人技能培养方式

《关于深化教育改革全面推进素质教育的决定》中强调:"全面推进素质教育,是我国教育事业的一场深刻变革,是一项事关全局、影响深远和涉及社会各方面的系统工程。"

(一)创新实践活动是提高学生综合素质的重要方式

活动课程具有学科课程不具备或不完全具备的某些功能[①]。开展以创新实践活动为主要内容的课外育人工作,注重将课内教学与课外实践结合,结合学科知识和专业特点,全面调动学生的积极性和主动性,是培养应用创新型人才的切实需要,旨在实现大学生综合素质的提升[②]。

(1)创新实践活动是提高学生思想道德素质的重要途径。组织学生参观革命根据地,对学生传授红色经典文化,可以帮助学生树立正确的世界观、人生观和价值观,增强乐于助人、吃苦在前、坚忍不拔的品质意志[③]。

(2)创新实践活动能够培养学生的创新精神和创新能力。创新素质是时代的要求,创新活动是培养学生创新意识、创新思维和创新行为的最有效途径。实践活动是联系理论知识和现实社会的重要纽带,在实践中既能做到对学科知识的学以致用,又可以在实

---

① 李少元.教书育人与活动育人是农村实施素质教育的基本手段[J].山西教育.1997,(4):12-13.
② 王耕,包伟.全程累进式课外育人模式构建研究[J].吉林省教育学院学报,2013,(12C):66-67.
③ 周宇亮.课外素质教育对提高大学生的综合素质大有可为[J].知识经济,2016,(11):122.

践中发现问题,启迪新思维。学生经历科研、创新、实践等训练的全过程,可以深入挖掘自身潜能,充分了解个人兴趣爱好。通过有意识地培养学生的创新实践意识,便于引导和激发学生的创新潜能,培养其敏锐的创新意识,提高学生创新能力。

(二)跨学科生态校园课程资源开发利用是培养学生生态素养的重要途径

人与自然和谐发展是人类实现可持续发展的必由之路。生态素养是人们通过后天的学习及与环境的交互作用而形成的关于生态知识、生态伦理、生态情感、生态审美、生态行为的综合素养[1]。生态素养是现代公民必备的基本素养,建设跨学科生态校园课程资源是发挥学科综合育人功能、培育学生生态素养的重要途径[2]。

生态素养是地理核心素养的重要表现,是人地协调观的重要内容。树立人地协调观,提升生态素养是地理学科育人价值的重要体现。由于地理学兼具自然和人文学科属性,具有综合性和区域性的特点,因此,开展跨学科、对学生进行系统教学,有助于学生更加全面、深入地认识、理解和解决环境问题。

(三)研学旅行是综合实践育人的有效方式

《教育部等11部门关于推进中小学生研学旅行的意见》中指出,中小学生研学旅行是由教育部门和学校有计划地组织安排,通过集体旅行、集中食宿方式开展的研究性学习和旅行体验相结合的校外教育活动。研学旅行集社会调查、亲身体验、资料收集、集体活动、同伴互助、文字总结等为一体,是基础教育课程体系中一门综合实践活动课程,是学校教育和校外教育衔接的创新形式,也是综合实践育人的有效途径[3]。

---

[1] 李良进,李志德.当代青少年社会化的重要内容:生态素养培育[J].教学与管理(理论版),2014,(10):73-75.
[2] 刘育蓓,刘伟.综合开发生态校园课程资源 培育高中生生态素养[J].地理教学,2017,(20):33-36.
[3] 李文,吴小勇,张晓霞.研学旅行课程的地理担当[J].中学地理教学参考,2018,(05):65-66.

第二节 综合育人技能训练

一、综合育人技能训练的意义

(一)师范生掌握综合育人技能的重要性

师范生要具有全程育人、立体育人意识,理解学科育人价值,初步了解掌握教书中育人的途径与方法,以及在校园文化活动中开展主题育德和社团育人原则和策略;教师的素质和水平几乎可以直接影响甚至决定学生——未来人才的质量。而要使人才在未来能够成为中华民族复兴伟业的中坚力量,教师就必须成为具有博大胸怀和战略视野的教育家,关注学生的成长与发展,而不是满足于做一个知识传授的教书匠。教育家使教育活动能够回归教育本位,教育活动能够关注学生的成长与发展,而不是仅仅关注学生的成绩。人类历史发展告诉我们,教育家在人才培养过程中发挥了不可替代的作用。

师范生能够在教育实践中,设计综合育人目标,整合学科育德、主题教育和社团活动,具有综合育人的积极体验。能够在教育实践中将知识学习、能力发展与品德养成相结合,自觉在学科教学中有机进行育人活动,积极参与组织主题教育和社团活动,对学生进行有效的教育和引导。

(二)课外活动的综合育人功能

课外活动综合育人是教师根据学生的特点及培养学生能力的要求,组织、指导学生开展有关学科课外活动的教学行为方式。使学生了解学科课外活动的特点、方法、组织形式及活动方案的设计,能组织和指导与本学科教学有关的课外活动。

学科课外活动的类型:课外兴趣小组;科技知识竞赛;读书报告会;小论文和小制作比赛;参观;调查等。

学科课外活动常用的方法:观察和调查;实验和实践;讨论和评议;制作和创作。

学科课外活动方案的设计:了解活动方案的构成和活动方案设计的方法。

学科课外活动内容选择的要求:活动目的明确,有利于人才培养;活动内容的选择要适合青少年的特点,课内课外知识有机结合;教师具有辅导能力。

课外活动建议：组织学生开展学科课外活动，由学生自己设计方案，执行方案，从而得到训练。训练活动也可结合教育实习进行。

二、综合育人技能训练案例分析

（一）案例一：基于生态素养提升的生态创新实践活动及研究案例

同济大学第一附属中学刘育蓓认为"参加者可以通过生态实践活动得到行为体验，丰富生态认知，提高生态技能，内化生态情感，形成生态伦理和责任感"[1]。借鉴刘育蓓的相关研究说明生态素养培养案例的丰富多样及其价值意义，了解不同生态实践活动的类型、达到的目标及相关案例分析。

生态实践活动的主要类型有主题竞赛、班级特色项目创建、志愿者社团活动、校园考察与调查、校园主题（日）活动、社会公益活动、研学旅行活动、国际交流活动等。主题竞赛主要包括知识竞赛、生态文明主题征文等活动，其目标在于拓展生态文明知识与技能。班级特色项目主要有班级特色项目申报，开展生态主题班会活动等，其目标在于提升生态技能，形成生态品格。校园主题（日）活动可以通过垃圾分类主题活动、环保及节能宣传等相关活动，达到提升生态技能，激发爱校情怀的目的。社会公益活动和研学旅行活动可以增强社会责任感、提升实践能力，激发家国情怀。国际交流活动可以帮助学生形成全球视野，提升国际交流能力。

通过生态创意方案设计、生态课题研究，达到提升科学素养、提高生态技能、拓展生态视野、增强创能力的目的。

（二）案例二：主题探究式地理研学旅行设计

研学旅行是近年来发展起来的一种新形式的、能够全面提升学生地理核心素养的社会实践活动课程，是各类中学在提高学生地理实践力方面迈出的重要一步[2]。陶然和李俊峰基于庐山多样的地形地貌和深厚的文化底蕴，结合具体课例"山地的形成"，从探究主题、背景知识、探究活动和拓展延伸提高四个方面设计了主题探究式地理研学旅行，目

---

[1] 刘育蓓,刘伟.综合开发生态校园课程资源 培育高中生生态素养[J].地理教学.2017,(20):33-36.
[2] 方晴雯.主题式地理研学旅行方案设计[J].地理教育,2019,(02):55-59.

的作十提升学生的核心素养[①]。

自从2016年12月,《教育部等11个部门关于推进中小学生研学旅行的意见》下发后,研学旅行日益成为社会各界关注的热点。各地中小学校根据所具备条件,开展了不同学科、不同主题的研学旅行活动,促进了学生综合素养的提升,但是也存在诸如主题和目标不明确、知识内化意识和水平较低等问题,不利于知识点的内化、迁移和拓展。采用主题探究式研学旅行模式,将教学策略融入研学旅行,确定研究主题,将"研""学"和"旅行"融为一体,能较好地促进学生抓住重点,形成对知识的建构[②],既体现了"研"和"学"的科学性及严谨性,也体现了"旅行"的趣味性和体验性。不仅获得知识、提升能力,也可以在沿途中感悟自然、陶冶情操,如表5-1所示。

表5-1 "考察世界自然遗产地赤水丹霞地质地貌和生态宝库"主体研学活动

设计思路	具体内容	教师活动	学生活动
结合研学目的地特点,确定探究主题	基于赤水地区独具特色的地质地貌、原始神秘的自然地理生态景观,将研学主题确定为"考察世界自然遗产地赤水丹霞地质地貌和生态宝库"。通过阅读相关书籍,了解赤水丹霞地质地貌形成原因、瀑布群分布广泛的特点、原始植被桫椤的生长环境、竹子覆盖面积广大的原因,提升区域认知能力、地理审美能力,加强学科间的综合和迁移	对研学目的地进行前期调研,设计科学合理可行的方案	自学赤水丹霞及植被生态的地理环境知识
介绍背景知识,提升探究热情	教师安排:用 Google Earth 等方式,定位赤水地区地貌;制作赤水位置和地形图;根据地理位置确定其气候特点。引导学生自主学习,并结合已学相关知识(地质地貌、生态植被、气候水文等),分组搜集整理相关资料,并完成相关问题:1)结合DEM高程模型呈现赤水地区整体地形特点;2)根据气候特点,结合地形分析其水文特点,主要是瀑布群形成的特点;2)赤水主要地貌类型;4)赤水主要特色植被类型等	通过3S技术及各种资料的搜集整理,展示赤水地区的背景知识	完成教师布置的任务,做好考察之前的知识储备工作

[①] 陶然,李俊峰.主题探究式地理研学旅行设计——以"山地的形成"为例[J].地理教育,2019,(7):54-56.
[②] 刘玉岳,吴静文.高中地理主题探究式教学策略刍议——以"地方时"为例[J].地理教育,2018,(06):48-49.

续表

设计思路	具体内容	教师活动	学生活动
设计探究活动,培养问题意识	探究活动1(行前活动)——设计研学旅行线路图 针对教师提供的各类地形地貌图和相关资料,在了解赤水自然地质地貌和生态植被、水文气候等知识的基础上,引导每位学生设计研学旅行线路图。在线路图中要体现赤水丹霞、桫椤王国的主题,要求学生能够在研学路线中与课本知识点相结合。组织学生讨论,选出最佳设计方案,作为研学路线 探究活动2(行中活动)——实地讲解地质地貌、生态水文等成因 赤水丹霞地貌、原始生态植被分布广泛,结合已学知识,学生派代表讲解其形成原因;同时教师注意引导和辅助学生进行思考和讲解,帮助学生形成完整的思路 探究活动3(行后活动)——绘制典型地貌和植被分布区示意图 教师引导,学生自主探究。根据研学所见,学生对赤水的地质地貌和生态植被有了整体认识,教师引导学生将典型事物绘制出来,能够使学生对赤水形成有完整的认识	设计探究活动,逐步引导学生完成探究活动	根据教师要求,积极参与相关探究活动
拓展延伸提高,形成核心素养	本次主题探究式的地理研学旅行,将翻转课堂和地理核心素养的价值观渗透在每一个活动和环节中,在各类探究活动结束后,教师可以组织学生分组进行研学旅行总结汇报,并形成研学报告	组织学生总结汇报,呈现成果材料	分组汇报展示

(三)案例三:STEAM教育理念下的研学实践活动

由于传统研学旅行中的"研学"和"旅行"的关系不易权衡,存在"走马观花""缺少理念引导""华而不实"等问题,研学旅行如果理不清目标定位,难以达到培养人才核心素养的初衷。应用STEAM教育理念指导研学旅行活动,以发现和创造性地解决现实问题为核心内容,以项目式学习为主要学习方式,强调在真实人物情境和动手实践中学习,其学习过程是培养学生团队合作、解决问题、理性思维、批判质疑、勇于探索、技术运用的最好载体,对提升学生创新、创造能力具有重要作用和积极意义[①]。

1.选取研学区域

研学区域选定在贵州省赤水市,位于云贵高原和四川盆地的结合部,地理环境复杂

---

① 姜严.STEAM教育理念在研学旅行设计与实施中的应用初探——以"三峡地区研学实践活动"为例[J].地理教学.2019,(18):49-51.

多样，拥有中国最大的丹霞分布区，是罕见的发育于亚热带巨型红层盆地南缘的高原——峡谷型丹霞景观。由于外动力作用活跃，峡谷深切、赤壁高耸，赤水丹霞区形成以丹霞崖壁、丹霞岭脊、丹霞石堡、丹霞岩洞、丹霞方山、丹霞凹槽、丹霞巨石、丹霞壶穴、丹霞溶穴等为主的单体形态，具有显著的丹霞地貌形态多样性与典型性，并以其独特的丹霞景观在中国所有丹霞分区中享有很高的知名度。

赤水丹霞区是侏罗系、白垩系的红层经过新近纪长期剥蚀夷平后在第四纪强烈抬升过程中，因流水的快速切割而形成的，发育最为典型的丹霞阶梯式河谷与最为壮观的丹霞瀑布群，是丹霞地貌回春青年早期阶段的典型代表，是丹霞地貌演化史中重要阶段的突出例证，也是中生代以来地球演化历史的突出例证。

赤水丹霞区植被自然演替达到顶级阶段，保存了原始的中亚热带常绿阔叶林生态系统，其植被类型多样，成为中亚热带丹霞生态系统发育演化的典型代表。赤水丹霞区具有丰富的生物多样性，是多种珍稀濒危与特有生物的栖息地和避难所，突出代表了中亚热带丹霞生态系统、动植物群落以及正在演变的生态过程，是生物多样性原地保护的重要自然栖息地（熊康宁等《世界遗产与赤水丹霞景观》，高等教育出版社，2012）。

研究区域是贵州大学、贵州师范大学等高校首选的野外实践基地，为课程开发与实施提供了较成熟的研学内容资源支持。

2. 研学过程设计

"赤水丹霞研学实践活动"从开始酝酿到实际实施，具体方案几经修改，不断完善（表5-2）。

表5-2 "赤水丹霞研学实践活动"设计方案

研学流程	研学板块		项目任务	设计意图
研学前	夯实基础明晰任务	研学概括	【活动1】通过搜集资料及经验分享，了解研学实践的参与意义、注意事项等，明晰要完成的研学任务 【活动2】搜集整理研学区域的自然环境资料，主要包括气候、地质、地貌、水文、植被等 【活动3】利用Google Earth绘制研学旅行线路图	STEAM教育：项目式学习、探究式学习是其主要学习方式，明晰研学旅行需要完成的项目任务，利于活动任务后续开展。人文精神引领是STEAM教育的内核，通过搜集资料和经验分享，激发学生探索大自然的兴趣

续表

研学流程	研学板块	项目任务	设计意图
研学中	项目探究任务驱动	地质篇 【活动4】了解野外研学仪器的使用方法，主要包括罗盘、放大镜、地质锤、标本袋、高枝剪、手持GPS等 【活动5】认识岩石标本的形态特征 【活动6】认识常见的地质构造（褶皱、断层等）的形态特征，并分析其形成原因 地貌篇 【活动7】认识丹霞地貌形态特征，分析其形成原因 【活动8】观察典型的丹霞地貌，归纳其特征及成因 【活动9】观察沿河地貌特征，并分析其成因 【活动10】观察瀑布群所在位置、特征及成因 植被篇 【活动11】认识桫椤、竹子等典型植被的形态特征，并分析其成因 【活动12】植被在垂直方向上的变化，不同海拔高度上的典型植被 人文社科篇 【活动13】观察城市分布特征，分析其成因 【活动14】观察农村居民点的分布特征，并分析其原因 【活动15】观察几个重要历史重镇的地理位置及分布特点，分析其成因	人文精神： 通过考察赤水河沿岸重要历史小镇，帮助学生直观理解这些小镇在历史发展中的重要地位，以及与其重要的地理位置的关系，增强对建设伟大祖国的信心和决心 科学教育： 赤水丹霞分布区的各种丹霞地貌发育明显；河流阶地、河流各段的水文特征明显；植被垂直分布有一定规律；红色文化历史小镇地理位置特色。通过小组合作探究，综合运用地理、物理、化学、历史等学科知识，让学生学以致用，运用所学知识全面认知和解释自然现象 技术教育： 设计研学路线，涉及Google Earth；地质地貌考察，需要用罗盘、放大镜、地质锤、电子测距仪、手持GPS等 学生通过相互配合，利用各类仪器工具，完成各项探究任务，进而在实际行动中掌握各类仪器工具的使用方法 数学教育： 利用电子测距仪、罗盘，绘制平面图；利用罗盘、皮尺，计算阶地宽度和高度。以完成各类真实情境的探究任务为抓手，促使学生灵活运用数学思维、巧妙运用数学方法，解决真实地理问题 工程教育： 参观水利枢纽、水库、吊桥等工程，让学生切身体会其工作原理与职能

续表

研学流程	研学板块	项目任务	设计意图
研学后	总结分享 拓展提升	通过撰写研学报告、举办研学讲座等形式,凝练研学成果,系统梳理研学知识	STEAM教育: 学习成果作品化,能够促进学科知识的整合,加深知识的综合运用,从而使得学习更有意义;注重成果的分享,实物化、可视化的成果可给学生带来成就感,并且分享、交流、反思也是成长的源泉

第三节 地理教学研究的概念、类型和作用

《中学教师专业标准》提出:"把学科知识、教育理论与教育实践相结合,突出教书育人实践能力;研究中学生,遵循中学生成长规律,提升教育教学专业化水平;坚持实践、反思、再实践、再反思,不断提高专业能力。"

一、地理教学研究的概念

(一)教学研究的概念

科学研究就是在人类好奇心的驱动下,发现问题,设计一套科学的方案,并逐步探索,找到问题背后的原因,并解决问题的过程(徐红《现代教育研究方法》,科学出版社,2018)。

教学研究属于科学研究,因此教学研究除了具有一般科学研究的共性之外,还有自己的特点。

教学活动主要包括教和学两个方面,教师从教学中的困难和问题入手,不断自我反思并提出科学问题,通过研究最终以科研成果的形式展示出来,以供更多的教师学习。一般来讲,教学研究就是教师在一定理论的指导下,以解决教学实践中的问题为目标,采用科学的研究方法或程序,搜集、整理和分析研究资料,从而解决教学中的问题、提高教学能力和教学质量的理性过程。

(二)地理教学研究的概念

地理教学研究既有一般教学研究的特点,还有自身的特色。地理教学研究一般结合地理教学领域的某个问题,通过调查研究,形成教学指导理论,并在新的教学过程中进行应用,并不断修正。

因此,给出地理教学研究的基本概念。地理教学研究是在教育基础理论指导下,为了解决地理教学领域中的问题,运用科学研究方法对该问题进行深入的调查,通过搜集、整理、分析和研究相关资料,发现地理教学规律,形成具有指导作用的地理教学理论,并在教学实践活动中检验其成效。

二、地理教学研究的类型

为了把握地理教学研究的特征,根据地理教学研究的特点,按照不同的划分标准对中学地理教师常用的研究类型进行划分。

(一)按照是否作出价值判断,分为事实研究和价值研究

事实研究是从实然层面对所研究现象和问题进行以下追问:是什么、是什么结构、发展过程如何、有哪些类型、受何因素影响、其结果是什么。中学地理教学研究适合开展这种类型的研究。

价值研究是从应然层面对所研究现象和问题进行以下追问:应该是什么、应该怎么办、什么是好的教育、为什么它是好的教育、如何可能成为好的教学。中学地理教学研究可以开展这种类型的研究。

(二)按照研究活动的目的,分为基础研究和应用研究

基础研究以知识本身的发展建立为目标,如发展和完善教学理论,建立新型教学模式的理论基础研究。这类研究主要由专门研究机构、高等学校专家学者开展。中学地理教师由于学科结构单一,研究团队力量薄弱,并不胜任此类基础研究。如教育部委托专家开展中学生地理学科核心素养的遴选,虽然也涉及了对中学地理教师的调研,但中学地理教师不是研究主体。

应用研究着眼于教学知识的应用,以解决当前教学实践活动中的问题为目标。此类研究是中学地理教师研究的主要类型。

(三)按照采用的方法论范式,分为量化研究与质性研究

量化研究以实证主义为理论基础,采用实验、问卷和测量等标准化方法,把教学活动中的因素以数量化的关系表达出来,建立类似于自然科学的法则或机制。如华东师范大学学报(教育科学版)2017年第3期关于实证研究范式的系列理论文章。

质性研究是基于解释主义、批判理论,观察、访谈等非标准化方法,对教学活动以讲故事的方式表达出来,从而对教育活动进行分析和解释。

历史上两种研究范式此消彼长,现在基于对两种研究范式的深入认识,综合应用两种范式开展研究是当今的普遍做法。

三、中学地理教学研究的特点

中学地理教学研究遵循一般的科学研究规律,又有其特点。地理学科教学研究还要遵循学科思想。因为本科师范生的教育学课程限制,所以不可能具有像教育学专业或者硕士博士阶段的研究者那样深厚的基础。

从研究范围来看,中学地理教育的教材实行三级管理,中学地理教师更多的研究是如何开展校本研究,合理利用乡土教学资源,落实教育目标。所以中学地理教师更多的是作为国家课程的具体实施者,更多关注的是如何实施教学的问题而较少涉及课程的设置等宏观问题。

四、地理教学研究的价值和意义

人们常说教学有法,教无定法。这是因为教学活动面对的是活生生的人,其复杂性、变化性在客观上使得教学工作不可能有现成的方法解决所有的问题,教师须具备解决教学中的实际问题的能力。地理教学研究技能训练着眼于人的终身学习能力提升,聚焦突破中学地理教师面临的发展瓶颈,为中学地理教师的专业发展提供方法和可操作的行动指导。通过教学研究训练提高师范生的研究意识、研究能力和创新能力,为终身学习和专业发展打下基础,为提高中学地理教学质量提供保障。

地理教师专业化发展的过程可分为师范生、实习教师和合格教师三个阶段。其中职前教育阶段(师范教育和教育见习、实习阶段)是培养教师观念,提高理论素养的重要阶段;职后教育阶段是教师理论联系实际,不断提升的阶段。地理教学研究在地理教师的终身发展中都起着重要作用。

地理教师要想成为地理教育教学专家,必须跨越地理教学研究这道屏障,同时地理教师在科学研究方面取得相应的研究成果,也有利于今后的职称晋升和职业发展。以下从教师个人的视角分析地理教学研究的价值。

(一)地理教学研究是职前教师培养和学习的有效方法

地理教学研究训练是地理师范生在相关课程和实习实践环节有效的学习方法。目前,由于重视知识传授的传统教学尚未得到根本改变,研究性学习在师范生中开展还不够深入。地理专业师范生开展地理教学研究是促成教学知识内化、由知识向能力和智慧转化行之有效的路径。

(二)地理教学研究是新手教师适应工作、奠定基础的方法

地理新手教师在入职后,由于中学地理教学任务重,教学研究氛围不浓,按习惯埋头教书,或者简单地生搬硬套理论,在面对地理教学过程中出现的问题时,往往很茫然,不知从何处找原因和解决办法,教学反思流于形式,容易造成焦虑和职业倦怠。

地理教学研究是地理教师提高理论水平、提升职业技能素养的重要手段。新手教师在此阶段除了虚心请教有经验教师,还需要根据地理教学研究的方法和程序,开展地理教学研究,增强自我效能感。

(三)地理教学研究是地理教师专业发展的需要

教师专业发展也就是在教师依托专业组织和相关制度在其整个职业生涯中进行持续的专业学习,在专业化道路上不断成长,掌握专业教育教学技能,拥有专业道德和责任感,最终达到专业自主的过程。我国提出教师专业化的教育质量提升思路,开展对教师职前和职后一体化培养,为教师的专业化发展创造条件,教师教学的专业化水平提高。

高素质的创新型中学地理教师,必须能够开展地理教学研究。地理教学研究为地理教学创新实践服务,是推进地理教育改革的关键。虽然在地理教学论学习中涉及地理教

学的是一般规律和方法,但在实际教学中广大教师深感教学理论用不上。究其原因,首先是实际教学工作本身具有复杂性,教学理论并不能解决实际教学中的所有问题,其次是教师对教学理论理解不够深入,更重要的原因是缺乏地理教学研究的训练,面对现实教学难题找不到解决的办法。因此,从地理教师专业发展的角度,开展地理教学研究是提升专业能力提升的必由之路。

第四节　开展地理教学研究的基础和条件

一、知识基础

对所教学科的教学材料进行概括和综合的能力,被称为学科知识。由于目前中学教学改革中出现的项目式学习、综合学习、STEM教育跨学科学习活动等教学的需要,教师仅仅熟悉自己所教学科知识已经不能满足当前教学的需要。因此,教师要对自己所教学科精专,同时要了解和熟悉其余学科的知识。作为地理师范生,不仅要熟练掌握地理专业知识,还要熟悉物理、化学、生物等学科知识。

当前的高中地理教学中教学理论多种多样。面对层出不穷的教学模式、新理论,教师往往迷茫而不知所措,这样更进一步丧失教学研究的动力和兴趣,阻碍了教学改革。因此,教学实践中要不断学习教育学、心理学、教学论、课程论等理论。既要广泛涉猎,又要注意精读,并结合地理学科特点和教学实践对教学理论反复理解、消化和研究,逐步形成自己的教学主张。

二、实践基础

教学活动是实践性活动,不同阶段实践量决定了不同阶段的实践基础差异,不论是师范生、新入职教师,还是成熟教师都需要在实习、实践中发现问题,进而开展研究。师范生更要充分利用见习、实习的机会,提前做好准备。

三、思维品质基础

教学研究的起点是教学中的疑难和困惑，而并不是所有的疑难和困惑都是科学问题，凝练并提出问题需要以批判性思维为基础。地理学科本身蕴含着丰富的批判性思维特点，地理思维源于地理学的动态性特点，包括综合思维、空间思维、动态思维，其实质在于用发展变化的观点来认识事物，因此地理教学应保持并凸显自身的学科特色。地理教学研究坚持创新取向、广博取向、案例取向、关联取向、层次取向和动态取向，因此地理师范生和地理教师具有这种思维品质基础。

教学反思是教学活动的一部分，在教育实习等环节，要通过认真的教学反思，真正发现问题，并在今后的工作学习中带着问题去实践，在实践中结合理论和自身研究解决教学活动中遇到的问题。

四、参与研究组织

基于教师专业自主、平等协商等理念建立的教师专业学习共同体是我国教研组织发展的理想模式。学校设置的教研组、学科组、年级组等组织是教师相互交流，协力提升教育效果的制度安排。这种制度和组织形式，为教师之间开展合作活动、分享实践等常规活动提供了时间和空间的保障。

教师要积极融入教学研究组织，在参与学校集体备课、听评课、公开课等集体活动过程中就共同的教学问题、教学进度进行讨论。在讨论过程中思想的碰撞能够激发深入思考，也能够受到同事的启发。

五、物质基础

大多数学校能够提供电脑等基本办公用品，为教学研究提供了部分物质基础。开展教学研究需要的资金支持，更多需要通过积极申报课题，争取各类科研基金的支持。因此需要关注各类基金的申报通知，认真研读申报指南，结合自身需求和实际问题，申报研究项目获得经费。

第五节 地理教学研究方法、过程、热点分析

一、地理教学研究方法

"工欲善其事,必先利其器",研究方法对于教学研究的成功具有关键性作用,比如调查方法的进步,使教学调查逐步走向规范;测量方法的研究,促进了各种客观、标准化测量工具迅速兴起;统计方法的进步,使教学研究向定量化、科学化跨进了一大步。要提高教学研究水平,就必须掌握合适的研究方法。

然而,研究方法毕竟是工具而已,只有恰当地使用它,才能更好发挥其服务于教学研究中的积极作用。如何正确选择适合的研究方法是我们需要在实践中不断探索的问题。

(一)文献法

百度百科对文献法的定义是:文献研究法主要指搜集、鉴别、整理文献,并通过对文献的研究形成对事实的科学认识的方法。文献法是一种古老、而又富有生命力的科学研究方法。

文献法突破了时间、空间限制,可以对古今中外文献进行调查。与叙事法比较,文献法主要是书面调查,如果搜集的文献是真实的,则它就能够获得比口头调查更准确、更可靠的信息,避免了口头调查可能出现的种种记录误差。文献法是在前人和他人劳动成果基础上进行的调查,是获取知识的捷径,它不需要大量研究人员,不需要特殊设备,可以用比较少的人力、经费和时间,获得比其他调查方法更多的信息。这一特点也受到诟病,认为文献研究只能作为科学研究的一部分,而不能把文献研究作为一种研究方法,从而避免不联系实际,从文献到文献的研究,但文献在研究中的价值是研究者的共识(李浩泉等《教育研究方法》,西南交通大学出版社,2018)。

科技文献是前人研究成果的主要形式,要站在前人的肩膀上,更进一步开展研究,首先要通过搜集现有的各种文献资料(包括纸质的、电子的等多种形式的文献资料),对这些资料进行筛选、梳理、总结、分析、提炼,为研究的问题提供信息资料的支撑。文献检索方法有浏览法、追溯法、综合法、常规法,最重要的是采用多种方法找到与自己的研究主体相关的文献。

图书馆纸质图书的检索采用中图分类法,其索书号= 中图分类号+出版年+种、次号。关于《中国图书馆分类法》可以通过网络搜索了解。

由于网络技术的发展,图书资料数字化,为文献的检索和利用提供方便快捷的方式。例如查阅外文数据库如 Web of Science、Springer、ScienceDirect,这类数据库是一般性科学数据库。针对教育研究的外文数据库如美国教育部的教育资源信息中心数据库(ERIC,全称 Education Resource Information Center)和教育期刊数据库(PEJ,全称为 ProQuest® Education Journals,网址 http://search.proquest.com/)。PEJ 教育期刊数据库是目前世界上收录教育学期刊最全面的数据库之一,收录了自1988年以来1000多种学术期刊(其中包括771种全文刊,303种有影响因子),大多数出版物同时被美国教育资源信息中心 ERIC 数据库所收录。主题领域:内容涵盖了教育学方面的所有学科,如教育研究、儿童研究、师资教育、教育心理学、教育发展、青少年教育、语言学与英语、教育图情学、教育方法、高等教育、专业教育、社会学、教育技术、职业教育、特殊教育等。

中文数据库主要有中国知网、万方数据库、国家数字图书馆官网、读秀网、维普期刊网等数据库及相关学术专著及论文。这些文献价值较高,需要认真阅读、筛选、整理并分析,对文献进行全面的把握,从中受到启发,找到研究思路和视角。与中学地理教学密切联系的刊物有《中学地理教学参考》《地理教学》《地理教育》等,可选读若干篇,思考文献的价值。教育部门网站发布的重要信息、指令,包括报告、活动、每周纪事等也是了解当前教育热点的途径。

由于网络技术的发展,目前电子文献的获取容易,需要注意的是要用批判的眼光对待文献,切不可迷失在文献当中,需要将与所研究问题有关的已有学术成果进行系统性梳理和批判性评论。通过文献综述澄清已有研究的贡献,避免重复劳动;建立与重要理论的关联,为选题和观点提供理论支撑,分析已有研究的不足,寻找新的研究空间和方向,比较不同的研究方法或路径,设计更为科学的研究方案。

文献综述文章一般由学界造诣较深的学者撰写,但作为一般研究者也要了解这类文章的结构。一般的文献综述文章包括引言部分,主体部分,结论部分。

电子文献检索遵循一定的规则和技巧。如果希望精确地检索某个短语,应将其放置在引号内,例如"concept study"表示搜索包含这两个连起来的单词所表达的"概念学习"的相关文献,如果去掉引号,则表示 concept 和 study。关于文献检索的规则和逻辑符号,请参考数据库说明,并遵循通用的规则。除了采用关键词进行文献检索,当研究者对研究群体比较熟悉时,也可以聚焦某些研究团队,通过依人找文来精准跟踪某些研究主题的进展。

(二)实验研究法

实验研究法是教学研究的一个重要方法,是指研究者按照研究目的,合理地控制或创设一定条件,人为地变革研究对象,从而验证假设、探讨教育现象因果关系的一种研究方法(徐红《现代教育研究方法》,科学出版社,2018)。

教学实验研究法有着自己独特的优点,表现在:①实验研究法通过控制无关变量,可以揭示自变量与因变量间的因果关系,能真正检验因果关系假设;②教学实验法通过人为地创设情境,从而达到对自变量进行操作以及对额外变量进行严格控制的目的,使精确的教学方案改革成为可能;③实验法具有很强的可操作性,为教学理论提供了一条运用于实践过程的操作程序,教学实验过程本身就是教学的操作过程,这套操作过程如果证明有效的话,便可以直接用于教学实践中。

教学实验法也存在一些缺点,主要表现在:①一般而言,实验研究适合于研究自变量数目较少且清晰,能对自变量水平进行划分和操作的问题。如教学方法与学生学习倦怠之间的关系,可以通过比较几种典型的教学方法(如讲解法、讨论法等),研究其与学生学习倦怠之间的关系。而对于学生的家庭教养因素对学习倦怠的影响是不适合用实验法去研究的,因为涉及的家庭教养因素变量过多且不宜划分变量水平。②实验法通常是在人为的情境中完成的,通常这样的情境与自然状态下的教育情境是有很大区别的,所以实验法获得的结论有时很难推广到现实情境中。这就是实验法的外部效度问题,通常经过严格控制的教育实验均会导致外部效度较低。③实验法的科学性与现有的实验工具和分析手段的先进性是分不开的,现有的实验工具和分析手段还不能十分准确地测量教育情境下的各类复杂行为,从而造成偏差较大,效度受到影响的结果。

(三)问卷调查研究法

调查研究法是一种研究者通过适当的方式对研究对象的心理现象和行为表现进行有目的、有计划、系统研究的方法。目的是全面地掌握所要研究问题或对象的情况。

问卷调查研究法有着自己独特的优点,表现在:①调查法是一种间接地研究教育现象的方法,不必在教育现场进行即时的观察,不像观察法那样直接用感官感知现实,不受现场条件及时间的限制,比较灵活机动;②调查法的途径多样,既可以通过细致的访问、座谈等方式深入地研究某些事物与现象,又可以采用问卷、测验等手段对某些事物与现象进行区域性的、大范围的调查研究,也可以两者结合;③运用调查法时要求制订严密的计划,慎重地选择调查对象,科学地处理分析调查结果,并对调查时可能遇到的情况和可能参与进来的外来因素有一定的预见和估计,所以调查法具有严密性的特点。

教育调查研究法也存在一些缺点,主要表现在:①研究中不能主动控制条件,研究人员对研究对象不能进行任何形式的干涉和影响,因此只能提供教育现象之间可能存在的因果关系的线索,并不能直接确定因果关系的存在;②调查中所获得的信息来自被调查者的作答,其真实性与可信度有时可能会受到一些环境条件等客观因素和被调查者作假等主观因素的影响;③调查对象必须有一定的代表性,如果任意确定对象或调查样本太小,就会影响结果的可靠性。

(四)其他研究方法

研究方法随着科技的发展不断涌现,利用大数据技术,收集教学活动中足够多的信息,为教学研究提供了新的研究手段,相关研究方法和研究成果正在不断涌现。

二、地理教学研究过程

(一)课题选定

中学教师的课题主要以解决教学中遇到的实践问题为目标和研究起点,通过反思,联系教学理论,从实际教学中的实践问题凝练出学术问题。然后查阅文献,了解前人已有研究成果,并找出空白点作为自己课题研究方向。从指导毕业论文过程中学生的选题看,普遍存在选题偏、空、大小失当的问题。

选题需要遵循三个原则即必要性、可行性和创新性,同时还要遵循科学性原则。

1.必要性原则

选题的价值体现在所选择的课题是针对教学中必须解决的问题,价值的大小决定了是否值得开展研究、研究结果能否得到认可。

选题的必要性,首先体现在理论上的必要性,即具有理论价值。这是指所确定的课题应对理论具有检验、修正、填补和发展的作用。其次是具有实践上的必要性,即具有应用价值,如有利于提高教育教学质量,有利于青少年儿童的发展,研究成果对教育改革与发展有直接的指导意义等。如果某一选题既是教育理论空白又能解决教学实践中的问题,那么这样的选题价值更大、更有意义、更值得研究。

2.可行性原则

可行性是任何活动开展前需要开展的评估工作,教学研究的可行性是指教师需要具备课题研究的条件,只能选择那些具备一定条件且通过主观努力可以进行研究、并有成功可能的课题,才有可能得到支持。可行性可从两个方面分析,一是客观条件,包括与课题相关的资金、人力、文献资料、工具设备、技术手段、理论准备、专业指导、社会支持等方面的条件;二是主观条件。研究者若想顺利开展课题研究,必须对研究的问题充满兴趣,必须掌握相关的理论。教育部、各省(区、市)每年会下达教育规划课题,申报人可以根据课题申报指南选择申报,这时候最重要的就是要结合自己的实际能力和能够调用的资源情况量力而为,且不可不顾可行性。因为课题获得审批后要签订合同、担负责任,如果没有能力完成将会造成资源的浪费,还会被追究相应责任。

3.创新性原则

选题的创新性原则,是指所选择的研究课题必须具有新意,有独创性和突破性。选题的创新性是整个教学研究创造性的首要体现,是衡量选题价值大小的重要方面。

教学研究选题的创新性表现可以是发现了别人没有发现的新问题,如教师发现蕴含在习以为常的教育现象背后难以察觉的问题的过程,就是在头脑中对问题信息进行认知加工的过程,这本身就是创造性的表现。也可以选择前人未曾解决或未完全解决的问题。对于理论性的研究课题来说,力求有新发现、新观点、新见解;对于应用性的研究课题来说,力求有新内容,有解决问题的新途径、新方法。

追踪教育领域的热点问题是体现创新的一种有效途径。这些问题作为论文论题是件十分有意义的事情,不仅因为涉及时代潮流可以引起注意,获得支持;而且能够引起共鸣,引发教师同行的讨论,激发阅读者的兴趣;还对于现实问题的认识和解决具有重要的意义,但也应注意不要盲目跟风。

下面是《地理教学》2019年第01期中部分文章题目,可以帮助体会以上三条原则见表5-3。

表5-3 文章题目

序号	题目
1	以地理学科核心素养为导向的教学审思
2	基于学习进阶的地理区域认知能力培养

续表

序号	题目
3	高中生区域认知能力结构解析与评价模式
4	基于生态式设计理念的知识境域化地理教学
5	"影响城市发展的区位因素"教学设计——以乌尔城为例
6	高中区域地理复习中综合思维能力培养的策略探究——以"巴西亚马孙热带雨林"教学为例
7	高中生地理社会实践调查活动的实施与评价——以调查福橘产销情况为例

以上所列论文题目具有时效性且选题大小适当。可以从选题角度,选题范围,等方面借鉴,为自己选定课题做参考。

4.科学性原则

科学性原则内蕴着以上三种原则,也就是说,没有科学性,再新的想法也不能纳入研究范围;非科学性问题,即便是有需要,但很可能通过其他的途径来满足,而未必纳入教学研究中;没有科学性的统领,可行性论证也就缺乏可信性。

(二)设计教学研究方案

由于教学研究是一项连续的探究活动,为了确保教学研究的顺利进行,需要事先进行全过程的规划。教学研究方案就是在文献综述的基础上,提出研究问题,论证研究价值,选择研究方法,构思研究步骤的过程与结果。

研究设计要根据研究问题的特点设计,并非一成不变,以能够保障研究顺利开展为判断标准。下面所列为一般原则和基本步骤。

研究什么(问题、目标→为什么研究(价值)→如何研究(方法)

对设想的具体化、操作化→将想法转变为目标→朝着目标行动(实施研究)。

教学研究方案一般用流程图的形式便于清晰地表达研究的阶段以及每一阶段的时间、人力、物力分配,如5-4所示。

表5-4 教学研究的过程和响应阶段任务

序号	研究阶段	该阶段研究任务
1	提出研究问题	问题的现实背景、理论渊源;具体研究问题
2	论证研究价值	理论价值与现实价值
3	撰写文献综述	对已有研究成果的梳理与评论,寻找空白点

续表

序号	研究阶段	该阶段研究任务
4	拟定研究内容	为了回答研究问题而设定的研究焦点
5	选择研究方法	根据研究问题的类型,选择研究方法
6	形成研究思路	研究方法的具体运用过程及其试图回答的问题
7	预期研究成果	研究预期及其呈现形式
8	列出参考文献	与研究密切相关的、代表性的研究成果

(三)收集、整理与分析教育研究资料

第一步,研究资料是研究结论的系统证据,研究类型不同,收集研究资料的方法有所差异。如量化研究采用实验、问卷、结构式观察、结构式访谈和测量等方法;质性研究采用参与式观察、访谈、收集实物等方法。

第二步,整理资料,收集研究资料后要整理教育研究资料,也就是根据研究问题和研究目的,对收集到的所有研究资料进行鉴别、分类和汇总,使丰富、零散的研究资料成为有条理、系统化的资料库,从而成为回答研究问题的有力证据。

第三步,分析教育研究资料。对于量化研究范式,将研究资料予以数字化,运用统计方法进行整理和计算,对统计结果进行分析,验证研究假设,得出研究结论;质性研究中,对研究资料进行编码、分类和汇总之后,概括某类教育事实的发生、发展过程,或总结个体或群体的教育经历和体验,在理解性解释的基础之上归纳出教育理论。

(四)教学研究成果的发布和表达

教学研究作为学术活动,需要与同行进行交流,因此需要将教学成果发布和表达出来,一般的形式有研究调查报告、实验报告、行动研究报告、学术论文等。这些成果表达形式和一般的研究具有共性。中学地理教师可以在较为专业的期刊如《中学地理教学参考》《地理教学》《地理教育》发表文章。

关于论文的撰写,一般要求如下:基本结构要素齐全,应包括题名、作者署名及其工作单位、摘要、关键词、序言、正文、结论、参考文献。这里要特别提参考文献,在指导毕业论文写作的过程中发现普遍存在参考文献格式不规范、文献数量极少、形式单一,甚至是随意增减参考文献的现象,这都说明了对参考文献的态度不够端正,重视不够。

三、地理教学研究热点分析

根据沈琰琰和张家辉的《中学地理教育教学研究报告（2016—2020年）——基于人大复印报刊资料的转载数据》[①]指出，在"十三五"期间，地理教学研究热点及其轨迹演变表现"地理教学设计的研究热点从教学方式设计转到以核心素养为导向的地理教学设计，地理概念教学策略和地理核心概念运用逐渐成为研究热点，地理空间能力及学科核心素养的相关能力成为研究热点"，"地理思想和地理思维研究不曾中断但相关研究成果较少，学科核心素养研究热点由内涵、构成转为具体培养"。

地理教学设计热点转移主要是受到新课标的影响，探究式学习、合作学习、主题式学习等一直是地理教学设计的焦点，在新课标的指导下，核心素养是地理教学设计研讨的重点。从关键词看，主要有"教学策略、实施策略、应用策略、案例教学、教学方法、教学模式、地理教学目标、地理课堂教学、地理情境体验教学、活动教学策略、有效教学、案例设计、课题导入"等。

地理概念教学研究热点演变表现为"从地理概念教学的误区或困惑到地理概念教学的策略；从地理核心概念的重要性到地理核心概念的学习进阶再到地理核心概念的教学实施"这两条线，第二条线反映了研究热点的轨迹，是目前地理教育教学研究的前沿。

在新课标的指导下，地理综合思维能力、地理实践能力、区域认知能力和地理空间能力是地理学科核心素养相关能力。"学科核心素养研究热点由内涵、构成转为具体培养"。

地理考试测评研究热点表现为"地理试题的命制、高考地理试题的评析是地理教育测评研究的持续热点，地理学科核心素养测评及表现性评价逐渐受到重视，基于高考评价体系的地理考试改革成为新的研究热点"。

地理教师研究热点表现为"地理教师知识研究热点由学科教学知识转向学科知识，地理教师能力研究热点从探讨能力的构成转为具体能力的发展，地理教师专业发展路径一直是研究者关注的热点"。

---

① 沈琰琰,张家辉.中学地理教育教学研究报告（2016-2020年）——基于人大复印报刊资料的转载数据[J].天津师范大学学报(基础教育版),2022,23(01):35-40.

第六节　教学研究文献管理常用软件

由于篇幅的限制,这里仅仅简单提及中文软件,并做简要说明,至于软件的使用,可以下载软件的手册或说明书,并结合使用不断摸索。有关的外文软件如 Note Express 等,感兴趣的同学可以通过自学掌握。软件知识工具,只要掌握一种即可。

中国知网研学平台软件 E-Study,从中国知网页面可以下载该软件,安装完成后(安装过程从略)如图 11 所示。使用者需先完成注册,免费注册。

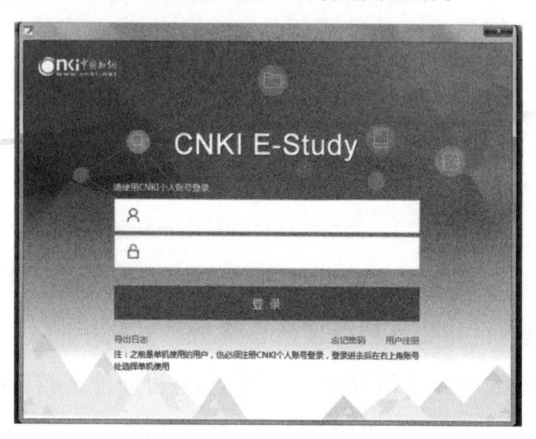

图 11　E-Study 登录界面

本软件是集文献检索、下载、管理、笔记、写作、投稿于一体,为学习和研究提供全过程支持。它支持 PC 和 Mac 平台,为用户提供 5G 免费存储空间,其主要功能如图 12 所示。更详细内容参阅网址 http://estudy.cnki.net/。

文献管理	文献管理
中外数据库文献检索与批量下载	—
CAJ、PDF 等文献阅读	CAJ、PDF 等文献阅读
数字笔记	数字笔记
写作与投稿	—
同一账号多终端资料云同步	同一账号多终端资料云同步
chrome 浏览器扩展	—
—	知网文献批量下载

图 12　E-Study 功能

本章小结

师范认证标准要求,师范生要具有全程育人、立体育人意识,理解学科育人价值,了解学校文化和教育活动的育人内涵和方法;能够在教育实践中将知识学习、能力发展与品德养成相结合,自觉在学科教学中有机进行育人活动,积极参与组织主题教育和社团活动,对学生进行有效的教育和引导。

通过总结综合育人技能培养的方式,并结合具体案例提升师范生综合育人技能。

本章还分析了教学研究的概念和教学研究的类型,总结了教学研究的价值和意义,分析了中学地理教学研究的特点。开展教学研究的基础和条件包括知识基础、实践基础、思维品质基础、参与研究组织、物质基础等。

教学研究方法主要包括文献法、实验研究法、问卷调查研究法、其他研究方法等,教学研究过程包括课题选定需要遵循的原则、设计教学研究方案、收集整理与分析教育研究资料、教学研究成果的发布和表达。

结合已有研究成果,总结了"十三五"期间中学地理教学研究热点。

掌握一种主要的教学研究文献管理常用软件,可以促进教学研究提高。

主要参考文献

[1]王向东,袁孝亭.地理素养的核心构成和主要特点[J].课程·教材·教法.2004,24(12):64-67.

[2]李家清,常珊珊.核心素养:深化地理课程改革的新指向[J].地理教育.2015,(4):4-6.

[3]中华人民共和国教育部.普通高中地理课程标准(2017年版)[M].北京:人民教育出版社,2018.

[4]万婉霞,李晴.地理核心素养研究的主要内容与存在问题[J].中学地理教学参考.2018(4):4-5.

[5]段玉山.地理信息技术辅助教学功能初探[J].中小学教材教学.2005,(3):53-55.

[6]杨惠茹.准确把握学业质量标准 落实地理学科核心素养[J].中学地理教学参考.2019,(1):25-28.

[7]辛涛.学业质量标准:连接核心素养与课程标准、考试、评价的桥梁[J].人民教育.2016,(19):17-18.

[8]陈亚玲,张琦.基于人地协调观培养的教学设计[J].地理教学.2017,(24):53-56.

[9]王民.人地协调观及其培养重点解析[J].地理教育.2017,(6):4-6.

[10]王民,韩琦,蔚东英等.高中地理核心素养水平划分标准研究(连载一)"人地协调观"水平划分标准及案例研究[J].中学地理教学参考,2017(11):22-25.

[11]王民,张元元,蔚东英等.高中地理核心素养水平划分标准研究(连载二)"综合思维"水平划分标准与案例研究[J].中学地理教学参考.2017(13):28-31.

[12]王民,邱怡宁,蔚东英.高中地理核心素养水平划分标准研究(连载三)"区域认知"水平划分标准与案例研究[J].中学地理教学参考.2017,(15):31-34.

[13]杨洁美,张旭如.促进综合思维能力培养的地理教学策略——以"自然地理环境的整体性"为例[J].地理教学.2018,(24):33-35.

[14]黄靖钰,黄越烯.综合思维视角下的高中主题式区域地理教学设计——以"墨累—达令流域农业发展"为例[J].地理教学.2019,(9):34-36,61.

[15]李德孝.地理心理地图的构建过程和策略——以中亚为例[J].教学与管理.2011,(2):52-54.

[16]彭道生,李景军,苗静等.核心素养背景下的地理野外实践教学——以肇庆市"鼎湖山-砚洲岛-七星岩"地貌考察为例[J].地理教学.2019,(6):55-58.

[17]周静,杜楠.基于地理核心素养与时事新闻的教学案例设计——以"从'中美贸易争端'看'工业区位选择'"为例[J].地理教学.2019,(5):37-41.

[18]骆尧.中国民歌在地理教学中的巧妙应用[J].地理教育.2013,(S1):60-61.

[19]丁波.运用古诗词培养学生核心素养的"问题式教学"探索——以"自然界的水循环"为例[J].地理教学.2019,(14):38-39,37.

[20]盛春霁.基于地理核心素养视域下的高中地理课堂教学策略[J].课程教育研究.2017,(8):182.

[21]邓璐瑶.浅谈板书板画在自然地理教学中运用的重要性[J].课程教育研究(学法教法研究).2017,(34):114.

[22]梁细家.浅谈地理课堂教学的结课艺术[J].地理教学.2014,(14):52-53,24.

[23]陈桂芳主编.计算机辅助教学与课件制作技术[M].北京:人民邮电出版社,2011.

[24]王广周.浅谈多媒体教学在地理学科中的应用[J].中学政史地.2017,(05):56-57.

[25]胡铁生.高校微课建设的现状分析与发展对策研究[J].现代教育技术.2014,24(2):5-13.

[26]徐舜平.中国大学和教师参与MOOC的行为分析——以清华大学为例[J].中国远程教育,2014,(6):33-39.

[27]王竹立.智能手机与"互联网+"课堂——信息技术与教学整合的新思维、新路径[J].远程教育杂志.2015(4):14-21.

[28]李文,吴小勇,张晓霞.研学旅行课程的地理担当[J].中学地理教学参考,2018,(05):65-66.

[29]刘育蓓,刘伟.综合开发生态校园课程资源 培育高中生生态素养[J].地理教学.2017,(20):33-36.

[30]陶然,李俊峰.主题探究式地理研学旅行设计——以"山地的行成"为例[J].地理教育,2019,(7):54-56.

[31]徐红.现代教育研究方法[M].北京:科学出版社.2018.

[32]沈琰琰,张家辉.中学地理教育教学研究报告(2016—2020年)——基于人大复印报刊资料的转载数据[J].天津师范大学学报(基础教育版),2022,23(01):35-40.